Paul Bowles

Taufe der Einsamkeit

Reiseberichte, 1950–1972

Aus dem Englischen
von Michael Kleeberg

liebeskind

Eine Herausforderung an die Identität	9
Fès	17
Keine Dschinns mehr	33
Taufe der Einsamkeit	49
Fenster zur Vergangenheit	71
Wie man auf einer Teilzeitinsel leben kann	93
In Nagercoil aufgegebene Briefe	109
Die Welten von Tanger	131
Das Rif, mit Musikbegleitung	153
Madeira	211
Die irrsinnige Costa del Sol	235
Casablanca	255
Aus thailändischen Aufzeichnungen	285

EINE HERAUSFORDERUNG AN DIE IDENTITÄT
The Nation, 26. April 1958

Ob es sich nun um Kritiker handelt oder um Verlagsleute, die Klappentexte verfassen, und ganz gleich ob hier oder in England (wo das Genre erfolgreicher blüht), eigentlich müsste sich in den Köpfen all derer, die über Reisebücher schreiben, eine entscheidende Frage bilden: Wer liest sie, die Zuhause-Bleiber oder die Abenteuerlustigen? Wenn ich davon ausgehe, dass diese beiden Kategorien zwei Arten von Temperamenten bezeichnen und dass viele potenzielle Reisende nur durch die Umstände daran gehindert werden, ihr Fernweh in die Tat umzusetzen, vermute ich persönlich, dass das Publikum für Reisebücher fast ausschließlich aus den Abenteuerlustigen besteht – denen, die schon unterwegs gewesen sind, und denen, die losziehen wollen –, heutzutage ist es jedoch unglücklicherweise nur ein kleiner Prozentsatz von ihnen.

Noch vor nur einem Jahrhundert ist das Reisen eine Sache für Spezialisten gewesen. Da ferne Orte außer für sehr wenige Glückliche und Widerstandsfähige abseits jeder Erreichbarkeit lagen, war es ganz normal, dass man die Sehnsucht nach dem Exotischen indirekt durch das Lesen von Büchern befriedigte. Heutzutage, wo rein theoretisch ein jeder überall hingehen kann, dient das Reisebuch einem anderen Zweck; die Gewichtung hat sich von dem Ort selbst auf den Eindruck verlagert, den der Ort auf einen Menschen macht. So ist das Reisebuch zwangsläufig subjektiver geworden, sozusagen »literarischer«. Das allerdings führt dazu, dass der Reiseschriftsteller seine natürlichen Leser verliert. Der Abenteuerlustige ist tendenziell ein extrovertierter Mensch, jemand der Erfahrungen aus zweiter Hand verachtet. Wenn so jemand nach Südamerika geht – und auch wenn er nur davon träumt, dorthin zu gehen –, dann ist er nicht daran interessiert, im Vorfeld von Isherwoods Eindrücken davon zu lesen. Er möchte ein knappes Kompendium von Daten über Geschichte, Klima, Sitten und Sehenswürdigkeiten jedes Landes. Es ist ihm auch halb bewusst, dass er sich entschlossen hat, sich seine eigenen Eindrücke zu bilden, und hol's der Teufel, was irgendjemand sonst gefühlt hat, als er das erste Mal den Aconcagua erblickte.

Was ist ein Reisebuch? Für mich ist es die Geschichte dessen, was einer bestimmten Person an einem bestimmten Ort geschehen ist, und sonst gar nichts. Es enthält keine Informationen über Hotels und Autobahnen, keine Listen nützlicher Sätze, Statistiken oder Hinweise darauf, welche Art von Kleidung der zukünftige Besucher einpacken sollte. Mag sein, dass solche Bücher eine Kategorie bilden, die zum Aussterben verurteilt ist. Ich hoffe aber nicht, denn es gibt nichts, was ich mehr genieße als die akkurate Schilderung eines intelligenten Schriftstellers über all das, was ihm weit weg von zu Hause widerfahren ist.

Der Gegenstand der besten Reisebücher ist der Konflikt zwischen dem Schreibenden und dem Ort. Es spielt keine

Rolle, wer von den beiden obsiegt, solange der Kampf nur ehrlich protokolliert ist. Dazu braucht es einen Schriftsteller mit der Gabe, eine Situation beschreiben zu können, was vielleicht auch der Grund dafür ist, dass viele der Reisebücher, die einem im Gedächtnis bleiben, von Autoren verfasst sind, die Experten in der Herstellung von Romanen sind. Man erinnert sich an Evelyn Waughs Empörung in Äthiopien, an Graham Greene, wie er sich durch Westafrika kalauert, wie Aldous Huxley sich von Mexiko fertigmachen lässt, Gide im Kongo sein soziales Gewissen entdeckt, und das noch lange, wenn andere, ähnlich akkurate Reiseberichte längst undeutlich geworden und vergessen sind. Angesichts der Fähigkeiten dieser zitierten Namen im Romanfach ist es vielleicht pervers von mir, dass ich ihre wenigen Reisestücke ihren Romanen vorziehe, aber das tue ich tatsächlich.

Die ganz spezifischen Reiseberichte, solche, die sich um eine bestimmte Suche oder Mission drehen und mit Forschungsergebnissen oder Eroberungen aufwarten, haben ihren eigenen Charme, aber der Leser wird allzu oft daran erinnert, dass sie von Reisenden verfasst worden sind, die auch geschrieben haben, und nicht von Schriftstellern, die auch gereist sind. (Michel Vieuchanges *Smara – Verbotene Stadt* ist die große Ausnahme, und zwar deswegen, weil seine Suche letztendlich eine innere war. Er strebte nach Ekstase, aber da er nur körperliches Leiden fand, war er gezwungen, die Seiten seines Tagebuchs als Katalysator zu benutzen, in dem er die Verwandlung bewerkstelligen konnte.)

Es gibt eine Kategorie, die in Herangehensweise und Gegenstand näher an der Autobiografie als am Reisen liegt, aber die man als Teil der Reiseliteratur akzeptiert, weil sie sich mit Menschen befasst, die sich fern ihrer Heimat in mehr oder minder ungewohnter Umgebung befinden. Da geht es um die intime Darstellung des täglichen Lebens eines Schriftstellers während seines lange andauernden Aufenthaltes an einem bestimmten Ort weit von zu Hause. Einige meiner Lieblinge kommen aus dieser Gruppe: Flandraus *Viva Mexico!,* Ackerleys *Hindoo holiday,* Dinesens *Out of Africa* und Peter Maynes *Ein Jahr in Marrakesch.* Das sind Bücher, in denen die Persönlichkeit des Autors das entscheidende Element ist, ihr Zauber kommt aus ihrer unmissverständlichen Betonung der persönlichen Meinungen und Gedanken.

Ich frage mich: Inwiefern wäre mein Verhalten, wäre ich jetzt gerade dabei, ein Reisebuch zu schreiben, anders, als es genau in diesem Augenblick ist? Ich sitze hier auf einer Bank in einem kleinen Park und blicke über Lissabon. Die Geräusche vom Hafen wehen herauf, ich höre sie zwischen den spitzen Schreien kleiner Kinder, die hier in der Nähe im Gras spielen. Das Licht ist sehr grell, obwohl die Sonne hinter einem Dunstschleier steht, und die Luft ist eine Mischung nicht identifizierbarer Ingredienzien von Frühling. Plötzlich fliegt der kleine, rote Gummiball, den die Kinder hin- und hergeworfen haben, zwischen den schmiedeeisernen Gittern des Zauns hindurch und über die Balustrade hinab in einen ummauerten Innenhof tief unter uns. Es gibt in der Folge eine Menge Geschrei und gegenseitige Schuldzuweisungen, und danach zerstreuen sich die jungen Ballspieler – alle bis auf einen kleinen Jungen, ganz offensichtlich den Besitzer des verlorenen Spielzeugs, der zurückbleibt. Er umfasst die Gitterstäbe des

Zauns und starrt sehnsüchtig hinab. Und in diesem Moment habe ich meine Antwort. Wenn ich ein Reisebuch schreiben wollte, dann würde ich ihn herbeirufen, mit ihm reden und ihm das Geld schenken, um sich einen neuen Ball zu kaufen. Aber da ich das nicht tue, sitze ich einfach still da und denke weiter darüber nach, wie ich es anstellen würde, wenn ich doch versuchen wollte, ein solches Buch zu schreiben.

Ich glaube, es ist nicht möglich, ein wahrhaftiges Reisebuch akkurat aus der Erinnerung an die Fakten zu schreiben, wenn der Schreibende während der Periode, über die er sich auslassen will, in den Tag hinein gelebt hat, keine Notizen gemacht hat und sich nicht die ganze Zeit darüber bewusst war, dass er ein Instrument ist, das die Dinge aufnehmen muss. Die schwammige Erinnerung an die eigenen emotionalen Reaktionen ist immer stärker als die genaue Erinnerung daran, was sie ausgelöst hat. Sich auf seine Erinnerungen zu verlassen gehört zum Entstehungsprozess eines Romans, taugt aber in diesem Falle nicht, weil es mit großer Wahrscheinlichkeit die Stabilität der Struktur des Geschriebenen gefährdet.

Der Schriftsteller muss sich dazu entschließen, gewissenhafteste Ehrlichkeit in der Berichterstattung walten zu lassen. Jede bewusste Verfälschung ist so, als betrüge man beim Solitär-Spielen, der ganze Sinn des Spiels ist dahin. Der Bericht muss so nahe an der Wahrheit liegen, wie man ihr kommen kann, und mir will scheinen, der einfachste Weg, dorthin zu gelangen, ist, nach größtmöglicher Präzision in der Beschreibung der eigenen Reaktionen zu streben. Ein Leser kann nur dann einen Eindruck davon bekommen, wie ein Ort wirklich ist, wenn er weiß, welche Eindrücke er auf jemanden gemacht hat, von dessen Wesen er zumindest eine Ahnung hat und dessen Vorlieben ihm bekannt sind. Deswegen scheint es mir bedeutsam zu sein, dass der Schriftsteller mit einer gewissen Beharrlichkeit eine möglichst objektive Darstellung der eigenen Persönlichkeit anstrebt; das liefert dem Leser einen Interpretationsmaßstab, mit dem er dann die jeweilige Bedeutung der Details einschätzen kann, so wie in der Legende einer Karte die Größenverhältnisse angegeben werden.

Das Problem, einem Reisebericht eine lineare Struktur zu geben, ist nicht in erster Linie ein literarisches. Es ist mehr ein Thema, das den Charakter und das Verhalten des Autors betrifft. Er muss dafür sorgen, dass die Erfahrungen, die sein Material bilden sollen, zum Leben erwachen. Er schreibt eine Geschichte, die er im Vorfeld erst einmal selbst durchleben muss, und wenn die Geschichte eine Richtung einschlägt, die plötzlich nach gewissen Elementen verlangt, in denen seine Lebenserfahrung fehlt, dann muss er in der Lage sein, seine Existenz so umzuformen, dass diese Elemente beigesteuert werden können. Seine Erfindungskraft muss nicht auf die Frage angewendet werden, wie er zu schreiben habe, sondern auf sein Verhältnis zu der äußeren Realität um ihn herum.

Ich muss nicht extra betonen, dass alle Versuche, einen Ort Touristen zugänglich zu machen, ebenso viele Hindernisse für den Schreibenden darstellen, und wenn es ihm gelingt, ein Verhältnis zu diesem Ort herzustellen, dann eher trotz dieser Versuche als dank ihrer. Der Sinn aller offiziellen Hilfen für Besucher ist es, alle individuellen Nachforschungen unnötig zu machen. In vielen Ländern haben die nationalen Fremdenverkehrsämter noch eine weitere und finsterere Aufgabe: jeglichen persönlichen Kontakt zwischen den Fremden und den Einheimischen zu erschweren oder zu unterbinden. Natürlich sind Schriftsteller hier besonders verdächtig, aber es gehört zu den Routineaufgaben, etwaige dahingehende Absichten zu unterlaufen. »Sie brauchen überhaupt mit niemandem zu sprechen«, versuchte mich ein Polizist in einem afrikanischen Land zu beruhigen. »Unser Fremdenverkehrsamt wird Ihnen Führer zu fixen Tarifen zur Verfügung stellen sowie ein extra für diesen Anlass verfasstes kostenfreies Büchlein auf Englisch, in dem alle Informationen stehen, die Sie brauchen.«

Oder so: »Woher soll ich wissen, dass Sie ein vertrauenswürdiger Tourist sind?« fragte mich eine Angestellte eines südamerikanischen Konsulats in London, als ich mich dort um ein Visum bewarb. »Ja was soll ich denn sonst sein?« fragte ich. »Ich weiß nicht«, antwortete sie. »In Ihrem Pass steht ›Schriftsteller‹. Woher weiß ich denn, was Sie vorhaben?« »Das tun Sie in der Tat nicht«, erwiderte ich und reiste stattdessen in den Fernen Osten.

Fès el Bali

FÈS
Holiday, Juli 1950

Fès ist eine Stadt, deren Lage aus rein ästhetischen Gründen gewählt wurde. Vor ihrer Gründung gab es dort keine Siedlung – nichts als ein schalenförmiges, wohlproportioniertes Tal, das sich am Rande der Stelle in die Landschaft schmiegt, wo die fruchtbare Ebene anfängt, verrückt zu spielen und in bizarr geformtes, erodiertes und wüstenartiges Gelände übergeht. Idris II. kam eines Tages zu Beginn des 9. Jahrhunderts aus dem Zerhoun-Gebirge herab, sah diesen Flecken Erde, bewunderte die Art und Weise, wie der Fluss sich hier in viele einzelne Wildwasser teilte, während er das kleine Tal hinabrauschte, und beschloss mit all der unkomplizierten Schlichtheit dieses heroischen Zeitalters, dort eine Stadt zu erbauen, die diejenige überstrahlen sollte, die sein Vater weiter nördlich im Berbergebiet gegründet hatte. Als die Häuser, Moscheen und Universitäten immer prachtvoller wurden, entwickelten die Einwohner einen glühenden Stolz auf ihre Stadt, einen Stolz, der noch immer zu Recht besteht, hat die Örtlichkeit sich doch so gut wie nicht verändert. Zahlreiche Fassi glauben, die westliche Welt sei dabei, sich zu zersetzen – natürlich kann es nur der Islam sein, der triumphieren wird! Genau diese Engstirnigkeit hat den Ort rein, hat ihn mittelalterlich gehalten. Fühlt sich der westliche Mensch doch hier gar nicht so sehr an fremdem Ort: Es handelt sich mehr um eine Entfernung in der Zeit. Vor tausend Jahren müssen die Städte Europas dieser hier sehr geähnelt haben; alle Quellen zeigen außer in Details wenig Unterschiede.

Es gibt ältere Männer in dieser Stadt, die bis zum heutigen Tag nie ein Automobil gesehen haben. Natürlich ist es eine selbst auferlegte Regel, eine Art Protest, denn gingen sie zu einem der zahlreichen Tore und spähten hindurch, so könnten sie draußen haufenweise alte Lastwagen und Busse sehen. Sidi Driss el Yacoubi zum Beispiel, ein reizender alter Herr, der wie so viele Fassi ein wenig wie der heilige Nikolaus aussieht, verbringt seine Zeit zwischen seinem Heim, der Djemaa Andalus (der Moschee mit der gewaltigen Fassade, die auf dem Gipfel des Hügels in seinem Viertel steht), den Häusern seiner Freunde und seinem kleinen Garten – all diese Orte befinden sich innerhalb der Stadtmauern. Vor Jahren reiste er wie die meisten Marokkaner gelegentlich von Ort zu Ort, aber das war vor dem Erscheinen der Franzosen.

Es ist ein kurzer Ausflug zu diesem Garten; der Diener trägt Tee, Zucker und die Teekanne. Holzkohle, Minze und Wasser sind bereits vor Ort. Gegen Sonnenuntergang, wenn die vielen Störche aufgehört haben, ihre Kreise zu drehen und ihre schnarrenden Schreie auszustoßen, wird ein kleines Feuer in einer irdenen Kohlenpfanne entfacht, Tee gekocht, und Sidi Driss el Yacoubi fordert den Diener auf, eine Weile auf seiner Laute zu spielen. Mit Vorliebe wird sich die Unterhaltung um die Steuern drehen, die die Franzosen erheben – sehr kleine Beträge nach unseren Normen, aber von den Marokkanern bitterlich verübelt, die sich selbst als unabhängiges Volk sehen, in keiner Hinsicht als Kolonisierte.

Fragen Sie Sidi Driss, warum ihm nichts daran liegt, ein Auto zu sehen. Er wird antworten: »Wozu soll es gut sein? Gewiss, die Räder drehen sich schnell. Gewiss, die Hupe tönt laut. Gewiss, du kommst schneller an als auf einem Maultier. Aber warum solltest du denn schneller ankommen wollen? Was tust du denn dort, was du nicht auch noch später tun könntest? Vielleicht glauben die Franzosen ja, wenn sie nur schnell genug unterwegs sind, wird der Tod sie nicht einholen.« Und dann lacht er, denn er glaubt, die westliche Zivilisation suche vor einem Schicksal davonzulaufen, das vorbestimmt ist, das »geschrieben steht«, wie es auf Arabisch heißt – natürlich ist also jeder solche Versuch zum Scheitern verurteilt.

Fès ist ein bukolischer Ort. Überall grasen die Schafe unter den Olivenbäumen bis an die Stadtmauern, und außerhalb der Mauern ist das Bauen untersagt. Selbst im Zentrum der Stadt wird man den Eindruck nicht los, sich eher in einem grenzenlosen Dorf zu befinden als in einer Stadt. Vielleicht liegt das an der permanenten Präsenz ländlicher Dinge – nackte Erde, Stroh, die Überdächer aus Rohrmatten, die die Gassen überspannen, die weißen Reiher und die Störche, die die Ufer der Flussarme durchwaten, und die Düfte in der Luft: Zedern und Thujaholz, die allgegenwärtige Minze, die reifen Feigen und die Orangenblüten, je nach Jahreszeit, und die vertrauten Stallgerüche. Kein einziger der Fußwege ist gepflastert. Unmöglich, auch nur ein paar Schritte zu tun, ohne einen Esel, ein Maultier oder ein Pferd zu streifen.

Die große Mauer, die die Stadt umgibt, steht intakt, einige der Tore, wie zum Beispiel Bab Mahrouk (wo bis vor Kurzem noch die auf Lanzen gespießten Köpfe der Feinde des Sultans ausgestellt wurden), werden bei Sonnenuntergang noch immer geschlossen, und viele der inneren Tore in den Gassen, die als Straßen dienen, werden jede Nacht verriegelt, sodass ein Mann, der lange aus war und den Nachhauseweg abkürzen will, häufig feststellen wird, dass er die gesamte Strecke bis zu seinem Ausgangspunkt zurückgehen und einen anderen Weg ausprobieren muss.

Doch ein höflicher Gastgeber wird seinen Gast nie ohne Begleitung ziehen lassen. Ist kein Sklave oder Diener zur Hand, geht er selbst mit, bis er auf einen der öffentlichen Nachtwächter trifft, der zusammengerollt am Rand einer Gasse schläft, und vertraut seinen Gast dann diesem zerlumpten Gespenst an. Vielleicht läuft er auch einem jüngeren Bekannten über den Weg, dann wird er diesen bitten dafür zu sorgen, dass sein Gast sicher nach Hause findet. Mag die Strecke auch mehrere Meilen dauern und mag man insistieren, dass man lieber alleine ginge, es gibt kein Entkommen, der andere wird sich unnachgiebig zeigen. Er bleibt bis zum Schluss an deiner Seite, und beide geht ihr in der Dunkelheit bergauf und bergab, durch Tunnels, über Brücken, in der nächtlichen Stille fast permanent begleitet vom leisen Geräusch fließenden Wassers hinter den Mauern, bis ihr schließlich vor deiner Tür steht.

Es gibt keine richtigen Straßen in der Stadt, und weder Automobile noch Wagen können herein; weil die Gassen nicht eben sind, sondern sich häufig in Treppen verwandeln, kann man noch nicht einmal Fahrräder benutzen. Was auch immer sich innerhalb der Stadt vorwärtsbewegt, muss auf eigenen Beinen gehen, daher sind auch weder Hupen noch Klingeln zu hören. Das Geräusch, das tagsüber aus der Stadt aufsteigt, ist ein Gesumm: zweihunderttausend menschliche Stimmen, die zu einem Klang verschmelzen. Nachts herrscht absolute Stille, es sei denn, die Frauen irgendeines Hauses sind auf die Terrasse gestiegen und schlagen die Trommel. Fünf Mal pro Tag ruft der Muezzin vom Turm einer jeden Moschee, wie in allen moslemischen Städten. Doch gibt es hier mehr als hundert Moscheen, und von den Hügeln der Umgebung kann man sie alle zugleich hören. Nur in Fès gibt es einen eigentümlichen Brauch, der darin besteht, dass kurz vor dem Gebetsruf bei Tagesanbruch die Muezzins eine halbe Stunde oder länger singen. Versucht man sich hundert stimmkräftige Flamenco-Sänger vorzustellen, die aus unterschiedlichen Distanzen von den Minaretten hinab ihren Gesang über die stille Stadt hinschleudern, wird man verstehen, dass die Wirkung elektrisierend ist.

In den Herzen der Fassi lebt ein große Nostalgie für das goldene Zeitalter Spaniens; wie das »Dschanna«, das Paradies im Koran, soll Andalusien eine Ansammlung von Palästen gewesen sein, deren Gärten von rauschenden Bächen bewässert wurden; in den Räumen plätscherten ewig Springbrunnen, und die Innenhöfe waren mit Bäumen bewachsen, sodass das Rascheln des Laubs hinter der Lautenmusik zu hören war. Fès nennt seine Musik Andalus, da diese Form sich in Spanien zur Zeit des Kalifats von Córdoba entwickelt hat und hierher zurückkehrte, als jenes Land verlassen werden musste. Die

Fassi sind überzeugt, dass es wichtig ist, seine Sinne zu beglücken: Sie lieben Düfte, Farben, reiche Stoffe. Wenn sie zugleich auch großen Wert auf die Anhäufung von Geld legen, so nur deshalb, um sich mit Dingen umgeben zu können, die ihnen sinnlichen Genuss bereiten; sie misstrauen jeglicher Form von Geiz und spotten darüber. Tauchen sie die Vergangenheit in zu romantisches Licht, bemerke ich, dass Fès doch all das hat, was auch Andalusien einst besaß. »Ach, aber dort war es doch schöner.« Selbstverständlich.

Wichtig ist hier zu wissen, wann man zustimmen und wann man widersprechen muss. Ein Gespräch scheint manchmal ein Spiel zu sein, dessen Hauptziel darin besteht, den jeweils anderen zu überlisten und dazu zu bringen, einen Fauxpas zu begehen. Sagt Ihnen Ihr Gastgeber: »Ich bin ein Scherif; in Marokko gibt es sechstausend Schorfa, das sind *sehr* viele«, so wird man Sie, sollten Sie dem zustimmen, nicht wieder einladen. Die Schorfa sind die Nachkommen Alis, des Schwiegersohns Mohammeds, und bilden die Aristokratie des Landes. Stattdessen muss man ausrufen: »Nur sechstausend! Das sind aber sehr wenige. Ich hätte geglaubt, es wären sehr viel mehr.« Sagt er allerdings: »Wir wollen alle Amerikaner sein. Es ist besser, Amerikaner zu sein als Marokkaner«, dann müssen Sie beiläufig zustimmen und ihm danken, denn wenn Sie höflich protestieren, zeigen Sie ihm damit, dass Sie tatsächlich glauben, er meine, was er sagt, was natürlich vollkommen undenkbar ist, und beweisen dadurch Ihre schlechte Kinderstube.

Einmal, als ich nach Karia in den Bergen wollte und irgendwo vage gehört hatte, es gebe einen Bus, der diese

Strecke befahre, fragte ich den Kellner eines einfachen Lokals, um welche Zeit und von wo dieser Bus abfahre. Der Junge sagte schlicht, es gebe keinen solchen Bus. Der Besitzer des Restaurants jedoch hörte, wie ich antwortete, es müsse einen Bus nach Karia geben. Unwirsch stieß er den Jungen zur Seite: »Natürlich gibt es den«, sagt er. »Er fährt morgens um halb sieben vom Bab el Guissa.« Am nächsten Tag ging ich, nachdem ich dort dreieinhalb Stunden gewartet hatte, zurück zum Restaurant und erkundigte mich erneut, vermutlich leicht verdrossen, wann der Bus denn normalerweise auftauche. Der Besitzer sah völlig verblüfft drein: »Sie haben seit halb sieben gewartet? Aber es gibt überhaupt keinen Bus, Monsieur.« Es brauchte ein gewisses Maß an Selbstkontrolle meinerseits, um ihm deutlich zu machen, dass diese Auskunft nicht so ganz zu dem passen wollte, was er mir gestern erzählt hatte. »Ach gestern«, lächelte er, »das habe ich doch nur gesagt, um Ihnen eine Freude zu machen.«

Die modern gesinnten, bürgerlichen Fassi unterscheiden sich sehr stark vom alten Sidi Driss el Yacoubi. Sidi Abdallah Lalami lebt in einem Haus, dessen Hauptinnenhof ursprünglich sechzig auf sechzig Meter maß. Nach dem Tod seines Vaters zogen er und sein Bruder eine Mauer in der Mitte des Hofes hoch und schufen so getrennte Häuser für jeden von ihnen. Wie üblich kann man von draußen nichts sehen außer einer fensterlosen, bröckelnden grauen Mauer, die sich hoch vom schmutzigen Gassenboden erhebt. Der Hof drinnen ist mit Mosaiken gefliest, es gibt Springbrunnen, Weinlauben, Orangenbäumchen. 24 steinerne Säulen tragen die Galerie, die um die drei ursprünglichen Seiten des Hofes läuft. Seidene

Markisen von acht auf acht Metern Länge sind hinabgelassen, um die Eingänge zu den riesigen Räumen zu bedecken, sofern das Frauenvolk sich gerade dort befindet. Ein unerwarteter Besuch kann große Aufregung verursachen, wenn die Damen im Hof sind. Sklaven stürzen herbei und verbergen sie hinter einem alten Laken, das zu diesem Zweck draußen bereitliegt.

Einmal blickte ich beim Durchgehen versehentlich zur Seite und sah die Frauen, wie sie sich gegen die Mauern drückten, das Gesicht mit den Händen bedeckten und ein absurdes leises Jammern vorgetäuschter Angst ausstießen.

Ich entschuldigte mich bei Sidi Abdallah für mein Benehmen.

»Gar kein Grund«, sagt er. »Dieses Versteckspiel ist lächerlich. Das nächste Mal, wenn Sie kommen, werde ich Sie nicht nur meiner Frau vorstellen, sondern auch meinen Töchtern.« Und diese unglaubliche Absicht setzte er tatsächlich in die Tat um, zur Überraschung und, wie ich vermute, auch zum Missfallen der betroffenen Damen. Von da an machte er es sich zum Prinzip, jedes Mal während meines Besuches irgendwann seine Frau oder seine Mutter herbeizurufen – eine Tochter aber nur höchst selten.

Sidi Abdallah besitzt eine Sklavin, von der er ein Kind hat. Der Sklavenmarkt ist zwar von den Franzosen abgeschafft worden, aber die Institution der Sklaverei besteht immer noch fort. Das koranische Recht macht keinen Unterschied zwischen einem legitimen Kind und einem desselben Vaters mit einer Konkubine – auch nicht in Erbfragen. Dennoch braucht es kein gesteigertes Wahrnehmungsvermögen, um zu erkennen, dass die kleine Hajja, auch wenn man sie freundlich behandelt, weit mehr zur Welt ihrer Mutter gehört als zu der ihres Vaters; sie ist das Mädchen für alles im gesamten Haushalt.

Ein Abendessen in Fès ist ein komplexes Ritual. Es ist unerlässlich, ihm mindestens fünf Stunden seiner Zeit zu weihen. Bei keinem der zahllosen Abendessen, die ich bei Sidi Abdallah zu mir genommen habe, wurde das Mahl auch nur einmal mit irgendeiner der Frauen eingenommen. Das ginge dann doch zu weit! Dagegen sind immer mehrere männliche Gäste anwesend, oft bis zu zwanzig. Der Sklave trägt einen Gang ab und bringt den folgenden auf einem weiteren großen Servierteller. Ein jeder isst von denselben aufgehäuften Speisen mit den Fingern, wobei man nur den Daumen und die ersten beiden Finger der rechten Hand benutzt. Von Zeit zu Zeit engagiert Sidi Abdallah ein kleines Orchester (Rebab, Laute, Tamburin, Handtrommel), um seine Gäste zu zerstreuen, »um den Magen glücklicher zu machen«.

Ein Händler aus Ouezzane zieht eine kleine Blechbüchse hervor und bietet mir von seinem Haschisch an. Ich streiche die schwarze Paste mit dem Finger heraus und esse sie. Kurz darauf wird der letzte Gang abgeräumt und ein gewaltiger Samowar hereingebracht. Das Essen, das die Männer übriggelassen haben, wird in der Küche für die Frauen zusammengekratzt.

Beim dritten Glas Tee kann kein Zweifel mehr bestehen, dass das Haschisch zu wirken beginnt. Ich lache, ein wenig seltsam vielleicht, weil die anderen ebenfalls lachen. Mit einem Schlag sind der große Raum, die sitzenden Gestalten, die an der Tür aufgereihten Schuhe, der Brunnen dahinter weit entfernt und unwirklich, obwohl ich jedes gesprochene Wort weiterhin bewusst wahrnehme. Ich lehne mich in die Kissen zurück und gebe kund: »*Safi ... el majoun.*« Die anderen lachen noch etwas mehr und sprechen weiter. Manche schlafen ein, strecken sich auf den farbenprächtigen Matratzen aus, die alle vier Wände des Zimmers säumen. Ich verspüre das dringende Bedürfnis, zu Hause in meinem eigenen Bett zu liegen, denn ich weiß, wie viele sonderbare und qualvolle Monate es dauern wird, meinen Weg durch die drei Meilen Gassen und Tunnel zu finden, die Derb el Heurra und mein Haus voneinander trennen. Und außerdem wäre ich lieber allein, wenn die Visionen beginnen.

Ich bemerke, wie ich aufstehe, zu meinen weit entfernten Füßen hinabblicke und sage, ich müsse gehen. Die Proteste dagegen dauern endlos, aber irgendwann trete ich begleitet von einem der Diener hinaus in die Nacht. Mein einziger Gedanke in diesem Augenblick ist, ihm zu entkommen, indem ich mich in irgendeinen Durchgang stürze. Natürlich ist das unmöglich. Der Mond ist voll und unglaublich hell; die Stadt sieht aus wie einer der frühen Filme, bei denen die Szenen für eine nächtliche Sequenz im Sonnenlicht aufgenommen worden waren und dann auf blaue Filmrollen abgezogen wurden. Die Reise dauert eine Ewigkeit, aber irgendwann komme ich tatsächlich nach Hause, wenn auch erst, als die Visionen bereits begonnen haben, sich auf die mondbeschienenen Fassaden um mich herum zu projizieren, während ich vorwärtsstolpere.

Mit dem Wachstum Casablancas hat Fès viel von seiner Bedeutung als Handelszentrum eingebüßt, sogar während der wenigen Jahre, seit ich die Stadt kenne. Es ist nicht mehr der große Umschlagplatz des nördlichen Marokko. Daher gibt es auch die gewaltigen Menschenmengen nicht mehr, die sich früher immer außerhalb der Mauern und auf dem riesigen Mechouar, der Zitadelle, beim Palast des Sultans drängten und alle fahrenden Tänzer, Musiker und Fakire der Region anzogen.

Die barbarische Seite des marokkanischen Lebens findet man anderswo – nicht hier. Als hätte er Fès noch stärker in das rein religiöse und akademische Zentrum verwandeln wollen, als das es jeder gute Moslem sehen möchte, veröffentlichte der Sultan 1937 ein Edikt, das jegliche öffentliche Veranstaltung der beiden andersdenkenden religiösen Sekten verbot, die hier sehr sichtbar in Erscheinung traten: die Gnawa und die Aissaoua. Das heißt nicht, dass diese Sekten abgeschafft worden wären. Zu bestimmten Gelegenheiten muss man von Fès aus nur eine Stunde reisen, um den Aissaoua zuzusehen, wie sie ihre Skorpione und Schlangen essen, sich die Haut vom Leibe reißen und ihr eigenes Blut trinken, während die Frauen sich in Bewusstlosigkeit kreischen und tanzen. Die Gnawa sind Neger, und die Aissaoua sind Berber, beide haben den islamischen Glauben auf eine Art und Weise adaptiert, die ihren emotionalen Bedürfnissen entgegenkommt, aber die orthodoxe moslemische Bevölkerung Marokkos gestattet ihnen nicht viel Bewegungsfreiheit.

Diese Ablehnung einheimischer Kulturelemente treiben die Studenten zum Äußersten, die die Hochschule von Moulay Idris und die verschiedenen Madrasa besuchen (theologische Seminare). Diese jungen Bourgeois sind gegen marokkanische Musik und Sitten, ja sogar gegen marokkanische Kleidung. Ihre alles überlagernde Obsession ist es, so schnell als möglich mit allem aufzuräumen, was typisch marokkanisch ist. Dennoch gilt ihre ganze Treue der moslemischen Welt, sie sind nicht daran interessiert, Westler zu werden. Kairo ist ihre Idealvorstellung von einem wirklich kultivierten Ort. Sie können stundenlang draußen in den Cafés am Flussufer unter den Weiden sitzen, in mehr oder minder europäische Kleidung gehüllt, und den neuesten Platten von Abd el Wahab, Uum Kulthum oder Farid el Atrache lauschen; und sie sind Stammkunden des Bou-Jeloud-Kinos, weil es ägyptische Filme zeigt. Die einzige einleuchtende Entschuldigung für diese Einstellung ist das tief greifende Missverhältnis zwischen der sozialen Freiheit, die anderswo existiert, wie sie wissen, hier aber völlig fehlt.

Am Freitag, dem Ruhetag, geht die ganze Stadt auf den Wegen rund um den See in Bou Jeloud spazieren. Hier kann es vorkommen, dass eine Gruppe junger Männer im Vorübergehen gegenüber den verschleierten weiblichen Wesen ein paar beiläufige Bemerkungen fallen lässt, doch abgesehen von solchen Begegnungen, die von den älteren Passanten mit Abscheu gesehen werden, herrscht strikte Trennung der Geschlechter. Ehen werden nach wie vor geschlossen, ohne dass der Bräutigam die Braut je erblickt hat. »Es gibt keine Liebe in Marokko«, bemerken die jungen Männer bitter.

Das französische Viertel, das dank der Weitsicht des Marschalls Lyautey in mehreren Meilen Entfernung zur Stadt Fès selbst erbaut wurde, ist dasjenige, welches sich seit der Vorkriegszeit am meisten verändert hat. Die Gebäude, hastig hochgezogen und im typischen Stil der Kolonial-

Paul Bowles und Tennessee Williams in Marokko, 1949

ausstellungen erbaut, befinden sich in erbarmungswürdigem Zustand. Bürgerstolz, der, wenigstens als alles noch neu war, bis zu einem gewissen Grad existiert hat, scheint vollkommen verschwunden zu sein, und das Viertel wirkt wie ein Elendsquartier. Die dünnwandigen, auf europäische Weise erbauten Gebäude benötigen europäische Materialien zur Reparatur; aber die stehen noch immer nicht zur Verfügung. Es ist ein bedrückender Ort, ein Sammelsurium aus zerbrochenen Fenstern, abblätternder Farbe, rissigem Beton, asthmatischen alten Automobilen, reizbaren Franzosen und bettelnden einheimischen Kindern – ein grässlicher Kontrast zur wohltuend homogenen Schönheit der alten Stadt.

Die Fassi haben immer zu leben gewusst – und tun es noch. Und eine ganze Menge von ihnen – wesentlich mehr, als man glauben würde – hat auch die Mittel, gut zu leben. Hier gibt es keinerlei nervöse Anspannung, es herrscht vollkommene Ignoranz darüber, was es heißt, gelangweilt zu sein, und all das sorgt für eine Grundzufriedenheit im Leben, etwas, das nur sehr wenige Westler zu erreichen vermögen. Zugleich gehe ich davon aus, dass jeder Durchschnittsamerikaner das Leben noch der wohlhabendsten Fassi schockierend fände in ihrer absoluten Missachtung aller Gesetze der Hygiene. Der Marokkaner, ganz gleich ob gebildet oder nicht, glaubt schlichtweg nicht an die Existenz von Keimen. Davon zeugt jeder Aspekt seines täglichen Lebens. Einer der amüsantesten ist der Lutscherverleih im Viertel Guerniz, wo die Kinder je nach der Dauer zahlen müssen, die sie die Lutscher im Mund behalten.

»Aber Keime existieren doch!« protestieren Sie. »Man

kann sie unter einem Mikroskop sehen.« Worauf Ihr unbeeindrucktes Gegenüber erwidern wird: »Für euch existieren sie, und deshalb können sie euch auch schaden. Für uns gibt es nur den Willen Allahs.« Und der ist die steinerne Mauer, an der all solche Argumente unweigerlich zerschellen. Die schweren Verluste der Cholera-Epidemie von 1944 hätten vermieden werden können, wenn die Marokkaner sich nicht geweigert hätten, die Krankheitsfälle bei den Behörden zu melden.

In kleinen Schritten verändern die Dinge sich aber doch. Es gibt weniger Ungeziefer in den Häusern als noch 1931; ich kann bezeugen, dass in einigen Geschäften DDT angeboten wird, was heißt, dass irgendjemand es auch kaufen muss. Dennoch ist die folgende Passage aus *El H'aoudh*, einer etwas vereinfachten Version der koranischen Gesetze, die vor einigen Jahrhunderten für die Marokkaner in Berber-Sprache geschrieben wurde, auch heute noch völlig einleuchtend: »Man ist vom Freitagsgebet und von den Gebeten mit dem Imam entschuldigt, wenn die Wege sehr schlammig sind oder es sehr stark regnet. Andere Entschuldigungsgründe können auch Elefantiasis, Lepra oder hohes Alter sein, oder wenn jemand keine Kleidung besitzt, die er anlegen könnte, oder wenn er darauf wartet, für ein Verbrechen begnadigt zu werden, oder wenn er Zwiebeln gegessen hat. Dies sind zulässige Entschuldigungen. Ein Hochzeitsfest ist keine Entschuldigung, ebenso wenig Blindheit, sofern es möglich ist, den Weg zur Moschee zu ertasten.«

Die Kasbah von Ouarzazate

KEINE DSCHINNS MEHR
The American Mercury, Juni 1951

Regen öffnet normalerweise jedermann das Herz, abgesehen von Touristen. Aber in der letzten Zeit ist er überall in diesem Teil des Kontinents in derartigen Mengen gefallen, dass selbst die Einheimischen sich fragen, ob es jemals wieder trocken werden wird. Niedrig gelegene Straßen wurden wieder und wieder von Überschwemmungen blockiert. Die schlammigen Bäche sind als gewaltige Wildwasser von den Bergen heruntergekommen und haben die Dörfer an ihren Ufern zerstört. Die Schamanen haben ihre Beschwörungsformeln ein wenig aufpolieren müssen, da die Menschen sie jetzt dafür bezahlen, dass sie ausnahmsweise dafür beten, der Regen möge aufhören.

Was das vorherrschende geistige Klima betrifft, so ist die absurde Geschichte, die jetzt folgt, die getreue Nacherzählung eines Gesprächs, das ich hier vor Kurzem mit zwei Polizisten hatte. Es war Nacht, und die beiden hatten dienstfrei und spazierten am Strand entlang. Es handelte sich um zwei aufgeklärte junge Männer, sehr clever und redegewandt, die die ganze westliche Zivilisation, von Penizillin bis zum Fernsehen, begierig aufgesogen hatten. Bald hockten sie im Sand und erzählten, wie solche Menschen es gerne tun, komische Geschichten über ihre weniger aufgeklärten Landsleute. Schließlich begann einer der beiden: »Ich erzähle dir jetzt eine sehr witzige Geschichte über uns beide, als wir ganz zu Anfang bei der Truppe waren. Wir gingen gemeinsam auf Streife. Das war vor zwei Jahren, als wir noch von nichts eine Ahnung hatten. Wir mussten jeden Abend am Strand patrouillieren. Wir waren nicht sehr scharf darauf. Du verstehst, wir beide ganz alleine, jede Nacht am Strand, und das weit jenseits des Balneario.«

Ich verstand nicht ganz, weil ich sehr oft alleine sehr viel weiter spaziert war, ohne dass mir jemals der Gedanke gekommen war, es könne irgendwie gefährlich sein.

»Es kam, wie es kommen musste«, fuhr er fort, »eines Nachts sehen wir ein Licht, das sich den Strand entlang bewegt. Wir schleichen uns leise näher und brüllen: ›Halt!‹ Und aus dem Nichts heraus beginnt da plötzlich eine riesige weiße Gestalt sich in der Luft auf und ab zu bewegen und schreit: ›Aiaiaiaiai!‹ Was denkt man da, wenn man es nicht besser weiß? Natürlich denkt man, es sei ein Dschinn, und sucht das Weite. Aber von da an sahen wir jede Nacht, wenn wir in diese Gegend des Strandes kamen, diesen Dschinn auf und ab hüpfen und grässliche Geräusche von sich geben. Also entschlossen wir uns schließlich, dem Hauptmann davon zu erzählen; er ist ein harter alter Hund und sehr schlau. Aber als wir es ihm erzählt hatten, wurde er sehr wütend. ›Einen Dschinn habt ihr also gesehen, so? Ha!‹ sagte er. ›Außer euch zwei Schwachköpfen weiß doch nun wirklich jeder, dass es schon seit mindestens zehn Jahren keinen Dschinn mehr in Tanger gegeben hat!‹«

Jetzt lachte ich, da ich glaubte, die Pointe gehört zu haben und die Geschichte sei zu Ende. Aber die beiden blieben vollkommen ernst.

Der eine fuhr fort: »Ich sagte zu dem alten Mann: ›Entschuldigen Sie, Herr Hauptmann, das wusste ich nicht.‹ Er sagte: ›Morgen Nacht geht ihr zurück an den Strand und schnappt den Dschinn, verstanden?‹ Bei diesen Worten bekamen wir richtig Angst. Aber trotz allem gingen wir in der folgenden Nacht zurück, sahen das Licht, schlichen uns an und brüllten: ›Halt!‹, und wieder begann der Geist in die Luft zu springen und zu jammern, genau wie immer. Aber wir zogen, anstatt davonzulaufen, unsere Waffen und sagten: ›Komm her, oder wir schießen.‹ Und da«, jetzt begann er zu kichern, »da fing er an zu flennen – es war bloß eine Frau. Eine beschissene Frau! Und sie sagte: ›Oh, bitte, meine Herren! Ich muss jede Nacht hierher kommen, um meinem Mann das Essen zu bringen, der weit unten am Strand fischt.‹ Natürlich waren wir ziemlich wütend und sagten: ›Was soll dieser Unfug, uns hier zum Narren zu halten?‹ Und sie sagte: ›Ich dachte, wenn ich das tue, belästigt mich keiner. Ich bin ganz alleine –.‹ Und da haben wir gesagt –«, die beiden begannen bei der Erinnerung an die Szene laut zu lachen, und ich wusste, dass die Geschichte jetzt zu ihrer Pointe finden würde. »Wir haben gesagt: ›Du wirst schon sehen, ob dich irgendwer belästigt, du Schlampe!‹ Und dann haben wir sie niedergeschlagen und viel Spaß mit ihr gehabt. Hinterher haben wir dann ihr Essen gegessen und haben sie, die wie am Spieß geschrien hat, nach Hause gejagt. Und dann mussten wir uns was ausdenken, was wir dem Hauptmann erzählen würden.«

»Und was habt ihr ihm erzählt?«

Sie lachten immer noch. »Ach, wir haben gesagt, wir hätten auf den Dschinn geschossen, und er wäre durch Zauberei in den Lüften verschwunden, wie ein Flugzeug.«

»Hat er euch geglaubt?«

»Klar hat er uns geglaubt«, sagte der eine vorwurfsvoll. »Er weiß, dass kein Mann aus seiner Truppe ihn anlügen würde. Seinen Hauptmann lügt man nicht an, das ist die eine Sache, die man nicht tun kann. Er hat lediglich gesagt: ›Na gut. Aber kommt mir nicht noch mal mit irgendwelchen Dschinn-Geschichten.‹«

Ich ließ das Thema fallen. Aber ein paar Minuten später fragte ich: »Aber stimmt es denn nun wirklich, dass es so etwas wie Dschinns gibt?«

Sie lachten verächtlich. »Bei all dem elektrischen Licht und den ganzen Autos, die hier in Tanger herumfahren? Ha! Das sind Geschichten, die die Weiber erfinden, um kleine Kinder zu ängstigen. Hör zu, mein Freund: Du musst mindestens hundert Kilometer in die Berge fahren, bevor du einen Dschinn findest, und selbst da kann es dir passieren, dass du keinen zu Gesicht bekommst. Es ist nicht mehr so wie früher. Seit dem Krieg ist alles anders geworden.«

»Da habt ihr wohl recht«, sagte ich.

Tanger wächst und wächst, es ist die Boomtown par excellence. 1947 waren die Leute so weit zu glauben, dass der Gipfel erreicht sei, dass die Immobilienpreise einfach nicht noch höher steigen könnten. Angesichts der Hunderten von Wohnblöcken, die in den Himmel wuchsen, einige davon sogar auf dem freien Feld, ohne asphaltierte Straße in der Nähe, fing jedermann an, einen Crash zu befürchten. Unzählige Bankrotte wurden vorausgesagt, niemals würde es genügend Menschen geben, um all diese Wohnungen zu füllen. Aber alles kam ganz anders. Man baute Straßen durch die Sanddünen, durch die Felder, die Hügel rauf und runter, Vorstädte schossen aus dem Boden und wurden beinahe auf der Stelle Teile der Stadt selbst, eine Vielzahl von Buslinien wurde eingerichtet, und noch heute geht dieser Prozess weiter, mit größerer Dynamik denn je.

Seit der neuerlichen Kriegsangst hat man den Eindruck, dass quasi jeder, der Geld hat, das europäische Land, in dem er sich befindet, verlassen und sich hier in der Internationalen Zone niederlassen will. Der Haken bei der Sache ist natürlich, ob es einem gelingt, sein Kapital hierher zu transferieren. Es gibt keine Beschränkungen, keine Steuern, das Klima ist besser als überall sonst in Europa (trotz des vergangenen rauen Winters), und die Überzeugung grassiert, dass Amerika im Falle eines Krieges jede andere Macht irgendwie daran hindern würde, die Zone zu besetzen. Daher gilt momentan alles als gute Investition; Sie können ein Stück kaputte Stadtmauer kaufen, drei Zimmer aus ihr herausschälen, ein Badezimmer und Elektrizität installieren und dürfen sicher sein, beim Wiederverkauf gutes Geld zu machen. Der einzige Ärger ist, dass jedermann derart in Eile kauft, baut und verkauft, dass keine Zeit bleibt, darauf zu achten, sorgfältig zu arbeiten. So kommt es, dass Sie Ihre Schlafzimmertür öffnen und sie über Ihnen zusammenbricht; dass Sie den Wasserhahn aufdrehen und das Waschbecken zerschellt; dass Sie sich zum Abendessen niedersetzen und der Kronleuchter über Ihnen auf den Esstisch kracht. Die Häusermauern bekommen Risse, die Aufzüge funktionieren nicht, die Dächer lecken, und man hat den unangenehmen Verdacht, dass in zehn Jahren sehr viele der großen neuen Gebäude, auf die Tanger jetzt so stolz ist, nicht mehr stehen werden.

Jedermann beschwert sich bitterlich, aber das ändert natürlich nichts. Ein neues, ordentlich gebautes Gebäude ist hier heute unvorstellbar. »So ist Tanger eben«, sagen die Leute seufzend, während sie mitten im Wohnzimmer Eimer aufstellen, um die Regenströme aufzufangen, die durch die Decke kommen, oder nach einem neuen Fenster telefonieren, weil das alte aus der Fassung hinab auf die Straße gefallen ist. »So was kann nur in Tanger passieren«, bestätigt man einander, nicht ganz ohne eine gewisse Befriedigung angesichts des Gedankens, in dieser einzigartigen Stadt zu leben, wo man eine sichere Wette darauf abschließen kann, dass alles schiefläuft.

Doch betrifft all das ausschließlich Tanger. Sobald man das letzte triste Wohnhaus hinter sich gelassen hat, das einsam zwischen Ziegen, Kakteen, Kühen und den Hütten der Einheimischen herumsteht, ist das Land so schön, wie es immer gewesen ist.

Marokko ist das ideale Land, um mit dem Auto herumzufahren: die Landschaft ist großartig und mannigfaltig, die Straßen sind in exzellentem Zustand, und es gibt kaum Verkehr. Die Benzinpreise reichen von 17 Cent die Gallone in der spanischen Zone bis zu etwa 28 in der französischen, in der Internationalen Zone liegen sie etwa auf halbem Wege dazwischen. (In Algerien bezahlt man 48 Cent für die Gallone, in Frankreich sogar noch mehr.) Die wenigen Amerikaner, die in Marokko leben, machen ständig Ausflüge – wenn man sie reden hört, würde man denken, dass sie sich allesamt dasselbe Ziel gesetzt haben: jede einzelne Ortschaft des Landes kennenzulernen. »Das ist ein Nest, ich wette, da bist du noch nie gewesen … Wie hieß es gleich wieder? He, was war noch mal der Name dieser Ortschaft, wo wir letzten Oktober waren, als wir den Abstecher von Béni Mellal aus machten, und dann dauerte es den ganzen Tag und wir mussten wieder zurück und nachts noch mal in den Zelten schlafen? Du weißt doch, wo eine Kette über der Straße hing, und der Polizist mit dem Holzbein musste seinen Chef in fünfzig Kilometer Entfernung anrufen und Erlaubnis einholen, uns durchzulassen? Azilal! Genau! Azilal. Ich wette, ihr seid noch nie in Azilal gewesen. Was für eine Gegend!«

Für den Europäer ist Marokko, vor allem das südliche Marokko, eine endlose und abschreckende Gegend (der offizielle Name, den das französische Militär der Region gibt, ist »Die Zone der Unsicherheit«), wogegen es für den Durchschnittsamerikaner eine Art exotisches Utah ist, dessen touristischer Wert noch merklich dadurch gesteigert wird, dass seine Südgrenze nicht existiert und dass es ganze Landstriche gibt, die noch kein Tourist, gleich welcher Nationalität, je erblickt hat. Mit unseren neuen Luftwaffenstützpunkten und deren zahlreichem technischem Personal allerdings mag sich das in naher Zukunft schnell ändern, sodass man nach einer sechstägigen Fahrt zu einem Ort wie Tata oder Tindouf bei der Ankunft schon einen ganzen Trupp Landsleute dort antreffen wird, einschließlich Coca-Cola und Belichtungsmessern.

Es gibt noch eine weitere Sorte Amerikaner, die man

hier heutzutage mit steigender Häufigkeit antrifft. Er ist üblicherweise Anfang zwanzig, manchmal trägt er einen Bart, und oft kleidet er sich auf eine Weise, die fast schon aggressiv zwanglos ist. Die neue »Verlorene Generation«, die Amerika seit dem letzten Krieg auf die Welt losgelassen hat, ist so vollkommen verloren, dass die Generation davor die Bezeichnung gar nicht mehr zu verdienen scheint. Noch immer ist Paris ihr Versuchsgelände, aber diesmal ist es das Paris der kleinen algerischen Spelunken hinter der Bastille, unglaublich heruntergekommene Löcher, wo sie sich zusammenfinden, um die Aufbereitung, Anwendung und Wirkung der *Cannabis sativa* genannten Droge zu studieren, die in ihren unterschiedlichen Formen als Haschisch, Kif oder *majoun* bekannt ist.

Obwohl ein Gutteil der Mitglieder dieser neuen Elite auf die eine oder andere Weise mit den Künsten zu tun hat, ist es doch allgemeine Übereinkunft, dass das wesentliche Ziel im Leben nicht sich selbst zu verwirklichen ist, sondern das Erreichen eines unbeschreiblichen und sehr persönlichen Zustandes von Ekstase, der in keiner Weise etwas zu tun hat (zu tun haben darf) mit intellektuellem oder künstlerischem Bemühen. Sie ist ein bedenkenswertes Phänomen, diese neue Generation nihilistischer Mystiker, die von Schecks aus dem Kriegsveteranenministerium, von Fulbright-Stipendien, Geschenken flüchtiger Bekannter und ab und zu einem Taschengeld von zu Hause leben. Und für uns hier ist es ganz besonders interessant, weil sie alle unweigerlich in Tanger landen, was vermutlich der ideale Ort für sie ist. Hier können sie öffentlich ihren verschiedenen Launen frönen, und niemand wird etwas einzuwenden haben; im Gegenteil: der schnellste Weg, an einem Ort, wo Moslems zusammenkommen, Bekanntschaften zu schließen, ist, indem man seine *sebsi* herausholt und anzündet.

Wenn Ihr Eingeweihter dann einen Zustand der Erleuchtung erreicht hat, kann er ihn Tag und Nacht aufrechterhalten, endlos, und stundenlang mit ausgestreckten Beinen in seinem Lieblingscafé sitzen oder am Strand in der Sonne liegen. Niemand wird darüber das geringste Missfallen oder Verblüffung äußern; schließlich genießt er das Leben nur auf dieselbe Weise, wie die Mehrheit der Menschen um ihn herum es auch tut. Und da die Mitglieder der neuen verlorenen Generation chronisch blank sind (arbeiten wäre eine Absurdität – fast schon ein Sakrileg), sind die extrem kulanten örtlichen Preise der Drogen eine große Verlockung. Für den Gegenwert von sechs Cent können sie in der Calle Gzennaia genügend *majoun* kaufen, um sich eine ganze Nacht lang ins Nirwana zu zaubern.

Jede Woche werden es mehr neue Gesichter, die die lokalen Cafés hinter dem Zoco Chico bevölkern. Zwar mögen ein paar davon Franzosen sein, aber die meisten sind Amerikaner, und alle verfolgen sie leidenschaftlich ein einziges Ziel: eine vollständige Ablösung von dem, was man gemeinhin Realität nennt. (Sex gilt als sehr »zweitrangiger Kick«.) Die meisten von ihnen halten immer noch dem Bebop die Treue als dem vollkommenen musikalischen Ausdruck für den erstrebten seelischen Zustand. Aus irgendwelchen Gründen (womöglich rein physischen, da die Droge zwar kurzzeitig die geistigen Fähigkeiten steigert, aber langfristig eher zu großer körperlicher Trägheit führt) reisen sie selten weiter in andere Gegenden Marokkos; lieber bleiben sie auf unbestimmte Zeit in Tanger. Die Adepten kümmern sich um ihre eigenen Angelegenheiten, sie reden sehr wenig und versuchen auch nicht, irgendetwas zu beweisen. Für einen Kult ist dies also einer der sympathischeren.

Unglücklicherweise gibt es eine steigende Tendenz, ausgehend von den Nationalisten hier in Marokko, all diejenigen Aspekte des ursprünglichen Lebens, die das Land für den Besucher so farbig machen, sowohl durch Gesetze als auch durch Propaganda zu unterdrücken. Es wirkt, als hofften sie, Touristen von einem Besuch abzuhalten, und tatsächlich: Spricht man mit ihnen, findet man heraus, dass genau dies der Fall ist. Denn diese arabischen Fanatiker sind fest davon überzeugt, dass Westler Marokko nur besuchen, um die Sitten und das Verhalten eines zurückgebliebenen Volks zu verhöhnen. Zufälligerweise sind jedoch gerade die Dinge, die in Marokko von besonderem Interesse sind, keine arabischen Importe, sondern dem Lande ureigen – sprich von berberischem Ursprung. Nach Meinung der Nationalisten sind die Berber kaum mehr als Tiere – ungenügend islamisiert und dazu stur im Festhalten an ihren alten Ritualen. So kommt es, dass etwa seit den letzten fünfzehn Jahren eine große puritanische Säuberungsaktion im Gange ist, die vermutlich andauern wird, bis auch noch das letzte Restchen spontaner Freude an der Religionsausübung zerstört worden ist.

Dieses Jahr wurde in Tanger zum ersten Mal das Fest von Mouloud verboten, die Feiern zu Mohammeds Geburtstag. Was seit jeher ein dreitägiger Karneval voller Umzüge, Feuerwerke, öffentlichem Tanz, Musik und

Mengen von Besuchern aus allen Ecken des Landes gewesen ist, wurde mit einem einzigen verneinenden Strich des Federhalters ausgelöscht. Grund dafür (nach Volkes Meinung): Die Geldspenden, die die Feiernden in die Moscheen tragen, werden von einigen wenigen reichen Familien veruntreut – den Schorfa oder Nachkommen Mohammeds. Da das aber immer so gewesen ist und zuvor niemand sich darüber beschwert hat, ist dieses Argument nicht stichhaltig. Grund dafür (nach Meinung der besser Informierten): Den Nationalisten waren die Frauen bei den Festlichkeiten ein Dorn im Auge, weil sie angeblich der Unmoral Vorschub leisteten! Religiöse Tänze, die unter den Berbern die Hauptform spirituellen Ausdrucks darstellen, sind nunmehr in ganz Marokko verboten; dafür haben die Nationalisten vor einigen Jahren gesorgt.

Man fragt sich, ob sie, wenn man sie ließe, nicht ebenso weit gehen würden wie Ibn Saud in Arabien, der seinen puritanischen Eifer so weit getrieben hat, in ganz Arabien Plattenspieler und Radios zu verbieten (außer zum Hören von Nachrichten), weil sie Musik spielen. Denn Musik ist böse. (Eine bemerkenswerte Klausel in seinem Gesetz ist, dass die Polizei die Schallplatte auf dem Kopf desjenigen zerschlagen soll, der damit erwischt wird. Falls Ihnen das nur amüsant vorkommt, lassen Sie mich noch dazusagen, dass dieses Gesetz keineswegs harmlos ist. Wird nämlich ein Mensch mit einer Flasche Bier oder irgendeinem anderen alkoholischen Getränk erwischt, ist die Strafe dieselbe: Die den Glauben beleidigende Flasche muss ebenfalls auf dem Kopf des Schlechtgläubigen zerschmettert werden.)

Der Moslem hat zum Kommunismus in etwa die gleiche Einstellung wie der Städter zur Maul- und Klauenseuche: eine gefährliche Krankheit, gewiss, aber keine, mit der er selbst sich anstecken könnte. Für ihn ist der Kommunismus eine Krankheit, die zur christlichen Welt gehört; im Schutz der Wehrmauern seiner Religion fühlt er sich davor sicher.

Hier in Marokko gibt es, wie überall sonst, eine kommunistische Partei, aber ihre Mitglieder sind Franzosen, Spanier, Korsen. Findet man trotzdem ein moslemisches Mitglied, so wird es normalerweise aus Algerien stammen. (Die Algerier sind, anders als die Marokkaner, französische Staatsbürger.) Spricht man mit einem Kommunisten mohammedanischen Glaubens, wird er einem schließlich erklären, dass sein Interesse an der Bewegung rein opportunistische Gründe habe. Sobald die Kolonialregime ausgerottet sind, sagt er, hat die Kommunistische Partei ihre Schuldigkeit getan. Dann werden die örtlichen Nationalisten übernehmen, und alles wird gut sein.

Viel wichtiger aber ist, dass sehr viele gebildete Marokkaner gegen den halb kolonialisierten Zustand ihres Landes Groll hegen und dadurch, ohne es zu bemerken, einen Standpunkt einnehmen, der sie besonders empfänglich für die stalinistische Propaganda macht. *Le Petit Marocain*, die auflagenstärkste Tageszeitung Marokkos, folgt strikt der Parteilinie und lässt keine Gelegenheit verstreichen, sowohl die tatsächlichen als auch die eingebildeten Ungerechtigkeiten anzuprangern, die die Menschen unter der derzeitigen Regierung zu erleiden haben. Die Kommunisten unterstützen die Nationalisten, weil jeder Zuwachs der Nationalisten den Status quo erschüttert; ein Staatsstreich der Nationalisten würde sie entzücken. Da könnten sie auf das nachfolgende Chaos zählen, zunächst einmal, weil es drei unabhängige nationalistische Parteien gibt, die in einem solchen Fall mit Sicherheit heftiger miteinander streiten würden als zur Zeit; vor allem aber, weil die Berber, die die Mehrheit der Bevölkerung bilden, antinationalistisch eingestellt sind, denn die Nationalisten sind ausschließlich arabisch orientiert und interessieren sich für die Berber nicht im Geringsten.

Es ist stets ein Kinderspiel, die Berber zu Massendemonstrationen zu verleiten. Die Franzosen haben es gerade erst vor zwei Wochen getan, als sie versuchten, den Sultan dazu zu bringen, mehrere Mitglieder des Istiqlal – der stärksten und radikalsten der drei nationalistischen Parteien – aus dem Kreis seiner Berater zu entfernen. Man sollte meinen, dass mehrere Tausend Stammesangehörige, die ihre Pferde durch die Straßen von Fès ritten, einen gewissen Eindruck hinterlassen hätten. Außerdem war da auch noch der Ratschlag, den El Glaoui, der Pascha von Marrakesch und spezielle Beschützer der Berber, dem Sultan gab. Die missliebigen Individuen wurden jedenfalls entfernt. Doch kann man sicher sein, dass die Nationalisten nicht die Hände in den Schoß legen und dies akzeptieren werden; der passive Widerstand ist nicht ihre Methode. Für mich ist das Ganze nur ein weiteres Beispiel von Wahnsinn in einer ohnehin schon wahnsinnigen Welt.

Diese politischen Erwägungen bringen mich auf ein lächerliches kleines Abenteuer, das mir kürzlich widerfuhr. Ich spazierte gerade eine Landstraße einige Meilen außerhalb von Fès entlang. Aus einem staubigen Karrenweg, der zu einem Olivenhain führte, kamen drei Marokkaner, von denen ich einen sofort als einen Bekannten wiedererkannte. Wir begrüßten einander, und ich wurde den anderen vorgestellt. Anstatt ihren Weg fortzusetzen, bedrängten sie mich, mit ihnen zu einem Haus zurückzugehen, das sich irgendwo im Hain befand, und mit ihnen dort Tee zu trinken. Das Haus gehörte einem fülligen jungen Mann mit dicken Brillengläsern und war weitläufig, alt und fast eine Ruine, aber dann stellte sich heraus, dass es im Obergeschoss einen Raum gab, der in vergleichsweise funktionsfähigem Zustand gehalten worden war; dort hinein setzten wir uns, tranken Tee und unterhielten uns lang und breit.

Nachdem wir das Thema Amerika durchhatten, wandten wir uns Marokko zu. Ich hatte kürzlich auf Französisch mehrere Bücher über marokkanische Geschichte gelesen, und so war es ganz natürlich, dass ich das Gespräch auf Bou Hamara brachte, den Rebellenführer, der es gewagt hatte, gleich zwei Sultane herauszufordern, Abd al-Aziz und Mulai Hafiz, und der sieben Jahre lang den ganzen östlichen Teil Marokkos gehalten hatte. Es ist eine allgemein akzeptierte Tatsache, dass Sultan Mulai Hafiz Bou Hamara, als er seiner 1909 habhaft wurde, in einen Käfig steckte, der zu klein war, als dass er darin hätte stehen oder sitzen können, und ihn zwei Jahre lang so durch die Straßen der marokkanischen Städte karren ließ, wobei er ständig vom Pöbel gequält wurde, bevor er ihn schließlich seinen Löwen zum Fraß vorwarf. Ich hatte Bou Hamaras Käfig häufig in Batha gesehen, und ebenso hatte ich die leeren Löwenkäfige im Hof des Sultanspalasts gesehen. Als ich die Geschichte erwähnte, die hierzulande jedermann auswendig kennt, fügte ich noch hinzu, dass ich es für eine ganz gute Sache hielt, dass ein Sultan von der Art

Mulai Hafiz' von jemandem ersetzt worden sei, der weniger blutdurstig und barbarisch war. »Er muss schon ein sehr eigentümlicher Mensch gewesen sein«, sagte ich. »Wisst ihr irgendetwas über ihn?«

»Ein wenig«, erwiderte mein Gastgeber und nahm seine Brille ab. »Er war mein Vater.«

Und während ich noch versuchte, irgendeine Entschuldigung zu stammeln, begann der Sohn des vormaligen Sultans mir eine langatmige Rede darüber zu halten, dass es nicht ratsam sei, irgendetwas von dem zu glauben, was ich in französischen Geschichtsbüchern über Marokko las. Die Franzosen, sagt er, versuchten immer, ihre Besetzung des Landes zu rechtfertigen, indem sie betonten, dass dessen Einwohner Barbaren und unfähig waren, sich selbst zu regieren, und das hörte sich sehr logisch an. Doch vor drei Tagen erzählte ich diese Geschichte abends einem Araber in Tanger, um mich über mich selbst lustig zu machen. Nachdem ich geendet hatte, sagte er, anstatt zu lachen, vollkommen ernst: »Oh, aber Sie haben vollkommen recht gehabt. Mulai Hafiz hat Bou Hamara wirklich den Löwen vorgeworfen. Ich weiß es, denn es war mein Vater, der extra zu Hagenbecks Tierpark nach Hamburg geschickt wurde, um für diese Gelegenheit die Löwen zu kaufen. Das Problem war nur, sie waren derart zahm und wohlgenährt, dass sie ihn nicht fressen wollten.«

Morgen werde ich also in den Süden aufbrechen; ich halte diesen Regen nicht länger aus.

Paul Bowles in der marokkanischen Sahara, 1963

TAUFE DER EINSAMKEIT
Holiday, Januar 1953

Sobald man die Sahara betritt, sei es das erste oder das zehnte Mal, fällt einem die Stille auf. Eine unglaubliche, vollkommene Stille herrscht außerhalb der Städte; und in ihnen scheint, selbst an belebten Orten wie Marktplätzen, etwas Gedämpftes in der Luft zu liegen, als wäre die Ruhe eine bewusste Kraft, die das Eindringen von Geräuschen verübelt und jedes Geräusch sogleich mindert und zerstreut. Dann ist da der Himmel, verglichen mit dem alle anderen Himmel nur halbherzige Anstrengungen darstellen. Massiv und strahlend bildet er immer das Zentrum der Landschaft. Bei Sonnenuntergang steigt der scharf umrissene, geschwungene Schatten der Erde vom Horizont rasch in ihn hinein und zerschneidet ihn in einen hellen und einen dunklen Abschnitt. Wenn alles Tageslicht verschwunden ist und der Weltraum vor Sternen überquillt, ist er noch immer von einem brennend intensiven Blau, das im Zenit am dunkelsten ist und gegen die Erde hin blasser wird, sodass die Nacht nie vollkommen dunkel wird.

Lassen Sie das Tor des Forts oder Städtchens hinter sich, gehen Sie an den schlafenden Kamelen draußen vorbei, gehen Sie hinauf in die Dünen oder hinaus in die harte, steinige Ebene und bleiben Sie dort eine Weile allein stehen. Entweder fangen Sie jetzt an zu zittern und laufen schnell wieder zurück in die Mauern, oder aber Sie bleiben stehen und lassen etwas sehr Außergewöhnliches geschehen, etwas, das jeder, der hier lebt, schon durchgemacht hat und das die Franzosen *le baptême de la solitude* nennen. Es ist eine einzigartige Empfindung, und sie hat nichts mit Verlassenheit zu tun, denn Verlassenheit setzt Erinnerung voraus. Hier, in dieser vollkommen mineralischen Landschaft, von den Sternen erhellt wie von Leuchtfeuern, verschwindet sogar die Erinnerung; es bleibt nichts übrig als Ihr eigenes Atmen und das Geräusch Ihres schlagenden Herzens. Ein merkwürdiger und keinesfalls angenehmer Prozess, bei dem Sie sich neu zusammensetzen, beginnt in Ihrem Innern abzulaufen, und Sie haben die Wahl, entweder dagegen anzukämpfen und darauf zu bestehen, dass Sie die Person bleiben, die Sie immer gewesen sind, oder es geschehen zu lassen. Denn niemand, der längere Zeit in der Sahara war, ist noch genau derselbe wie bei seiner Ankunft.

Vor dem Unabhängigkeitskrieg in Algerien, unter der Herrschaft des französischen Militärs, gab es unter Europäern in der Sahara eine bemerkenswerte Atmosphäre freundlicher Sympathie. Unnötig zu betonen, dass die Begleiterscheinung dieses angenehmen Zustandes die Ausübung der striktesten Form kolonialistischer Kontrolle über die Algerier war, ein Regiment, das auf eine wahre Terrorherrschaft hinauslief. Jedoch von einem europäischen Blickwinkel aus war es ein idealer Ort. Die gesamte weite Region hatte etwas von einer kleinen, unverdorbenen Landgemeinde, wo jeder die Rechte der anderen respektierte. Jedes Mal, wenn man dort eine Weile gelebt hatte und wieder fortging, traf einen die Gleichgültigkeit und Anonymität der Welt draußen wie ein Schlag. Wenn man während seiner Reisen in der Sahara etwas vergaß, konnte man sicher sein, es auf dem Rückweg wiederzufinden; der Gedanke, es sich anzueignen, wäre niemandem gekommen. Man konnte sich bewegen, wo immer man wollte, draußen in der Wildnis oder in der düstersten Gasse einer Stadt, niemand hätte einen belästigt.

Zu der Zeit war noch niemand vom Not leidenden, nicht sesshaften und ungewollten Proletariat Nordalgeriens hier heruntergekommen, weil es nichts gab, was diese Leute angezogen hätte. Fast jeder besaß ein Stück Land in einer Oase und lebte davon. Im Schatten der Dattelpalmen wurden Weizen, Roggen und Mais angebaut, und diese Getreidesorten stellten die Grundnahrungsmittel dar. Im Allgemeinen gab es immer zwei, drei arabische oder schwarze Krämer, die solche Dinge wie Zucker, Tee, Kerzen, Streichhölzer, Karbid als Brennstoff und billige europäische Baumwollwaren verkauften. In den größeren Städten fand sich ab und zu ein Geschäft, das von einem Europäer geführt wurde, aber die Ware war die gleiche, denn die Kunden waren so gut wie alle Einheimische. Fast ohne Ausnahme waren die einzigen Europäer in der Sahara Soldaten und Kirchenmänner.

Im Allgemeinen waren die Soldaten und ihre Hilfskräfte freundliche Männer, angenehm im Umgang und daran interessiert, dem Besucher alles zu zeigen, was in ihren Sektoren eine Besichtigung lohnte. Das war ein Glück, denn ein Reisender hing oft vollkommen von ihrem Wohlwollen ab. Zum Beispiel brauchte er sie für Essen und

Unterkunft, denn in den kleineren Ortschaften gab es keine Hotels. Gewöhnlich hing sein Kontakt zur Außenwelt an ihnen, denn alles, was er wollte, beispielsweise Zigaretten oder Wein, musste per Lastwagen vom Militärstützpunkt gebracht werden, zu dem auch seine Korrespondenz *poste restante* geschickt wurde. Darüber hinaus hing auch die Erlaubnis, sich frei in der Region zu bewegen, vom Militär ab. Die Macht, solche Privilegien zu gewähren, lag in den Händen eines, sagen wir, einsamen Leutnants, der in zweihundert Meilen Entfernung von seinem nächsten Landsmann lebte, schlecht aß (ein Gräuel für jeden Franzosen) und sich wünschte, weder Kamele noch Dattelpalmen, noch wissbegierige Ausländer seien je erschaffen worden. Dennoch kam es selten vor, dass man einem gleichgültigen oder nicht hilfsbereiten Comandante begegnete. Eher schon lud er einen zu Drinks und zum Abendessen ein, zeigte einem die seltsamen Fundstücke, die er während seiner Jahre im *bled* gesammelt hatte, bot einem an, ihn auf seinen Inspektionstouren zu begleiten oder sogar zwei Wochen mit ihm und seinem *peloton* aus mehreren Dutzend *méharistes* zu verbringen, wenn sie hinaus in die Wüste zogen, um geografische Vermessungen anzustellen. Dazu bekam man sein eigenes Kamel – und zwar kein träges Packtier, das mit einem Stock von jemandem angetrieben werden musste, der nebenherging, sondern ein schnelles und trainiertes Tier, das auf die kleinste Zügelbewegung reagierte.

Noch außergewöhnlicher waren die *Pères Blancs*, so intelligent wie wohlerzogen. Es lag keinerlei Resignation in ihrer Bereitschaft, den Rest ihres Lebens in abgelegenen Außenposten zu verbringen, wie die Moslems gekleidet zu sein, Arabisch zu sprechen und auf die asketische und wenig komfortable Weise der Wüstenbewohner zu leben. Sie missionierten niemanden und hatten das auch gar nicht vor. »Wir sind hier lediglich, um den Moslems zu zeigen, dass die Christen des Respekts würdig sind«, erklärten sie. Man hörte die Moslems immer wieder sagen, dass die Christen zwar die Herren der Erde sein mochten, die Moslems jedoch waren die Herren des Himmels; den Soldaten genügte es wohl, dass die *indigènes* die europäische Herrschaft auf Erden anerkannten. Verständlicherweise konnte das den Weißen Patres nicht genügen. Sie legten es darauf an, den Einheimischen zu beweisen, dass der Nazarener fähig war, ein ebenso exemplarisches Leben zu leben wie noch der inbrünstigste Anhänger Mohammeds. Und es ist wahr, dass die strenge Lebensführung der Patres vielen Moslems Respekt vor ihnen einflößte, wenn nicht sogar vor der Zivilisation, für die sie standen. Und als Ergebnis all der in der Wüste verbrachten Jahre erlangten die Patres einen gewissen gesunden und unorthodoxen Fatalismus – eine perfekte Ergänzung zu ihrer geistlichen Disposition und im Übrigen bitter notwendig, um mit den Menschen umgehen zu können, unter denen zu leben sie beschlossen hatten.

Mit einem Gebiet, das ein ganzes Stück größer ist als die Vereinigten Staaten, ist die Sahara ein Kontinent inmitten eines Kontinents – ein Skelett zwar, wenn Sie so wollen, aber in jedem Fall etwas, das vom Rest Afrikas, der es umgibt, klar geschieden ist. Sie hat ihre eigenen Gebirgszüge, Flüsse, Seen und Wälder, nur sind die alle zum größten Teil verkümmert. Die Bergketten sind zu gigantischen Stein- und Felsenhaufen abgetragen, die sich über die umgebende Landschaft erheben wie die Berge auf dem Mond. Einige der Flüsse treten vielleicht nur für einen Tag im Jahr in Erscheinung – andere noch viel seltener. Die Seen bestehen aus kristallisiertem Salz, und die Wälder sind schon seit Urzeiten versteinert. Doch variieren die physischen Konturen der Landschaft genauso wie überall sonst auch. Es gibt Ebenen, Berge, Täler, Schluchten, sanfte Hügel, felsige Gipfel und vulkanische Krater, all das ohne Vegetation, ja ohne jeden Erdboden. Und dennoch sind die einzigen Gegenden, die dem Auge monoton erscheinen, Regionen wie die Tanezrouft südlich von Reggane, ein Gebiet von etwa fünfhundert Meilen absolut flacher, steinübersäter Landschaft ohne das geringste Anzeichen von Leben oder der kleinsten Bodenerhebung, nichts, was eine Abwechslung von der erbarmungslosen Linie des Horizontes rundum darstellen könnte. Wenn man eine Weile hier ist, bewegt sogar der Anblick eines Felsens den Reisenden, er fühlt sich, als müsse er rufen: »Land in Sicht!«

Es gibt keine bekannte historische Epoche, in der die Sahara nicht von Menschen bewohnt gewesen wäre. Die meisten anderen größeren Formen von tierischem Leben, die hier früher existiert haben, sind ausgestorben. Wenn wir den Zeugnissen der Höhlenmalerei Glauben schenken, dann können wir davon ausgehen, dass irgendwann einmal Giraffen, Flusspferde und Nashörner die Region bevölkert haben. Der Löwe ist erst in unserer Zeit aus Nordafrika verschwunden, ebenso der Strauß.

Immer einmal wieder wird in irgendeinem weit entfernten, versteckten Oasenteich ein Krokodil gesichtet, aber das kommt so selten vor, dass es, wenn es geschieht, ein großes Ereignis ist. Das Kamel ist bekannterweise kein Ureinwohner Afrikas, sondern ein Import aus Asien, das ungefähr gegen Ende des Römischen Reiches hier aufgetaucht ist – etwa zu der Zeit, als man die letzten Elefanten umbrachte. Viele Tiere aus den wilden Elefantenherden am nördlichen Ende der Wüste wurden gefangen und für den Dienst in der karthagischen Armee abgerichtet. Aber es waren die Römer, die die Gattung schließlich auslöschten, um Elfenbein für den europäischen Markt zu gewinnen.

Zum Glück für den Menschen, der darauf besteht, weiterhin in Gegenden zu leben, die zunehmend ungastlich für ihn werden, gibt es immer noch viele Gazellen und paradoxerweise auch verschiedene Arten essbarer Fische in den Wasserlöchern überall in der Sahara, die häufig mehr als hundert Fuß tief sind. Gewisse Arten in artesischen Brunnen sind blind, da sie immer in den unterirdischen Seen gelebt haben.

Eine oft wiederholte Behauptung braucht, ganz gleich wie falsch sie ist, lange, um aus dem allgemeinen Bewusstsein zu verschwinden. Die Sahara wird fälschlicherweise weitgehend als eine immense Sandwüste wahrgenommen, durch welche die Araber in ordentlichen Karawanen von einer weiß betürmten Stadt zur anderen ziehen. Eine Verallgemeinerung, ein gutes Stück näher an der Realität wäre es zu sagen, sie sei ein Gebiet zerklüfteter Berge, nackter Täler und flachen, steinübersäten Ödlands, in dem man hier und da vereinzelt ein lehmgebautes Negerdorf findet. Der Sand in der Sahara bedeckt laut Daten des geografischen Diensts der französischen Armee nur etwa ein Zehntel ihrer Fläche, und die Araber, von denen die meisten Nomaden sind, bilden nur einen kleinen Teil der Bevölkerung. Die große Mehrheit der Bewohner sind entweder berberischer (eingeborene Nordafrikaner) oder negroider (eingeborene Westafrikaner) Herkunft. Doch sind die Neger von heute nicht die, die ursprünglich die Wüste bewohnten. Letztere haben die gemeinsamen kolonialen Bestrebungen der Araber und der islamisierten Berber nie gern gesehen; über die Jahrhunderte hinweg befanden sie sich auf einem konstanten Rückzug in Richtung Südosten, bis nur noch ein geringer Rest ihres Volkes, in der Gegend, die heute als die Tibesti bekannt ist, übrig war. Sie wurden von den fügsameren Sudanesen ersetzt, die man als Sklaven aus dem Süden importierte, damit sie auf den sich ständig vermehrenden Oasen arbeiteten.

In der Sahara ist die Oase – das heißt, ein Wäldchen von Dattelpalmen – in erster Linie menschengemacht und kann auch nur dauerhaft existieren, wenn die Bewässerungsarbeiten ohne Unterlass weitergeführt werden. Als die Araber vor zwölf Jahrhunderten in Afrika ankamen, begannen sie ein Projekt der Landgewinnung, das, sofern die Europäer es mithilfe neuer Maschinentechnik fortführen, weite Teile der Sahara in einen großen fruchtbaren Garten verwandeln wird. Wo immer sich Spuren von Vegetation fanden, bedeutete das, es gab Wasser in geringer Tiefe; das musste lediglich an die Erdoberfläche geholt werden. Die Araber machten sich an die Arbeit und gruben Brunnen, konstruierten Zisternen und erbauten Kanalverbunde, die überirdisch verliefen, sowie Systeme von unterirdischen Wasserläufen tief unter der Oberfläche.

Für all diese wichtigen Projekte brauchten die kürzlich eingetroffenen Kolonisatoren große Mengen an Arbeitern, die das Klima und die Malaria, die in dieser Region noch immer nicht ausgemerzt ist, ertrugen. Sudanesische Sklaven schienen die ideale Lösung für dieses Problem zu sein, und so ergab es sich, dass sie schließlich den größeren Teil der Bevölkerung der Wüste bildeten. Jeder arabische Stamm reiste zwischen den Oasen, die er kontrollierte, herum und sammelte die Ernte ein. Es war niemals Brauch oder Absicht der Söhne Allahs, dort zu leben. Es gibt bei ihnen ein Sprichwort, das heißt: »Niemand lebt in der Sahara, wenn er irgendwo anders leben kann.« Natürlich ist die Sklaverei von den Franzosen offiziell abgeschafft worden, aber erst vor Kurzem, erst in unseren Tagen. Wahrscheinlich war die Schließung des dortigen Sklavenmarkts maßgeblich in dem Prozess, der Timbuktu von seinem vormaligen Status als Hauptstadt der Sahara in seinen derzeitigen erbärmlichen Zustand brachte. Doch ist die Sahara, die einst als Land der Neger begann, noch immer ein Land der Neger und wird es zweifellos auch noch lange bleiben.

Die Oasen, jene großartigen Palmenhaine, sind das Blut und das Rückgrat der Wüste; ohne sie wäre ein Leben in der Sahara undenkbar. Wo immer man Menschen findet, kann man sicher sein, in der Nähe auch eine Oase zu finden. Manchmal ist die Siedlung inmitten der Bäume, aber meistens ist sie ein wenig außerhalb erbaut, sodass nichts von dem fruchtbaren Boden an reine Wohnviertel verschwendet wird. Die Größe einer Oase wird anhand der Anzahl ihrer Bäume gemessen, nicht anhand der Fläche, die sie einnimmt. Ebenso werden die Steuern nach der Zahl der datteltragenden Bäume berechnet und nicht nach der Größe des Landes. Der Wohlstand einer Gegend hängt direkt von der Anzahl und Größe ihrer Oasen ab. Die in Figuig zum Beispiel besitzt mehr als 200.000 fruchttragende Bäume, und die in Timimoun ist vierzig Meilen lang mit Bewässerungssystemen von erstaunlicher Komplexität.

In einer Oase der Sahara umherzuwandern fühlt sich an, als mache man einen Spaziergang durch einen gut geführten Garten Eden. Die Alleen sind sauber und zu beiden Seiten von handgearbeiteten Lehmmauern flankiert, die nicht so hoch sind, dass man die wuchernde Vegetation dahinter nicht mehr sehen kann. Unter den hohen, sich wiegenden Palmen stehen die kleineren Bäume, Granatäpfel, Orangen, Feigen, Mandelbäume. Darunter werden in säuberlichen Karrees, in flachen Gräben von Wasser umflossen, Gemüse und Weizen angebaut. Ganz gleich in welcher Entfernung zur Siedlung, überall herrscht derselbe Eindruck von Ordnung, Reinlichkeit und peinlicher Achtsamkeit, jeden Quadratzentimeter Boden zu nutzen. Gelangt man an den Rand der Oase, bemerkt man jedes Mal, dass sie gerade vergrößert wird. Neue Parzellen junger Palmen reichen hinaus in die blendende Wüste. Noch sind sie nutzlos, aber in ein paar Jahren werden sie beginnen zu tragen, und irgendwann wird dieser sonnenverbrannte Grund Teil des Grüngürtels der Gärten sein.

Zahlreiche Vögel leben in den Oasen, doch erfreuen ihre Lieder und ihr Gefieder die Bewohner nicht. Die Vögel fressen nämlich die jungen Triebe und graben die Samen aus, sobald sie gepflanzt sind, und so trägt quasi jeder Mann und jeder Junge eine Schleuder bei sich. Vor einigen Jahren reiste ich mit einem Papagei durch die Sahara. Überall starrten die Bewohner den armen Vogel finster an,

Einwohner der Sahara, 1948

und in Timimoun kam eine Abordnung älterer Männer eines Nachmittags ins Hotel und riet mir, den Käfig nicht mehr am offenen Fenster stehen zu lassen, andernfalls könne man nicht für sein Schicksal garantieren. »Hier mag niemand Vögel«, sagten sie bedeutungsschwer.

Es ist Sitte, draußen in den Oasen kleine Sommerhäuser zu bauen. Oft zeigt deren Architektur etwas Spielerisches und Fantasievolles, das sie besonders reizvoll macht. Es sind kleine Spielzeugpaläste aus Lehm. Hier nehmen Männer am Ende des Tages Tee mit ihren Familien, verbringen dort die Nacht, wenn es in der Ortschaft ungewöhnlich heiß ist, oder bitten ihre Freunde zu ein paar Runden Ronda, dem beliebtesten nordafrikanischen Kartenspiel, und zu ein wenig Musik. Lädt ein Mann Sie dazu ein, ihn in seinem Sommerhaus zu besuchen, so werden Sie feststellen, dass die Erfahrung in jedem Falle den langen Weg dorthin wert ist. Sie werden mindestens die drei traditionellen Gläser Tee trinken müssen, und vielleicht werden Sie auch ziemlich viele Mandeln essen und mehr Kif rauchen müssen, als Sie eigentlich wollten. Aber es ist angenehm frisch, Sie können das Murmeln fließenden Wassers hören und den Duft der Minze riechen, der in der Luft liegt, und vielleicht zieht Ihr Gastgeber die Flöte hervor. Eines Winters spielte ich mit dem Gedanken, eines dieser Häuser zu kaufen, das meine Fantasie ganz besonders angeregt hatte. Mitsamt Garten und Wasserteich sollte es den Gegenwert von 25 Pfund kosten. Der Haken dabei war, dass der Besitzer das Recht behalten wollte, das Land weiterhin zu kultivieren, denn für ihn war es undenkbar, dass es jemals nicht mehr ertragreich sein sollte.

In der Sahara, wie auch anderswo in Nordafrika, enthalten die Rituale der Religionsausübung häufig auch Elemente vorislamischen Glaubens; das auffälligste Beispiel ist die Institution des religiösen Tanzes, die einfach weiterexistiert, obwohl gebildete Moslems diese Sitte schon immer zu verhindern versucht haben. Selbst in der tief religiösen Siedlung von M'zab, wo der Puritanismus auf die Spitze getrieben wird, ist das Abhalten von Tänzen nicht unbekannt. Zu der Zeit, als ich dort lebte, durften Kinder in der Öffentlichkeit nicht lachen, aber ich verbrachte eine ganze Nacht damit, zuzusehen, wie sich ein Dutzend Männer vor einem Feuer aus Palmwedeln in die Bewusstlosigkeit tanzte. Zwei stämmige Wachtposten waren notwendig, um sie davon abzuhalten, sich in die Flammen zu stürzen. Nachdem jeder der Männer mehrmals vom Feuer weggetragen worden war, hörte er schließlich damit auf, seine irrsinnigen Luftsprünge zu vollführen, taumelte und sank zu Boden. Sofort wurde er aus dem Kreis hinausgetragen und in Decken gehüllt, während ein frischer Adept seinen Platz einnahm. Es gab weder Musik noch Gesang, dafür aber acht Trommler, und jeder von ihnen schlug auf ein Instrument unterschiedlicher Größe.

Anderswo ähnelt der Tanz dem *ahouache* der Berber aus dem marokkanischen Atlas. Die Teilnehmer fassen sich bei den Händen und bilden einen großen Kreis, Männer und Frauen abwechselnd; ihre Bewegungen sind gemessen und niemals hektisch, und obwohl die Trance die ganze Zeit über angedeutet wird, scheint sie doch nie gemeinsam erreicht zu werden. Bei den Darbietungen, die ich gesehen habe, befand sich im Zentrum eine Frau, deren Kopf und Hals von einem Tuch bedeckt war. Sie singt und tanzt, und der Chor um sie herum antwortet antiphonisch. Das Ganze ist sehr ruhig und beherrscht, dennoch scheint das Irrationale nie weit weg, was vielleicht am hypnotischen Effekt der langsam geschlagenen und tief gestimmten Trommeln liegt.

Die Tuareg, ein alter Seitenzweig der kabylischen Berber Algeriens, reagierten wenig dankbar auf die »zivilisatorische Mission« der römischen Legionen und entschlossen sich, tausend Meilen und mehr zwischen sich und ihre Möchtegern-Lehrer zu bringen. Sie zogen direkt südwärts, bis sie in ein Land kamen, das so wirkte, als könne es ihnen die Ungestörtheit bieten, die sie wünschten, und dort sind sie denn auch über die Jahrhunderte geblieben, fast bis heute ihre eigenen Herren. Die gesamten Epochen hindurch, in denen die Araber die umliegenden Regionen beherrschten, behielten die Tuareg ihre Herrschaft über den Ahaggar, das immense Plateau genau im Zentrum der Sahara. Ihr traditioneller Hass auf die Araber scheint sie aber doch nicht davon abgehalten zu haben, sich teilweise islamisieren zu lassen, obschon sie keineswegs ein völlig moslemisches Volk sind. Die Frau ist hier weit entfernt davon, ein Besitzstück zu sein, kaum mehr wert als ein Schaf, sondern nimmt in der Gesellschaft der Tuareg einen extrem wichtigen Platz ein. Die Genealogie verläuft ausschließlich über die mütterliche Seite. Hier ist es der Mann, der Tag und Nacht verschleiert sein muss. Der Schleier besteht aus feinem schwarzem Flor und wird, so heißt es, getragen, um die Seele zu schützen. Aber da für diese Menschen Seele und Atem identisch sind, ist es auch nicht schwer, eine physische Erklärung dafür zu finden, wenn man denn eine braucht. Die extreme Trockenheit der Luft ruft häufig Störungen der Nasenatmung hervor. Der Schleier bewahrt die Atemfeuchtigkeit, funktioniert also wie eine Art kleine Klimaanlage, und das Ganze hilft, die bösen Geister außen vor zu halten, die andernfalls ihre Anwesenheit dadurch bemerkbar machen würden, dass sie die Nase bluten lassen, was in diesem Teil der Welt häufig vorkommt.

Im Grunde ist es nicht fair, dieses stolze Volk als Tuareg zu bezeichnen. Das Wort ist eine Schmähbezeichnung, bedeutet »verlorene Seelen« und wurde ihnen von ihren alten Feinden, den Arabern, verliehen, hat sich aber bei der Außenwelt gehalten. Selbst nennen sie sich *imochagh*, die Freien. Unter allen Berberisch sprechenden Völkern sind sie die einzigen, die auch eine Schriftsprache entwickelt haben. Niemand weiß, wie lange ihr Alphabet in Gebrauch ist, aber es ist ein echtes phonetisches Alphabet, genauso durchdacht und logisch wie das lateinische, mit dreiundzwanzig einfachen und dreizehn zusammengesetzten Buchstaben.

Zu ihrem eigenen Unglück ist es den Tuareg nie gelungen, miteinander auszukommen; seit Jahrhunderten herrschen unaufhörliche interne Kriege zwischen ihnen. Bis die französische Armee dem ein Ende gemacht hat, war es gängige Praxis, dass ein Stamm auf einen Plünderungszug gegen einen benachbarten auszog. Während dieser Exkursionen blieben die Frauen der abwesenden Männer ihren Gatten treu, der strikte Moralkodex der Tuareg sieht für Untreue die Todesstrafe vor. Allerdings stand es einer verheirateten Frau frei, nachts in ihre feinste Toilette gekleidet auf den Friedhof zu gehen, sich auf den Grabstein eines ihrer Vorfahren zu legen und einen bestimmten Geist namens Idebni zu beschwören, der dann auch regelmäßig in der Verkleidung eines der jungen Männer der

Gemeinde erschien. Vermochte sie es, Idebnis Gunst zu gewinnen, gab er ihr Nachricht von ihrem Ehemann, falls nicht, erwürgte er sie. Schlau wie die Tuaregfrauen sind, gelang es ihnen immer, Neuigkeiten über ihren Mann vom Friedhof mitzubringen.

Die erste motorisierte Durchquerung der Sahara gelang 1923. Zu jener Zeit war es noch immer eine Sache von Monaten, von beispielsweise Touggourt nach Zinder zu kommen, oder von Tafilet nach Gao. 1934 war ich in Erfoud und erkundigte mich nach Karawanen in Richtung Timbuktu. Ja, hieß es, eine solle in wenigen Wochen abgehen, und die Reise werde zwischen sechzehn und zwanzig Wochen dauern. Und wie würde ich wieder zurückkommen? Die Karawane würde ihre Rückreise vermutlich nächstes Jahr um diese Zeit antreten. Man zeigte sich erstaunt, dass diese Information mein Interesse verringerte. Wie sollte man es denn bitte schön schneller bewerkstelligen?

Natürlich ist das Kamel die richtige Art, die Sahara zu bereisen, vor allem, wenn man gut zu Fuß ist, da man nach spätestens zwei Stunden, in denen man den Bewegungen des Tiers ausgeliefert war, froh ist abzusitzen und vier Stunden lang selbst zu gehen. Und jeder weitere Tag führt höchstwahrscheinlich zu einem immer größeren Prozentsatz an Zeit, den man nicht auf dem Rücken des Kamels verbringt. Heutzutage kann man, wenn man will, Algier morgens mit dem Flugzeug verlassen und am Abend schon ziemlich tief in der Wüste sein. Aber der Reisende, der dieser Versuchung nachgibt, beraubt sich selbst, wie der Leser eines Krimis, der das Buch überfliegt, um möglichst rasch zur Auflösung zu kommen, der ganzen Freude an der Reise. Für denjenigen, der etwas zu sehen bekommen will, ist das praktischste Mittel der Fortbewegung der transsaharische Lastwagen, ein Kompromiss zwischen Kamel und Flugzeug.

Es gibt derzeit nur zwei Routen durch die Wüste (da die Piste Impériale durch Mauretanien für die Öffentlichkeit gesperrt ist), und keine dieser beiden würde ich den Fahrern von Privatwagen empfehlen. Die Lastwagen hier dagegen sind extra für diese Region gebaut. Geschieht irgendein Missgeschick, so wird die Wartezeit schwerlich länger als 24 Stunden betragen, denn der Lastwagen wird immer in der nächsten Stadt erwartet und hat immer reichlich Wasservorräte an Bord. Ein einzelnes Fahrzeug dagegen, das in der Sahara liegen bleibt, ist in echten Schwierigkeiten.

Normalerweise kann man ins Fort einer jeden Siedlung gehen und mit dem nächsten Außenposten telefonieren, den man bittet, den örtlichen Hotelier von der beabsichtigten Ankunft zu informieren. Sind die Telefonleitungen defekt – was nicht selten der Fall ist –, gibt es keine Möglichkeit, sich im Voraus ein Zimmer zu reservieren, außer per Post, die extrem lange unterwegs ist. Wenn man nicht mit eigenen Decken reist, kann es ein ziemliches Problem werden, unangemeldet irgendwo anzukommen, denn die Hotels sind klein, haben oft nur fünf oder sechs Zimmer, und die Winternächte sind kalt. Die Temperaturen können einige Grad unter den Gefrierpunkt sinken, am kältesten ist es direkt vor Sonnenaufgang. Derselbe Innenhof, der um zwei Uhr nachmittags in der prallen Sonne eine Temperatur von 51 Grad hat, kann am nächsten Morgen auf -2 Grad abgekühlt sein. Daher ist es gut zu wissen, dass man bei der nächsten Etappe ein Zimmer und ein Bett haben wird. Nicht etwa, dass es in diesen Etablissements so etwas wie eine Heizung gäbe, aber wenn man die Fenster geschlossen hält, können die dicken Lehmwände einen Teil der Tageswärme konservieren. Und dennoch bin ich manchmal aufgewacht und habe eine Eisschicht auf dem Wasserglas neben meinem Bett gesehen.

Natürlich liegen diese extremen Temperaturunterschiede an der Trockenheit der Atmosphäre, deren relative Luftfeuchtigkeit häufig geringer als fünf Prozent ist. Wenn man sich bewusst macht, dass der Erdboden im Sommer eine Temperatur von 79 Grad erreicht, dann versteht man auch, dass das Hauptaugenmerk beim Planen von Straßen und Häusern darauf liegt, so viel Licht wie möglich draußen zu lassen. Die Straßen hält man dunkel, indem man sie unterhalb oder innerhalb der Häuser baut, und die Häuser haben in ihren massiven Mauern keine Fenster. Es waren die Franzosen, die mit ihrer Architektur hier das Fenster eingeführt haben, doch die Fenster öffnen sich auf tiefe, gewölbte Arkaden, die zwar die Luft einlassen, aber sehr wenig Licht. Ergebnis des Ganzen: Sobald man aus der Sonne ist, lebt man in einem stygischen Dämmer.

Selbst in der Sahara gibt es kein Fleckchen, auf das nicht schon einmal wissentlich Regen gefallen wäre, und wenn er kommt, ist das ein Ereignis für Festlichkeiten – Getrommel, Tanz, Gewehrschüsse. Die Unwetter sind heftig und unvorhersehbar. Wenn man ihre katastrophalen Konsequenzen betrachtet, wundert man sich, dass die Leute sie mit solch positiven Gefühlen willkommen heißen können. Gigantische Wasserwände schießen die trockenen Flussbetten hinab, schieben alles vor sich her und isolieren oft genug die Ortschaften. Die Dächer brechen ein, häufig auch die Mauern selbst. Ein länger andauernder Regen würde jede Siedlung in der Sahara zerstören, denn der *tob*, aus dem hier alles gebaut wird, ist weicher als unser Lehm. Und tatsächlich kommt es nicht selten vor, dass ein ganzer Teil eines Dorfes von seinen Bewohnern aufgegeben worden ist, die dann nebenan ihre Häuser wieder neu errichten, während die Wände und Grundmauern ihrer vormaligen Behausungen sich langsam auflösen und wieder zu der Erde werden, aus der sie gemacht waren.

1932 beschloss ich, den Winter im M'zab in Südalgerien zu verbringen. Der klapprige Bus fuhr nachts und bei starkem Regen von Laghouat ab. Nicht weit südlich kreuzte die Piste eine etwa eine Meile breite flache Senke, die etwas tiefer lag als die umgebende Landschaft. Wir waren mittendrin, als das Wasser um uns zu steigen begann, binnen Sekunden starb der Motor ab. Die Passagiere sprangen hinaus und wateten durch Wassermassen, die ihnen bald schon bis zur Taille reichten; in allen Richtungen konnte man weiße Schemen in Burnussen sehen, die langsam die Flut durchquerten wie Störche. Alle suchten nach einer Furt, um wieder ans trockene Land zu kommen, fanden aber keine. Schließlich trugen sie mich, den einzigen Europäer der Gruppe, den gesamten Weg nach Laghouat huckepack und ließen den Bus und alles Gepäck zurück, das dort draußen im Regen versank. Als ich zwei Tage später Ghardaia erreichte, hatte der Regen (der erste in sieben Jahren) neben dem Damm, den die Franzosen für die Piste aufgeschüttet hatten, einen riesigen Teich hinterlassen. Eine derartige Wassermenge an einem einzigen Ort war eine Quelle großer Aufregung für die Anwohner. Tagelang war eine ununterbrochene Prozession von Frauen dahin unterwegs, um es in Krügen davonzutragen. Die Kinder versuchten, auf der Oberfläche zu gehen, und zwei kleinere ertranken. Zehn Tage später war das Wasser so gut wie verschwunden. Dicker, grüner, glänzender Schaum bedeckte, was noch übrig war, aber noch immer kamen die Frauen mit ihren Krügen, wischten den Dreck beiseite und schöpften, was sie bekommen konnten. Denn dies eine Mal konnten sie so viel Wasser sammeln, wie in ihren Häusern unterzubringen war. Normalerweise war es ein teures Gut, das sie jeden Morgen bei den örtlichen Wasserverkäufern erwerben mussten, die es von der Oase herüberbrachten.

Vermutlich gibt es auf diesem Planeten wenige Orte, wo man für sein Geld so wenig Komfort bekommt wie in der Sahara. Immerhin ist es möglich, etwas Flaches zu finden, worauf man sich betten kann, zum Essen ein paar Rüben und Sand, Nudeln und Marmelade sowie einige Sehnen von etwas, das beschönigend Huhn genannt wird, und einen Kerzenstumpf, in dessen Licht man sich nachts ausziehen kann. Da es ohnehin notwendig ist, eigenes Essen und einen Kocher mitzuführen, scheint es manchmal wenig sinnvoll, sich um das zu scheren, was die Hotels als »Mahlzeiten« anbieten. Doch wenn man vollständig von Konserven abhängt, gehen die zu schnell zur Neige. Irgendwann verschwindet alles – Kaffee, Tee, Zucker, Zigaretten –, und der Reisende beschränkt sich auf ein Leben ohne all diese Überflüssigkeiten, benutzt ein schmutziges Kleidungsstück als Kopfkissen für die Nacht und einen Burnus als Decke.

Vielleicht ist dies der Moment, die logische Frage zu stellen: Warum sich das antun? Die Antwort ist: War ein Mann dort und hat die Taufe der Einsamkeit über sich ergehen lassen, dann kann er nicht anders. Ist er einmal dem Zauber des gewaltigen, gleißenden, stillen Landes erlegen, dann ist kein anderer Ort mehr kraftvoll genug für ihn, dann kann keine andere Umgebung das unüberbietbar befriedigende Gefühl in ihm hervorrufen, mitten im Absoluten zu stehen. Und deshalb wird er wiederkehren, egal, wie hoch die Kosten an Unbequemlichkeit und Geld sein mögen, denn das Absolute hat keinen Preis.

Jane Bowles in Tanger, gegen 1950

FENSTER ZUR
VERGANGENHEIT
Holiday, Januar 1955

Eines Tages im späten Juli 1955 wird ein junger Mann mit einem broschierten Buch unter dem Arm aus dem blendenden Sonnenlicht der Plaza de la Falange Española in Sevilla in den Schatten der Calle Sierpes hinaustreten, unter den Leinwand-Markisen entlanggehen, die hoch über die Straße gespannt sind, und das Restaurant Los Corrales betreten. Drinnen wird er ein Gazpacho Andalus bestellen, die beste kalte Suppe der Welt, und dann wird er das Buch öffnen, das er keine Stunde zuvor gekauft hat, und beginnen, mit dem Buttermesser die Seiten aufzuschneiden. *Romancero Gitano* steht auf der Titelseite, und obwohl er recht gut weiß, wer García Lorca war, da er im College Aufführungen von zweien seiner Stücke gesehen hat, empfindet er eine besondere Erregung beim Aufschlagen eines seiner Bücher, als er die klar gesetzten Verse jetzt zum ersten Mal auf Spanisch liest. So versunken ist er, dass das Zigeunermädchen, das ihn durch das Fenster zur Hintergasse beobachtet, drei Mal zischen muss, bevor er auf sie aufmerksam wird. Sie hält ein Päckchen Pall Mall in der schlanken braunen Hand, die sie durchs Fenstergitter streckt. Aller Wahrscheinlichkeit nach wird er ihr zulächeln, sein eigenes Päckchen Chesterfields hochhalten und zu seinem Buch zurückkehren.

Dieser junge Mann tut etwas, das sehr wichtig ist für ihn. Er liest das Buch nicht, denn er versteht nur ungefähr die Hälfte der Wörter, die darin benutzt werden. Konfuse Bilder all der Dinge, die er in den letzten Tagen gesehen hat, gehen ihm durch den Kopf: die goldene Herrlichkeit des großen *retablo* in der Kathedrale, der Innenhof mit den Orangenbäumen, von der Brüstung der Giralda aus betrachtet, die Zigeunerin, die in einem kleinen Café auf der anderen Seite des Flusses in Triana für ihn getanzt hat, das Grün der Gärten hinter dem Alcazar. Das Buch ist nicht sehr viel mehr als ein Ausgangspunkt, ein Katalysator. Aber es dient, genau wie die Kristallkugel des Wahrsagers, dazu, die Aufmerksamkeit zu bündeln und den fast tranceartigen Zustand herbeizuführen, den er braucht, um das Gefühl zu bekommen, er nehme am kulturellen Leben der Stadt teil. Er will diese seltsame flache Stadt der Gärten und des brennenden Sonnenlichts verstehen, einen Teil von ihr in sich aufnehmen und ihn mit sich zurück nach Hause in die Vereinigten Staaten nehmen. Es muss sich dabei nicht um Sevilla handeln, es könnte auch Florenz oder Lausanne oder Killarney oder Avignon oder eine der tausend anderen Städte in Europa sein, wo sich Amerikaner finden – die Sehnsucht und die Erfahrungen werden dieselben sein. Der Amerikaner wird sich bemühen, etwas einzufangen, von dem er spürt, es zu brauchen, und wenn er dann wieder zu Hause ist, werden es solche immateriellen Trophäen sein, die ihm mehr bedeuten als alle anderen.

Die Richtung dieses Jahrhunderts wird der gesamten Welt von Amerika vorgegeben. (Selbst Lenin soll angeblich auf dem Totenbett gesagt haben: »Amerikanisiert euch.«) Ob wir dieser Aufgabe nun tatsächlich bereits gewachsen sind oder nicht, wir Amerikaner sind doch mittlerweile ganz gut daran gewöhnt, uns selbst als Führungsnation zu sehen. Wir sind ziemlich gut in allen Unternehmungen, die Organisation, Beharrlichkeit, Fleiß und natürlich Methodik verlangen. In kulturellen Dingen dagegen ertappen wir uns noch immer regelmäßig beim Blick über den Atlantik auf der Suche nach Orientierung. Diesen Blick schlicht auf kulturellen Snobismus zurückzuführen, heißt, wie ich zugeben muss, sich zum Teil herauszureden, aber eben nur zu einem Teil. Es gibt tiefer gehende Gründe dafür, warum Europa noch immer von Bedeutung für uns ist.

Ich glaube, es ist die methodische Herangehensweise, die einem vollständigen und ungehinderten Erblühen unserer eigenen Kultur im Wege steht. In unserem Rausch, das »Wie« zu lernen, haben wir ganz vergessen, dass man zunächst einmal das »Was« kennen muss. Und es wird uns immer bewusster, dass eine Überbetonung der Methodik unbefriedigende künstlerische Resultate zeitigt. Bewusst oder unbewusst verlangen wir nach etwas Besserem, fühlen uns unbehaglich, fürchten wir, irgendein wesentliches Element bei der Herausbildung einer Kultur übersehen zu haben. Warum sonst sollten wir so durchgängig fasziniert von Europa sein – ein wenig geringschätzig wegen seines Alters zwar, aber doch von ihm angezogen, um es Jahr für Jahr, Jahrzehnt um Jahrzehnt in immer höherem Maß zu erforschen –, wenn nicht, weil unsere Intuition uns sagt, dass wir dort finden werden, wonach wir suchen, irgendwo zwischen den sichtbaren Ruinen unserer jüngsten Stammesvergangenheit?

Manchen führt die Suche in bestimmte Museen, Kathedralen, zu Festivals – zu all den schön verpackten Zeugnissen von Europas Kultur. Vor Kurzem sah ich eine Aufführung von *Tosca* in den Caracalla-Thermen in Rom; der Mond schien von oben herab, das Publikum zählte zehntausend Menschen, die Regie und die Sänger waren großartig, und es wurden keine Mikrofone benutzt. Zur selben Zeit lief auch eine weitere jährliche Opernspielzeit in der riesigen römischen Arena von Verona, und genau als die zu Ende ging, eröffnete das XIV. Internationale Filmfestival von Venedig. Wer Italien bereist, oder auch jedes andere Land Europas, kann sicher sein, eine große Menge organisierter Kulturereignisse zu entdecken. Wer seine Reiseroute nach seinem Geschmack plant, kann das Shakespeare-Festival in Stratford-upon-Avon besuchen oder das Königlich Dänische Ballett-Festival in Kopenhagen oder das Mysterienspiel Petrus von Dacien auf der Insel Gotland vor der schwedischen Küste oder eines der unzähligen Musikfestivals, von denen einige das Werk einzelner Komponisten feiern (Sibelius in Helsinki, Wagner in Bayreuth), andere eine größere Auswahl bieten (Salzburg, Straßburg, Granada) und wieder andere, die ganz speziell ausgerichtet sind (das Dolmetsch-Festival für frühe englische Musik in Halsmere, Surrey, oder die Carillon-Konzerte in Brügge in Belgien). Vor allem im Sommer wimmelt Europa von solchen Darbietungen.

Das ist alles großartig. Aber ich glaube, das, was wir Amerikaner suchen und was daher auch das wertvollste ist, was wir nach Hause tragen können, ist etwas Umfassenderes. Ich möchte es eine Kindheit nennen – eine persönliche Kindheit, die etwas zu tun hat mit der Kindheit unserer Kultur. Die überwältigende Mehrheit von uns sind auf die eine oder andere Weise verpflanzte Europäer. Von der Kultur her gesehen ist die kurze Zeit, die wir uns in Amerika befinden, nichts verglichen mit der ungleich längeren Zeit, die wir in Europa verbracht haben, und es sieht so aus, als hätten wir diese echte Vergangenheit vergessen, den Kontakt zu diesem psychischen Mutterboden der Tradition verloren, in dem die Wurzeln der Kultur verankert sein müssen.

Unsere technisierte Zivilisation hat keinen sichtbaren Bezug zur Vergangenheit; sie ist weder die Fortsetzung noch die Folge irgendeines tief eingebetteten Mythos, und wie sehr der rationale Teil unseres Bewusstseins sie auch begrüßen mag, sosehr ist der andere Teil unseres Bewusstseins, derjenige, der unsere Vorlieben tatsächlich bestimmt, anstatt sie zu erklären, unzufrieden mit ihr. Was wir erfahren wollen, ist jene Aura, die ein Individuum umgibt, wenn es mit absoluter Gewissheit spürt, dass es ein integraler, wenn auch verschwindend kleiner Bestandteil historischer Kontinuität ist. Und Europa, sofern wir uns ihm ohne vorgefertigte Ideen dazu nähern, was seine »Kultur« ausmacht – sondern mit ein wenig Demut und etwas Fantasie –, schenkt uns diese verlorene Kindheit, die Kindheit, die nie stattgefunden hat, aber deren Evokation so hilfreich dabei sein kann, uns in Raum und Zeit zu verorten. Das ist der erste Schritt und der unumgängliche, wenn wir erfahren wollen, was wir für uns selbst sind und was wir in der Welt sind.

Kultur ist im Grunde ein Weg, die Vergangenheit zu nutzen, um der Gegenwart Sinn zu geben. Die Kultur eines Menschen ist die Summe seiner Erinnerungen. Sie besteht nicht aus einem Reichtum an Fakten, Namen und Daten, die er zur Hand hat, sondern ist eher die Summe von allem, was er gedacht und gefühlt – mit anderen Worten, was er *gekannt* hat.

Stehe ich vor der Entscheidung, entweder einen Zirkus oder eine Kathedrale zu besuchen, ein Café oder ein Denkmal, ein Fest oder ein Museum, dann werde ich, fürchte ich, im Zweifelsfall den Zirkus, das Café und das Fest wählen, in der Hoffnung, das andere ein andermal zu sehen. Wahrscheinlich bin ich einfach nicht das, was man heutzutage kulturinteressiert nennt. Vielleicht liegt das daran, dass die Kultur eines Landes für mich immer die Menschen sind, die in ihm leben, und das Leben, das sie dort führen, und nicht die Besitztümer, die sie von ihren Vorfahren geerbt haben. Mag sein, dass sie von diesem Erbe profitieren, mag sein, auch nicht. Wenn ja, umso besser für sie, aber ganz gleich, ob es sich so verhält oder nicht, ihre Kultur wird doch von ihnen getragen und nicht von ihrer Geschichte.

In meinen Teenager- und Twenjahren bin ich ziemlich in Europa herumgekommen, und wenn ich sage »herumgekommen«, dann meine ich ständigen Ortswechsel, manchmal jeden Tag, und das übers ganze Jahr hin, eine Beschäftigung, der ich mit einer Intensität nachhing, die mir heute schwer verständlich erscheint. Mit der üblichen kulturellen Gefräßigkeit eines auf Europa losgelassenen Amerikaners schlenderte ich durch Hunderte von Museen, Kapellen, Säulengängen, Kathedralen, Parks, Ruinen und Friedhöfen, durch all die Örtlichkeiten, an denen fassbare Zeugnisse dessen, was wir Kultur zu nennen belieben, noch zu finden waren. Aber wahrscheinlich weil ich ein junger Mann von abgründiger Unwissenheit war, beeindruckten mich die kulturellen Artefakte selbst selten so sehr wie die besondere Atmosphäre, die all jene Orte umgab. Jedes Mal, wenn ich den Fuß in eines dieser kulturellen Heiligtümer setzte, hatte ich das Gefühl, fast vollkommen aus dem Leben hinauszutreten, aus der ganzen realen Welt.

Angesichts einer solchen Einstellung ist es nicht weiter verwunderlich, dass ich mich an sehr wenig von dem erinnere, was ich an diesen dämmrigen Orten sah, und dass sie in meiner Erinnerung alle zusammen eher zu einem atmosphärischen Teil des Gesamteindrucks wurden, in dem unweigerlich Straßen, Cafés, Bahnhöfe, Theater, Dorfplätze, Marktstände und Landschaften deutlicher hervortreten.

Aber ob verstanden und angemessen gewürdigt oder nicht, bleiben die dämmrigen Orte doch in meinem Gedächtnis; sie bilden das dunkle, mysteriöse Zentrum meiner europäischen Erinnerungen, und es ist genau dieses Zentrum, das allen Erinnerungen, die ich bewahre, heute auf unerklärliche Weise – und vielleicht gerade, weil sie so mysteriös sind – ihre Bedeutung und Richtung verleiht.

Das Bewusstsein wählt auf merkwürdige Weise aus Millionen von Details einige wenige aus und präsentiert sie uns als die Symbole unserer Erfahrung. Es ist, als wolle es uns sagen: »Das sind die einzigen Andenken, die du haben sollst, diese unbedeutenden Erinnerungen. Den Rest lösche ich aus.« Und dann, und wohl gerade, weil es so wenige von ihnen gibt, entwickeln diese wetterleuchtenden Augenblicke verflossenen Lebens eine immer größere Intensität. Das Licht, in dem sie aufscheinen, ist nicht mehr simples Sonnen- oder Mondlicht, sondern ein von uns selbst geschaffenes, und die widersprüchlichen kleinen Skizzen werden zu eigenständigen Symbolen, die unauslöschlich in unser Gedächtnis gestichelt sind.

So bleiben von einer wegen eines Musikfestivals in München verbrachten Woche vielleicht nur die milchige Farbe der Isar, der allgegenwärtige Gestank nach verheiztem Koks in der Luft und das Deutsche Museum, das mich derart faszinierte, dass ich es sogar vorzog, dort im Untergeschoss ein grässliches Mittagessen zu mir zu nehmen, anstatt anderswo ein gutes zu essen und dann wieder zurückzukommen. (Ich könnte noch hinzufügen, dass das Museum voller Automaten stand, die man per Knopfdruck in Bewegung setzen konnte.) Oder die winterlichen Alpen reduzieren sich auf die Geruchsmischung aus schmelzendem Schnee und Scheunenhöfen, die Alpen im Frühjahr auf Hyazinthen und Eis am Straßenrand und das Einschlafen in Landgasthöfen, untermalt vom Rauschen von Wasserfällen; die sommerlichen Alpen auf Seilbahnen, auf an Abhängen gepflückte Lavendel-Sträuße und den kalten Atem von Gletschern, die im stillen, heißen Sonnenlicht knirschen. Von Heidelberg erinnere ich mich nur daran, nachts um das Schloss herumgekraxelt, von aufgestörten Fledermäusen gestreift worden zu sein und mir fast das Genick gebrochen zu haben – das und den Morgen eines Himmelfahrtstags, den ich auf einem Hügel sitzend verbrachte, wo ich zum Kirchengeläut eine Schlacht zwischen zwei Ameisenarten beobachtete. Von

Salzburg an die Burg auf dem Felsen, wie sie sich langsam ihres morgendlichen Nebelkleides entledigt. Von Venedig an die Tatsache, dass es seltsam beunruhigend ist, dort zu leben; man fühlt sich wie eine Gestalt in einem Gemälde – und das so intensiv, dass die tatsächlichen Gemälde dort weniger beeindruckend erscheinen, als sie sollten. Von Berlin an die Kürze der Sommernächte, im Juni konnte man in der alten Kroll-Oper in die *Götterdämmerung* gehen, und wenn man herauskam, schimmerte im Westen immer noch Tageslicht. Dann setzte man sich eine Stunde in ein Café, und bevor man noch zu Hause war, brach schon die Dämmerung an, und die Spatzen begannen zu zwitschern. Und vom Mont Saint-Michel, außer an die Omelettes bei Mère Poulard, an die Not irgendeines unglücklichen mittelalterlichen Herrn, die der Fremdenführer beschrieb, während er seine Schäfchen durch ein ganz besonders düsteres Verlies trieb: *»On l'a jeté ici, où il a été r-r-rongé par les r-r-rats!«*

Vielerorts steht das gemeine Volk Frankreichs in dem Ruf, in Dingen der Kunst von unfehlbarem Geschmack und Verständnis zu sein: Das ist unglücklicherweise eine schwere Übertreibung. Einen Winter verbrachte ich in Paris in einem geräumigen Studio am Quai Voltaire. An den Wänden hatte ich behutsam und mit einem gewissen Stolz drei ausladende »Konstruktionen« von Miró aus Holz, Gips und Seil befestigt. Das waren die einzigen Kunstwerke in dieser Wohnung, und es war ein großer Schock, als ich eines Abends ins Studio zurückkehrte und entdecken musste, dass sie verschwunden waren. Ich stürzte die Treppe hinunter zur Concierge, die zusammen mit ihrer Schwester dafür verantwortlich war, die Räume zu säubern, und teilte ihr mit, dass die Mirós verschwunden waren, zugleich fragte ich sie nach der Adresse der nächsten Polizeiwache. Sie sah mich verdutzt an. »Aber Monsieur hatte nie irgendwelche Bilder in seinem Studio hängen«, sagte sie. Ich beschrieb sie. »Ach das!« lachte sie. »Die alten Holzlatten, die Sie an die Wand genagelt haben. Ich hab sie in den Keller zum Feuerholz geworfen. Ich dachte, Monsieur würde sich freuen, sie los zu sein. Sie haben so viel Platz weggenommen.« Die drei Konstruktionen mussten zur Galerie zurückgeschickt werden, um sie reparieren zu lassen, was, wie ich erfuhr, nur der *maître* selbst tun könne, wenn er zurück aus Barcelona sei.

Einmal im Frühling gab es in einem Kurort in Westfalen ein Musikfest. Wahrscheinlich erinnere ich mich deswegen daran, weil es eine konzentrierte Teilnahme erzwang, die ich unfähig war, ihm zu widmen; es ist normal, dass man ein Ereignis nicht vergisst, das einen mit dem Gefühl der eigenen Unzulänglichkeit konfrontiert hat. Die Kirschbäume blühten, das Gras war von saftigem Grün, und man knirschte die Kiespfade des Urlaubsortes entlang, beständig beschattet von den säuberlich kupierten Linden. Die Luft war unglaublich mild, und über der ganzen Stadt und der sie umgebenden Landschaft hing eine Atmosphäre von Sauberkeit, die durch nichts zu besudeln war.

Am ersten Abend schon legte ich einen Fehlstart hin, indem ich Streit mit dem Hoteldirektor bekam. Ins Gästebuch hatte ich unter Nationalität *Amerikaner* geschrieben, und unter Beruf hatte ich *Komponist* notiert. Als ich eine halbe Stunde später wieder am Empfang vorüberging und zufällig einen Blick auf das Gästebuch warf, stellte ich fest, dass der Hausherr das überflüssige Wort *Jazz* vor den *Komponisten* gesetzt hatte. Da ich in einem Alter war, wo derartige Dinge einen schwerwiegenden Angriff auf die Ehre bedeuten, strich ich *Jazz* prompt wieder aus, doch unglücklicherweise sah mich der Eigentümer dabei und kam mir hinterher, um mir klarzumachen, es sei verboten, irgendetwas am Gästebuch zu verändern, nachdem die Autoritäten die darin enthaltenen Informationen zugestellt bekommen hatten. »Polizeilich verboten!« bellte er. Das führte zu einer Diskussion über die Natur meiner Arbeit, ein Thema, das für ihn von keinerlei Interesse war, wie er mir lautstark zu verstehen gab. Ein amerikanischer Komponist war ein Jazz-Komponist (er sprach es natürlich wie »Jatz« aus), und Punktum. Das erzürnte mich, und wie man es in solchen Fällen immer zu tun pflegt, übertrug ich den Großteil meines Zorns auf das Festival.

Am nächsten Morgen beschloss ich, meine Unterkunft zu wechseln, und suchte mir eine Pension mit einem schönen Garten aus. Das Haus war voller Musiker. Vom Augenblick meines Einzugs bis zu meiner Abreise nach Hannover drei Tage später waren die einzigen Pausen in einem permanenten Gesprächsstrom über musikalische Dinge diejenigen, die aus sprachlichen Verständigungsschwierigkeiten erwuchsen. Ansonsten war es alles Schnabel, Hindemith, Gieseking, Szigeti, Bartók, Furtwängler, *cadenze*, *tutti*, *rubati* sowie jene merkwürdige, höchst biegsame, aber vollkommen unharmonische Sprache, die ausschließlich Musikern verständlich ist und in der sie einander musikalische Themen zitieren: »Pom-pom-pom-*pomm*, tsing-tsing-tsing-e-tsing-*Bumm*, ta-ta-ta-*tam*, BUMM!«

Man kam schon sehr früh zu der Meinung, ich sei ein

ganz besonderer Kandidat. Was machte ich, ein amerikanischer Jüngling, ganz alleine hier draußen auf dieser geheiligten Pilgerfahrt? Wo waren meine Eltern, und warum studierte ich nicht? Die Männer waren ein wenig duldsamer, aber die Frauen reagierten extrem heftig.

Nachmittags saßen wir auf den Caféterrassen entlang der Hauptstraße im tiefen Schatten, tranken Bier oder aßen Eiscreme mit Schlagsahne. Die Abende wurden natürlich in der Konzerthalle verbracht, und jeder, der an eine Partitur gekommen war, las hoch konzentriert mit. Hinterher ging der wirkliche Spaß los, wenn die Zuhörer, zurück in den Cafés, die Musiker und Komponisten trafen und die Diskussionen vom Hundertsten aufs Tausendste kamen. Doch wenn dann schließlich alle zu Bett gingen, herrschte die tiefe Stille der ländlichen Nacht, und in den frühen Morgenstunden erfüllte der Duft von Holzfeuern die Luft.

Weil alle diese Leute mich in die Enge getrieben hatten, fühlte ich mich mehr oder minder verpflichtet, bis zum Ende durchzuhalten: all die langen Konzerte mit moderner Musik, die oft langweilig waren, die Vorträge danach und dann die endlosen Gespräche während der Mahlzeiten. Als dann aber ein strahlend schöner Sonntagmorgen anbrach, musste ich wählen zwischen einem zusätzlich für zehn Uhr anberaumten Symposium über das zeitgenössische tschechische Kunstlied und einem Spaziergang, vorzugsweise durch die Obstplantagen am Hügel, von wo aus man die Stadt und das Tal überblickte. Ich ahnte schon, welch dissonante und triste Töne das düstere Auditorium erfüllen würden, und entschied mich für den Spaziergang. Und dennoch blieb ich nicht ohne Musik: Die Vögel und die Kirchenglocken des Dorfes schenkten mir ein Konzert, das wesentlich besser zum Tag und zur Gegend passte.

Ich kam zu spät zum Mittagessen und wurde mit missbilligenden Blicken begrüßt. Man klagte mich mangelnder Ernsthaftigkeit an. Dann kam jemand auf den originellen Gedanken, meine offensichtlich so leichtfertige Natur meiner Nationalität zuzuschreiben, und dem stimmten alle zu, so schnell sie konnten. War ein Mann des Ernstes schlicht nicht *fähig*, so machte ihn diese angeborene Minderwertigkeit eher zu einem bedauernswerten als zu einem tadelnswerten Wesen. Diese Überlegung nahmen alle beifällig auf, und schon hatte ich ihr Wohlwollen wieder, das anhielt, bis ich mich am nächsten Morgen zum Bahnhof stahl und mit dem Frühzug entfloh. Und das war das Ende des einzigen Musikfestivals, an dessen Ablauf ich mich entsinne.

Mein erster Besuch im Prado fand an einem kalten regnerischen Novembernachmittag vor 22 Jahren statt. Ich machte auf meinem Weg von Marrakesch nach Paris in Madrid halt und hatte Abdelkader im Schlepptau, einen unzivilisierten fünfzehnjährigen Marokkaner, der an den Quai Voltaire exportiert werden sollte, um im Haus eines Freundes in Dienst zu treten. In seinem kurzen Leben hatte Abdelkader nicht viele Gelegenheiten gehabt, etwas über Europäer und ihre Kultur zu lernen. Von so etwas wie einem Gemälde hatte er nie gehört, geschweige denn eines gesehen.

Unsere erste Kollision war ein sehr großformatiger El Greco. »Der ist kaputt«, bemerkte Abdelkader nach einer Weile.

»Was meinst du mit kaputt?« fragte ich ihn.

»Er ist hängen geblieben. Er bewegt sich nicht mehr.«

Ich erklärte ihm behutsam, dass dies kein Kino war, und wir betraten einen Saal mit Bildern von Bosch, oder *El Bosco*, wie die Spanier ihn nennen. Hier hingen die meisten berühmten Zeugnisse der Strafgerichts-, Apokalypse- und Zerstörungsvisionen des flämischen Meisters. Wir blieben vor der *Versuchung des heiligen Antonius* stehen, mit ihrer reichen Auswahl der gemeinsten kleinen Dämonen, die je in der Malerei geschaffen wurden. Abdelkader brauchte keinerlei Vorwissen von christlicher Dogmatik, um die Natur der Monster zu verstehen, die kreuz und quer über diese peinvolle Szenerie ausschwärmten. Er zeigte deutliche Anzeichen von Panik.

»Und das ist kein Kino hier?« flüsterte er, worauf ich ihm wiederum versicherte, es sei keines.

»Dann«, sagte er, und seine Stimme wurde lauter und schriller, »ist das hier echtes Feuer und Blut, und das sind wirkliche Teufel. Komm weg hier!«

Wir eilten in eine weitere *sala*, die voller friedlicher flämischer Interieurs und Landschaften hing. Er atmete erleichtert auf. »Nee, mein Freund. Da drinnen mit diesen Dingern bleibe ich nicht. Die sind furchtbar böse. Die Spanier sind ja verrückt, solche Sachen so offen herumstehen zu lassen.«

Im Laufe des Nachmittags kehrte sein Mut wieder ein wenig zurück, und ich glaube, er fing an, sich für seine ersten Reaktionen zu schämen. Einmal näherte er sich einer besonders expressiven Kreuzigung, berührte das Gemälde versuchsweise mit dem Zeigefinger und machte mich dann auf seinen Wagemut aufmerksam. »Sieh mal! Das

Eine Linienmaschine der Compagnie Générale Transsaharienne

Blut geht nicht ab. Es ist angetrocknet!« Dieses erste Experiment ermunterte ihn zu weiteren Wagnissen, und er begann, von Bild zu Bild zu laufen und über Fleisch, Baumstämme, Knochen, Wolken und Wasser zu streichen, bis ein Aufseher auf ihn aufmerksam wurde und ihn streng zur Ordnung rief.

»*Prohibido. Está prohibido*«, insistierte der Aufseher und wedelte mit dem Zeigefinger vor dem Gesicht des Missetäters herum.

»Was sagt er?« fragte Abdelkader. Ich sagte es ihm und erklärte, dass die Gemälde Schaden nehmen könnten, wenn man sie anfasste.

»Aber die ganzen Leute sind doch tot und eingetrocknet«, sagte er verächtlich. »Wie soll es ihnen da wehtun? Die Spanier sind verrückt.«

Etwas ganz Ähnliches geschah kürzlich, als mein maurischer Chauffeur mich auf seiner ersten Reise außerhalb seines heimischen Marokko zur Kathedrale von Córdoba fuhr. »Hm«, sagte er zufrieden, als wir uns dem gewaltigen, eindeutig orientalischen Bauwerk näherten, »das ist unsers.« Mein Fehler war, dass ich »ja« sagte, denn er glaubte, mein Einverständnis bedeute, dass das Gebäude noch immer eine Moschee sei. Dieses Missverständnis wurde weder von dem weiten äußeren noch vom kleineren Innenhof zerstreut. Als er hineinkam, suchte er wie jeder gute Moslem nach Wasser. Noch bevor ich mitbekam, was geschah, hatte er sich vor einem Weihwasserbecken aufgestellt, krempelte die Ärmel auf, tauchte das Gesicht hinein und gurgelte, spuckte, planschte und schrubbte sich ganz so, wie es auch seine Vorfahren vor tausend Jahren am selben kultischen Ort getan hatten. Glücklicherweise ist dieser Teil der Kathedrale ziemlich dunkel und war in jenem nachmittäglichen Augenblick menschenleer, so konnte ich ihn zu fassen kriegen, bevor ihn jemand gehört oder gesehen hätte. Andernfalls ist es gut möglich, dass wir alle beide den Rest des Tages auf dem *comisaría de policía* verbracht hätten. Kaum ein Bürger Córdobas hätte dieses unschuldige Sakrileg auf die leichte Schulter genommen.

Wenn ich mich hier über Spanien auslasse, dann, weil ich glaube, dass Spanien dem Amerikaner, der nach Europa kommt, am meisten zu bieten hat. Da dies eine Meinung ist und keine beweisbare These, muss ich mir aber doch wieder mit persönlichen Reaktionen auf seine überwältigende Schönheit behelfen, wenn ich meine Behauptung untermauern möchte. Es ist ein Land, in das man leicht »hineinfindet«, die Menschen sind hilfsbereit und gastfreundlich und, was genauso wichtig ist: Sie sind sich ihrer *cultura hispánica* sehr bewusst und stolz auf sie. Für das Auge ist es das aufregendste Land in Westeuropa. Kontraste werden einem immer schnell bewusst, und man behält sie leicht im Gedächtnis, und fast jeder Aspekt Spaniens verdankt seinen Charakter einem Widerspruch. Das wichtigste hervorstechende Merkmal der Landschaft ist der Eindruck von Fruchtbarkeit inmitten von Ödnis, die Architektur ist sowohl eine Symbiose als auch ein Zusammenprall westlicher und orientalischer Proportionen und Formen, die Leute sind im Allgemeinen entweder sehr reich oder sehr arm, und da sich zwischen der ruhmreichen spanischen Ära und diesem Jahrhundert relativ wenig geändert hat am sozialen Gefüge der Nation, ist die

Vergangenheit auf dem Land auch heute noch ganz präsent und lebendig. Biegen Sie nur einmal von der Hauptstraße über den nächsten Hügel ab, und Sie finden sich in einem Land wieder, dessen Geist das technische Zeitalter noch nicht gebrochen hat.

Seit meiner Kindheit habe ich die Musik Manuel de Fallas bewundert, des großen modernen spanischen Komponisten. Deshalb beschloss ich bei meinem zweiten Spanienbesuch (seither habe ich siebzehn Forschungsreisen durch das Land unternommen, und jede hat mich reichlich belohnt), ihn wenigstens einmal aus der Nähe zu sehen. In Cádiz hatte ich bereits das Haus gesehen, in dem er geboren worden war. Es schien richtig, dass er Granada zu seinem Wohnsitz erkoren hatte – ein kleines Haus mit einem schattigen Garten auf dem sonnenverbrannten Hügel der Alhambra, beinahe in Hörweite der Brunnen des Generalife, wo sich jenseits des schmalen Tals die Höhlen von Sacromonte befanden, zu denen er gehen und der großartigen Musik der *gitanos* lauschen konnte. Ich sah ihn tatsächlich, mehrmals, eine dünne kleine, schwarz gekleidete Gestalt, die auf dem Weg zur Mittagsmesse unter den hohen Bäumen durch die schmalen Gassen des Dorfes eilte. Die Bürger deuteten respektvoll auf ihn, um ihn mir zu zeigen: »*Ahí va el maestro.*« Eines Tages beschloss ich, bei ihm vorzusprechen. Er und seine Schwester lebten allein. Sie waren ernst und gastfreundlich. Wir saßen lange in einem kleinen Innenhof, aßen Obst und diskutierten über Musik. Beim Abschied am Ende des Nachmittags versprach ich wiederzukommen, aber irgendwie habe ich es nie geschafft.

In Elche, das mit seinen Palmenhainen genauso aussieht wie eine Oase in der Sahara, setzte der Hotelbesitzer eine neue Niedrigstmarke in unmöglichem Benehmen. Nachdem ich meine Rechnung bezahlt und dem Gepäckträger ein Trinkgeld überreicht hatte, stürzte mein Gastgeber in seinem langen schwarzen Wollmantel hinaus auf die Straße und rannte hinter meiner Kutsche her. Eine Weile hielt er sogar das Tempo der Pferde und rief mir mit erbarmungswürdiger Stimme nach: »*Una propinita para mí tambien, señor!*« (»Für mich bitte auch ein kleines Trinkgeld, mein Herr!«)

Von Barcelona erinnere ich mich an die düstere Kathedrale, Gaudís pilzartiges Apartmenthaus am Paseo de Gracia, die unglaubliche Fassade der Sagrada Família und den schönen schwarz-goldenen Innenraum der kleinen Kirche Nuestra Señora de Belém (die mittlerweile dank Mussolinis Bomben nicht mehr ganz so schön ist). An alle diese Dinge entsinne ich mich, gewiss, aber ich habe eine ungleich lebendigere Erinnerung an den kleinen Platz, auf den ich eines heißen Nachmittags stolperte, um dort einen Kreis von fünfzig oder mehr Menschen mit tiefernsten Gesichtern zu sehen, die zu den schrillen Tönen von *fluviol* und *gralla* eine würdevolle *sardana* tanzten. Oder an die Seilbahn, in der ich hoch über dem Hafen hin- und herschaukelte und mit der ich zum Mittagessen nach Montjuïc fuhr, oder an den Jahrmarkt oben auf dem Tibidabo, wo im Lärm der einfältigen Musik im Osten eines nach dem anderen Millionen Lichter der Stadt aufglühten, während im Westen die pinienbedeckten Hänge ihr Grün verloren und in Stille und Dunkelheit versanken.

Was schieres Erleben betrifft, so rein wie Musik, war da die Nacht, in der ich in der westlichen Mauer eines Gemüsegartens der Alhambra eine enge Tür fand, die jemand versehentlich offen gelassen hatte. Es war Vollmond, niemand war zu sehen. Ich trat ein. Der Gemüsegarten führte zu Lustgärten, Innenhöfen, zum Palast selbst. Die Geräusche eines Brunnens, dessen Wasser ins Bassin im Saal der Zwei Schwestern tröpfelte, waren merkwürdig laut und bildeten kleine plätschernde Echos, die sich oben in der Dunkelheit brachen. Junge Frösche zwitscherten hoffnungsfroh aus den Schatten im Myrtenhof. Ich schlich Treppen hinab, bewegte mich auf Zehenspitzen durch umgitterte Gänge und blieb stehen, um den Klängen fließenden Wassers zu lauschen, das auf dem Palastgelände allgegenwärtig ist. Als ich mich aus einem Fenster im Botschaftersaal lehnte, hörte ich von irgendwo dort unten in der Dunkelheit des Albaicín eine einsame Stimme und Bruchstücke eines Lieds. *»Tu misma tienes la cu-u-u-ulpa.«* Der Spanier, der diese Worte sang, hörte sich an, als richte er sie an das ganze verschwundene Volk der Mauren. Ich war schon vorher in der Alhambra gewesen und bin auch seither viele Male dort gewesen, aber diese zwei Stunden in jener Nacht haben mit all den anderen Besuchen nichts gemein; sie stehen auf einem anderen Blatt, in einem anderen Buch, müssen mit einem anderen Maß gemessen werden.

Die Hälfte der Leute in Sevilla schläft. Die Farbe der paar Streifen Sonnenlicht, das zwischen den Markisen in die Calle Sierpes fällt, hat sich vom Gelb der Mittagsstunde zum Gold des späten Nachmittags gewandelt. Der junge Amerikaner, nach einer langen und schweren Mahlzeit leicht schläfrig, wagt sich hinaus auf die Straße, sein Buch wieder unter dem Arm und in seinem Kopf der vage Gedanke eines Spaziergangs durch den Barrio de Santa Cruz. Ob er ihn ausführen wird oder nicht, hängt von seiner Charakterstärke ab, denn zugleich nistet sich ein anderes Bild in seinem Bewusstsein ein: das seines kühlen Bettes im Dämmerlicht hinter den geschlossenen Fensterläden seines Hotelzimmers. Es wäre jetzt angenehm, ein Weilchen zu schlafen. *Ya es la hora de la siesta*. All das wird ihn zurück nach Amerika begleiten, nichts wird verschwendet gewesen sein. Jede einzelne Stunde, die er mit offenen Augen verbracht hat, wird ihn ein Stückchen auf dem Weg zu einem Verständnis der Welt weitergebracht haben, und das ist schließlich der wahrhaftigste Gradmesser für Kultur, den wir bisher gefunden haben.

Die Insel Taprobane vor der Küste Sri Lankas

WIE MAN AUF EINER TEILZEITINSEL LEBEN KANN
Holiday, März 1957

Zwei Arten von Landschaften konnten mich schon immer inspirieren: die Wüste und der tropische Regenwald. Diese beiden Extreme natürlicher Landschaftsformen – die eine mit einem Minimum, die andere mit der größtmöglichen Dichte an Vegetation – können mich in einen Zustand nahe der Euphorie versetzen. Findet man Geschmack an zwei antithetischen Dingen, läuft man unglücklicherweise Gefahr, ein Pendelleben zu führen und sich mit zunehmender Regelmäßigkeit zwischen den beiden hin und her zu bewegen.

Ich kaufte mir ein Haus in Nordafrika, um der Wüste nahe zu sein. Dann, nach einer angemessenen Frist, bemerkte ich, dass ich Sehnsucht nach dem Dschungel hatte. Da von Marokko aus der nächste Regenwald jenseits sowohl der Sahara als auch des Sudans liegt, beschloss ich, ostwärts nach dem anderen Extrem zu suchen, und kam auf die Idee, Ceylon auszuprobieren. Dort würde es schwelgerischen Pflanzenwuchs geben, und außerdem erwartete mich dort die Freude, mit einer unbekannten Kultur in Kontakt zu treten.

Natürlich stellte sich der Ort – wie es meistens der Fall ist – als gänzlich anders als in meinen Vorstellungen heraus. Die Atmosphäre war ungleich weniger orientalisch, als ich angenommen hatte. Jede der europäischen Kolonisierungen – die portugiesische, die niederländische, die englische – hatte tiefe Spuren in der Kultur hinterlassen, aber es gab doch genügend unerwartete Reize, die diese erste Enttäuschung überwogen. Die Menschen waren ungewöhnlich freundlich und gastlich, das Essen war das Beste, das ich je in einem Land am Äquator bekommen hatte, der Hotelservice war tadellos, und – das allerwichtigste – das Land besaß einen unermesslichen Reichtum an großartigen tropischen Landschaften.

Ich erkundete Ceylon und lernte seine magischen Morgenstunden und unvergleichlichen Sonnenuntergänge kennen. Am frühen Morgen, wenn sich die Nebel verzogen haben, steht die Lieblichkeit des Landes in voller Blüte, und Farben und Formen treten am klarsten hervor. Im Lauf des Tages lässt das immer intensivere Licht beides verschwimmen. Die Sonnenuntergänge sind vor allem an der Küste gigantische, atemberaubende Spektakel, die nur wenige Minuten dauern. Die Monate vergingen. Ich zog von Ort zu Ort, fand jeden neuen noch schöner als alle anderen, hoffte aber die ganze Zeit darauf, es könne einen Flecken Land geben, mit dem ich mich identifizieren konnte, indem ich ihn erwarb.

Bevor ich England verließ, hatte man mir Fotografien eines außergewöhnlichen Anwesens vor der Südküste Ceylons gezeigt – ein kleines kuppelförmiges Inselchen mit einem merkwürdigen Haus obendrauf und an den Seiten umlaufende Terrassen, die sich im Schatten riesenhafter Bäume verloren. Es waren diese Bilder, die mich mehr als alles andere dazu trieben, Ceylon Thailand vorzuziehen, als ich auf der Suche nach einem Land war, das sich für meine Zwecke anbot. Doch kehrte ich nach Europa zurück, ohne das struppige kleine Inselchen länger als eine Sekunde erblickt zu haben, während ich im Zug nach Matara saß und darin die Bucht von Weligama umrundete. Die Erinnerung aber gibt ihre Bilder so leicht nicht verloren, die Fotografien mit den Kasuarinen-Bäumen, den Balustraden, der Gischt der Brandung und der geschwungenen, palmengesäumten Küstenlinie blieben in meinem Kopf, und bei meiner nächsten Reise nach Ceylon war es fast schon Ehrensache, mich im Weligama Rest House einzumieten, das an der Küste gegenüber der Insel lag. Von hier konnte ich direkt ins sonnenbeschienene Grün hinüberblicken, und ich beschloss, mir den Ort genauer anzusehen.

Früh am nächsten Morgen zog ich die Badehose an und schwamm hinüber. Die Wellen waren körperwarm. Als ich zehn Minuten später den langen Bootssteg hinaufkletterte, war da kein Geräusch bis auf das Schmatzen der Wellen an den Pfählen unter mir. Am anderen Ende befand sich ein Tor mit einem Vorhängeschloss. Ich rief, und ein Hund begann zu bellen. Rasch erschien ein Mann aus dem Baumgestrüpp, nackt bis auf einen weißen Sarong, Lippen, Zähne und der struppige Schnurrbart ziegelrot von Betelnüssen. Gegen eine Rupie willigte er ein, mir den kleinen Besitz zu zeigen.

Es war sogar noch viel besser, als ich erwartet hatte – die Inkarnation all der unzähligen Fantasien und Tagträume, die seit meiner Kindheit durch meinen Kopf geflattert waren. Als ich jedoch zurück in Colombo Erkundungen über die Insel einzog, erfuhr ich, ohne groß davon überrascht zu sein, dass der Eigentümer keinerlei Absicht hatte, sie zu verkaufen. Und wieder kehrte ich voller Visionen von der kleinen Insel nach Europa zurück, doch diesmal hatten sie Substanz: die Farbe des Lichts auf den überwachsenen Pfaden, der heiße Duft der Sonne auf den Blüten, das Donnern des Meeres, das sich an den großen Felsen brach. Mehr denn je wurde diese Insel zu einer unerfüllten Sehnsucht, einem unerreichbaren Wunsch.

Eines Tages, sechs Monate später, kam ein Telegramm in meinem Hotel in Madrid an. Darin stand: »Eigentümer Taprobane verkaufsbereit X Rupien Stop Falls interessiert umgehend Betrag senden.« Mit einem Schlag war ich unten am Empfang, das Telegramm noch immer in der Hand, und telegrafierte nach Ceylon. Die Bäume, die Klippen, das seltsame Haus mit seinem Empire-Mobiliar – es war alles meins. Ich konnte hinreisen und dort leben, wann immer ich den Wunsch danach verspürte.

Als ich meiner Frau die Neuigkeit mitteilte, war ihre Reaktion weniger enthusiastisch, als ich erhofft haben mochte. »Ja bist du denn verrückt!« schrie sie. »Eine Insel vor der Küste von *Ceylon*? Und wie kommst du da hin?« Ich erklärte, dass man ein Schiff durchs Mittelmeer und das Rote Meer nimmt, einen Teil des Indischen Ozeans überquert, in Colombo landet und dann einen Zug besteigt, der einen im Fischerdorf Weligama absetzt. »Und sobald du dann auf der Insel bist, ist nichts mehr zwischen dir und dem Südpol«, fügte ich hinzu. Sie warf mir einen langen Blick zu. »Da kriegst du mich nie und nimmer hin«, sagte sie.

Doch drei Jahre später stand sie auf einem schwarzen Felsen unter einer Kasuarine und blickte auf den Indischen Ozean hinaus in Richtung Südpol.

Laut Urkunde war der ursprüngliche Name des kleinen Hügels im Meer Galduwa, ein singhalesisches Wort für »felsige Insel«. Solange sich jemand zurückerinnern konnte, hatte dort auf dem höchsten Punkt schon immer irgendeine Art von Haus gestanden. 1925 kaufte ein Rentier, der Graf von Mauny-Talvande, das Anwesen und erbaute ein achteckiges Fantasieschlösschen in pseudo-pompejischem Stil darauf, das er laut mündlicher Erzählungen auf eine Art einrichtete, die heute eines leichten Größenwahns geziehen würde. (Außerdem änderte er den Namen der Insel zu Taprobane, dem Wort der alten Griechen für Ceylon.)

Gleich zu Anfang entschied er, kein richtiges Haus mit Innenräumen zu bauen, sondern eine Art Pavillon, der eine Erweiterung der umgebenden Landschaft wäre und von dem aus sich die unterschiedlichsten Aussichten auftun würden. Und so riss er munter alle Zwischenwände ein, sodass die neun Zimmer (einschließlich der Badezimmer) letztlich zu einem einzigen wurden, und dieses eine war allen Winden offen preisgegeben. Nachdem er dann eine kleine Insel am anderen Ende der Bucht, deren Form ihm besonders gefiel, als seinen ästhetischen Fluchtpunkt ausgewählt hatte, konstruierte er sein achteckiges Haus so, dass die Insel genau von dessen Mittelpunkt aus sichtbar war – zunächst von Säulen gerahmt, dahinter von einem weiteren Gang, dann von den Pfaden eines angelegten Gartens und schließlich von dem selbst gepflanzten Dschungel darunter. Das Ergebnis ist zutiefst rational und wie die meisten Dinge, denen ein gewisser Fanatismus zugrunde liegt, irrsinnig unpraktisch.

Da das Ganze seit mehreren Jahren leer stand, abgesehen von dem dort lebenden Wächter und seiner Frau, fiel eine Menge Renovierungsarbeiten an. Bevor wir Marokko verließen, hatten wir neue Matratzen in Auftrag gegeben, die auf die riesigen Betten passten, und in Colombo deckten wir uns mit Laken, Handtüchern, Moskitonetzen, Küchenutensilien, Kerosin-Drucklampen, einem neuen Backofen und riesigen Mengen an Lebensmitteln ein. Ich erinnerte mich, dass die Läden in Weligama zwar vollgestopft mit Taschenlampen, Sarongs, Fahrrädern und Feuerwerkskörpern waren, es dort aber sonst kaum etwas gab. So simple Dinge wie Essig, Salz oder Kaffee existierten schlicht und einfach nicht.

Der Lebensrhythmus an einem unbekannten Ort ist zu Anfang unleugbar langsam, und man fragt sich, wie man sich je an das unvermeidliche, bleierne Verrinnen der Stunden gewöhnen soll. Aber mit jedem neuen Tag spürt man, wie das Tempo unmerklich zunimmt, bis man sich irgendwann überhaupt nicht mehr bewusst ist, dass Zeit vergeht. Wir lebten uns in einem Leben ein, das uns nur insofern merkwürdig vorkam, als es nichts »zu tun« gab, man nirgendwo hinkonnte und niemanden traf. Vielleicht war es daher umso besser, dass unser Alltag durch eine entscheidende Fehleinschätzung erschwert wurde, die wir begangen hatten, bevor wir in Taprobane ankamen.

Wir waren gewarnt worden, dass die beiden Bediensteten dort nicht in der Lage sein würden, unser Essen zuzubereiten, deshalb engagierten wir bei der Ankunft in Colombo einen Koch, einen Mann namens Fernando, der einige Jahre in der Kombüse eines Frachters verbracht hatte. Ich hätte besser daran getan, meine anfänglichen Zweifel zu beherzigen, ob es eine gute Idee sei, einen singhalesischen Städter mit aufs Land zu nehmen, denn die Spannungen, die dieser anspruchsvolle Eigenbrötler hervorrief, wurden zu einem unlösbaren Problem. Fernando weigerte sich schon, die höhlenartigen Dienstbotenkammern überhaupt zu betreten, geschweige denn, dort zu schlafen. Stattdessen baute er sich ein Feldbett in der Bibliothek des Haupthauses auf. Obwohl ich mich in der ceylonesischen Etikette zwischen Herrschaften und Dienstboten nicht auskannte, hätte ich genügend Intuition besitzen müssen, um vorauszuahnen, dass die ansässigen Diener Derartiges als skandalös ansehen würden. Es dauerte nicht lange, bis sie ihre Missbilligung zeigten. Zu dem Zeitpunkt allerdings brauchte ich ihre Anspielungen und Grimassen schon nicht mehr, um zu verstehen, dass Fernando eine merkliche Belastung darstellte. Zunächst einmal schrie er im Schlaf. Ich, der sich auf den Luxus langer tropischer Nächte gefreut hatte, in denen die einzigen Geräusche der Gesang der Insekten und das Rauschen der Wellen an den Felsen wären, schreckte in den dunkelsten Stunden der Nacht regelmäßig von haarsträubenden Schreien hoch. Fernandos Schlaf war ein einziger ununterbrochener Albtraum. Seine Tage mussten im Übrigen laut seiner Aussagen kaum angenehmer sein. Seiner Meinung nach waren nicht nur unsere Diener, sondern alle Bewohner der Südküste gefährliche Diebe und Halsabschneider. Wenn er auf den Markt ging, um Essen zu kaufen, kam es zu Prügeleien, und die Polizei suchte uns auf, um sich zu beschweren. Die einzige Lösung, hieß es, sei, einen Koch aus der Gegend zu finden.

Es war dann einfach genug, Fernando loszuwerden, doch um etliches schwieriger, einen anderen Koch zu finden. Niemand schien daran Gefallen zu finden, auf einer Insel zu sein, noch nicht einmal auf einer, die nur hundert Meter vom Festland entfernt liegt. Irgendwann bekamen Freunde Mitleid mit uns und nahmen es auf sich, für uns einen neuen Koch zu finden. Dieser lebte in der Gegend und bestand darauf, seinen Sohn als Assistenten mitzubringen. Nun hatten wir sechs Dienstboten, einschließlich des Toiletten-Kulis.

Das Geschrei der Krähen aus dem Bodhi-Baum gegenüber der Insel ist der Wecker, der Gunadasa aufweckt und ihn veranlasst, aufzustehen und uns unseren Morgentee ans Bett zu bringen. Jeden Tag erscheint er hinter dem Paravent und singsangt: »Guten-Morgen-Master-Tee-Master.« Gestärkt von zwei, drei Tassen starkem Tangana-Tee und einigen Scheiben frischer, weißer Ananas, mache ich dann meine regelmäßige Morgen-Runde um die Insel, die mich üblicherweise zu einer steinernen Bank führt, von der aus sich eine schöne Aussicht auf die Bucht von Weligama auftut. Die Sonne strahlt bereits eine vertraute und starke Hitze aus, obwohl sie meist noch nicht über das östlich gelegene Vorgebirge gestiegen ist, und in der Ferne gleitet die kleine Flotille von Fischerbooten an der weißen Linie des Riffs vorüber hinaus in die offene See, die gehissten Segel wie die Rückenflossen gigantischer Haie nach oben ragend. Haufenweise krabbeln ängstliche schwarze Krabben aus ihren Felsenlöchern und bewegen sich auf mich zu. Ein scharfer Schmerz reißt mich aus meinen Tagträumereien. Große, rote Ameisen bauen ihre Nester in den Bäumen, die die Bank hoch überwölben, und ihr Biss fühlt sich an wie ein etwas harmloserer Wespenstich.

Die Aussicht von Taprobane

Ich stehe schnell auf und gehe hinauf zum Haus, wo ich arbeite, bis das Frühstück fertig ist. Der Rest des Vormittags vergeht mit dem Schlichten von Streitereien unter der Dienerschaft, der Führung des Haushaltsbuches und einem Sprung ins Meer, wenn die Brise plötzlich aufhört und die Luft sich wie ein feuchtes, heißes Tuch auf der Haut anfühlt. Nach einem Curry zum Mittagessen, jeden Tag einem anderen, das aber immer so scharf ist, dass es einem die Tränen in die Augen treibt (ein Phänomen, das ich aus irgendeinem merkwürdigen Grund angefangen habe zu genießen), folgt der Mittagsschlaf, ein rascher Fall ins Nirwana, während der Wind, der zu dieser Stunde normalerweise am stärksten bläst, am Moskitonetz rüttelt und die Luft mit dem salzigen Nebel der brechenden Wellen füllt.

Im Allgemeinen ist es dunkel, bevor die Trommeln der Teufelstänzer einsetzen. Sie trommeln nicht jede Nacht, täten sie es, würden wir nicht viel Schlaf bekommen, denn wenn sie einmal angefangen haben, machen sie bis zum Mittag des nächsten Tages weiter. Es ist gar nicht mal, dass sie so laut wären. Doch fällt es schwer, zu Hause zu bleiben, wenn man weiß, was dort passiert. Diese uralten vorbuddhistischen Zeremonien waren einmal von höchster Bedeutung für die Gemeinschaft, und obwohl sie im Laufe der Jahrhunderte zu etwas geschrumpft sind, was im Allgemeinen als Überbleibsel primitiven »Aberglaubens« verachtet wird, vermag ein wirklich guter Tänzer doch noch immer die alten Götter zum Leben zu erwecken und dem Betrachter eine Gänsehaut zu verursachen.

Oft schwimmen wir dann des Nachts in unseren Badeanzügen los, schlüpfen am anderen Ufer in unsere Kleider, die die Diener auf dem Kopf hinübertransportiert haben, und gehen zu den Trommeln. Manchmal werden die Tänze in einem Häuschen im Dorf oder auf dem Marktplatz veranstaltet (man drängt uns dann immer, unter die Zuschauermenge zu treten, bietet uns Sitze nah dem Geschehen an sowie Zigaretten und Säfte), aber die beeindruckendsten Riten finden im Palmenhain statt, nicht weit vom Strand. Erst hier in der Dunkelheit erzielen die heulenden, maskierten Gestalten mit ihren flammenden Fackeln zwischen den Bäumen ihren vollen dramatischen Effekt. Offiziell ist der Teufelstanz ein magischer Ritus, dessen Ziel darin besteht, die Dämonen des Schmerzes, der Angst und des Unglücks zu bannen, indem man im Besessenen derartige Schrecken hervorruft, dass er sie automatisch auswirft – eine rudimentäre Schocktherapie also.

Es ist erstaunlich, wie wenige Ceylonesen schon einmal eine solche Darbietung gesehen haben, und wie vollständig ahnungslos (und das leider Gottes auch noch absichtlich) die meisten gegenüber ihrer eigenen Folklore sind. Was unsere Domestiken in Taprobane betrifft, missbilligen die Christen unter ihnen sie, und die Buddhisten lächeln herablassend darüber; allesamt verbringen sie die Nacht lieber damit, jenseits der Felsen nach Hummern und Krabben zu fischen.

Viele der Einwohner Weligamas (und auch nicht wenige aus Colombo) sind auf die Insel herübergekommen und haben uns Höflichkeitsbesuche abgestattet. Eines heißen Nachmittags kamen ein Arzt und seine Frau, sehr formell gekleidet, und erwischten uns dabei, wie wir in unseren

Badeanzügen auf dem Boden herumlümmelten. Der Hauptgrund ihres Besuchs lag darin herauszufinden, warum wir noch nicht die örtliche Kirche von England besuchten. Ein andermal erschien die gesamte Belegschaft des lokalen Postamts, um ihre Aufwartung zu machen. Verschiedene Politiker und Anwälte, der Polizeichef, die Eigentümer großer Kautschukplantagen im Umland, Reporter und Fotografen und simple Touristen, alle tauchten sie gänzlich unerwartet auf, und alle mussten sie bewirtet werden. Eines Tages erschienen acht junge buddhistische Mönche, die eine große Tonfigur trugen, als Geschenk für das Haus; bei einer anderen Gelegenheit war es eine Delegation von Moslems, die uns zum Abendessen aufs Festland lud. Als wir zögerten, erklärten sie uns, dass das Bankett zu unseren Ehren bereits vorbereitet sei, die Speisen darauf warteten, aufgetischt zu werden; mit einem Wort: Es blieb nichts anderes als hinzugehen. Und welch ein Bankett es dann war!

Obwohl mir in den ersten Monaten wegen meiner Arbeit an ein wenig mehr Privatsphäre gelegen gewesen wäre, war ich doch von den Menschen dieser Gegend beeindruckt, die eine erstaunliche und uneigennützige Freundlichkeit an den Tag legten, wie man sie praktisch nie findet, wenn man sich in einem fremden Land niederlässt. Eine Weile lang versah ich das Tor am Landungssteg mit Kette und Vorhängeschloss, aber ständig verlegten wir die Schlüssel und fanden uns auf unserer eigenen Insel eingeschlossen. Dann stellte ich große, sorgfältig beschriebene Tafeln in lateinischer, singhalesischer, tamilischer und arabischer Schrift auf, die besagten, dass der Einlass zum Anwesen nur nach vorheriger Genehmigung erlaubt sei.

Das stellte sich als vollkommene Absurdität heraus; die Besucher riefen Hallo und hämmerten gegen die Absperrung, bis der Gärtner herunterkam und sie nach irgendeiner Form finanzieller Kompensation, deren Details vor mir geheim gehalten wurden, mit auf einen Rundgang nahm, der alles beinhaltete mit Ausnahme des Hauses selbst.

Vielleicht lag es an den Verständigungsschwierigkeiten, aber ich brauchte etwa drei Monate, um meinem Gärtner klarzumachen, dass der Zusatzverdienst, den er durch die Touristen erhielt, keines seiner unveräußerlichen Grundrechte war. Ein Besucher, der eine Abordnung von Lehrern aus Colombo mitgebracht hatte, sagte zu mir: »Dieser Gärtner ist stolz darauf, der Aufseher eines nationalen Denkmals zu sein, und Sie, Sir, können sich sehr glücklich schätzen, hier leben zu dürfen.«

Diese Bemerkung öffnete mir wahrhaft die Augen; und ich begann nicht nur mich glücklich zu schätzen, sondern wurde auch etwas besorgt. Es ist keine ganz beruhigende Erfahrung, wenn Ihnen ein Bürger eines frischgebackenen und extrem nationalistisch gesinnten Landes erklärt, dass Ihr Besitz zum nationalen Kulturerbe gehört. Nichtsdestotrotz versuchte ich geschmeichelt auszusehen und stimmte ihm zu.

In einer dicht bevölkerten, wohlhabenden Nation wie Ceylon müssen die Automobilisten irgendwelche Ziele haben. Es ist ein kleines Land, dessen wirklich interessante Ausflugsziele ein gutes Stück abseits der Hauptstraßen liegen; Taprobane ist in den Reiseführern als leicht zugänglich gekennzeichnet. Ich war ein wenig bestürzt, als ich entdeckte, dass Touristen sogar bis von Bombay hierherkamen. Diese Tatsache erwähnte ich gegenüber einer amerikanischen Dame, die zwei Wochen bei uns verbrachte. (Sie war nach Asien gekommen, vertraute sie uns an, in der Hoffnung, einem echten Maharadscha zu begegnen, außerdem hatte sie vor, im Himalaja Lhasa-Terrier zu finden.) Eines Tages, als wir beim Mittagessen saßen, erschienen der Gärtner und seine Frau in einem sehr derangierten Zustand, um uns zu sagen, sie hätten soeben unten am Tor eine Auseinandersetzung mit einer Gruppe von acht Indern gehabt, und der Streit habe darin gegipfelt, dass sie einen der Herren auf eine Art und Weise die Stufen hinuntergestoßen hätten, dass er zwei der Damen und ein kleines Mädchen mit sich gerissen habe. Wir drückten höfliche Anteilnahme aus, dankten ihnen und fuhren mit unserem Mittagessen fort. Ein Weilchen später kehrte der Gärtner zurück und zog ein Stück Papier aus seinem Sarong. »Von indischem Master«, sagte er. »Geben Papier vor Kampf.«

Ich las den Zettel durch und überreichte ihn meiner Besucherin. Ihr Aufschrei war herzerweichend. Der Herr erbat meine freundliche Genehmigung, ihm und seinem Gefolge zu erlauben, durch das Anwesen zu spazieren; der Zettel trug die Unterschrift: »Der Maharadscha von Bhand.«

Die ceylonesischen Gesetze bestimmen, dass jeder Ausländer, der einen Tag länger im Lande bleibt als die erlaubten steuerfreien sechs Monate pro Jahr, für sein gesamtes, weltweites Jahreseinkommen voll besteuert wird. (Und die Steuersätze sind hoch.) Das schließt automatisch die Möglichkeit aus, dass ich permanent in Taprobane leben könnte.

Eines frühen Morgens bewegt sich eine Kolonne von

Männern durch die Wellen von der Insel auf die Küste zu, jeder mit einem Koffer auf dem Kopf. Ochsengespanne warten an der Pension darauf, das Gepäck zum Bahnhof zu transportieren, und der letzte Pilgerzug der Saison von Weligama setzt sich die schmale Straße entlang in Bewegung, passiert den buddhistischen Tempel mit seiner sauber gefegten Vihara, vorbei an der ayurvedischen Apotheke, an dem Mangobaum, wo der angekettete Klammeraffe umhertollt, an Abd el Azees Telegrafenstation und fotografischem Kaufladen und an all den anderen vertrauten, anrührenden Wegmarken. Im Vorübergehen sehe ich mir jede einzelne genau an und frage mich: »Ist dies das letzte Mal? Oder werde ich sie alle wiedersehen?« Heutzutage scheint es klüger, nichts mehr für selbstverständlich zu halten.

Paul Bowles in Sri Lanka, gegen 1950

IN NAGERCOIL
AUFGEGEBENE BRIEFE
Harper's Magazine, Juli 1957

Kap Komorin, Südindien, März 1952

Ich bin jetzt seit einer Woche in diesem Hotel. Zu keiner Zeit nachts oder tagsüber ist die Temperatur tief genug gewesen, um sich wohlzufühlen; sie schwankt zwischen 35 und 40 Grad, und die meiste Zeit geht absolut kein Windhauch, was am Meer erstaunlich genug ist. In jedem Schlafzimmer und öffentlichem Raum hängt an der Decke ein großer elektrischer Ventilator, bloß Elektrizität gibt es keine; wir müssen Öllampen benutzen, um Licht zu haben. Heute fuhr um die Mittagszeit ein ausladender Cadillac vom neuesten Typ vor. Auf der Rückbank saßen drei fette kleine Männer, die nichts weiter als dünne *dhotis* um die Hüften geschlungen trugen. Einer von ihnen überreichte dem Chauffeur einen Schlüsselbund; der stieg dann aus und ging ins Hotel. Nahe der Eingangstür hängt der Schaltkasten. Er öffnete ihn, schaltete mit einem der Schlüssel die Elektrizität an, und überall im Hotel begannen die Ventilatoren zu surren. Daraufhin stiegen die drei kleinen Männer aus und betraten den Speisesaal, wo sie ihr Mittagessen einnahmen. Ich aß meines rasch, um danach hinaufzugehen und mich nackt auf mein Bett unter den Ventilator zu legen. Es waren unvergessliche fünfzehn

Minuten. Dann blieb der Ventilator stehen, und ich hörte die Besucher abfahren. Der Hotelmanager sagte mir später, es handle sich um Regierungsmitarbeiter des Bundesstaates von Travancore, und sie seien die Einzigen, die einen Schlüssel zum Schaltkasten besäßen.

Gestern Nacht wachte ich auf und öffnete die Augen. Kein Mond war zu sehen, es war noch dunkel, aber das Licht eines Sterns schien durch das offene Fenster in mein Gesicht, von irgendwo weit oberhalb des arabischen Meers. Ich setzte mich auf und blickte zu ihm hinauf. Sein Licht war ebenso hell wie das des Mondes in nördlicheren Gefilden; durch das Fenster zeichnete es sich an der rückwärtigen Wand als heller Fleck ab, vom Schatten der Silhouette meines Kopfes durchbrochen. Ich hob die Hand und bewegte die Finger, und auch sie warfen einen deutlichen Schatten. An diesem Teil des Himmels waren keine anderen Sterne zu sehen, dieser eine hier ließ sie alle verblassen. Es war etwa eine Stunde vor der Morgendämmerung, die kurz nach sechs beginnt, und es gab keinen Lufthauch. In solch reglosen Nächten klingen die Wellen, die sich an der nahe gelegenen Küste brechen, wie große, sonore Explosionen in weiter Ferne. Erst ist da das Krachen, das man ebenso sehr spürt wie hört und das mit einem scharfen Geratter und Gezische endet, dann folgt ein langer Moment kompletter Stille und endlich, wenn man schon denkt, jetzt könne kein Geräusch mehr kommen, ein weiteres unerwartetes Krachen. Die Krähen fangen an zu schreien und zu keckern, während immer noch vollkommene Dunkelheit herrscht.

Die Stadt macht, ebenso wie andere hier im tiefen Süden, den Eindruck, aus Staub erbaut zu sein. Staub und

Kuhfladen liegen auf den Straßen, und wenn man dort entlanggeht, hüpfen große Krähen vor einem her. Wenn Böen heißen Windes aus dem sandigen Brachland jenseits der Stadt einfallen, peitschen und schlagen die braunen Wedel der Palmyrapalmen gegeneinander; es hört sich an wie riesige Bögen schweren Packpapiers. Die kleinen schwarzen Männer bewegen sich rasch voran, und die Diamanten in ihren Ohrläppchen funkeln. Wegen ihrer Juwelen und den Goldfäden, die in ihre *dhotis* gewoben sind, sehen sie nicht nur wohlhabend, sondern unglaublich reich aus. Tragen die Frauen Diamanten, dann meist an einem ihrer Nasenflügel.

Als ich zum ersten Mal nach Indien reiste, betrat ich das Land in Dhanushkodi. Auf Amerika gemünzt, würde das in etwa bedeuten, dass ein Fremder seinen ersten Blick auf die Vereinigten Staaten beim illegalen Überschreiten der mexikanischen Grenze tut und in einem abgelegenen Dorf in Arizona eintrifft. Es war gottverlassen, unbequem und auch ein wenig beängstigend. Seither bin ich, wie es ein guter Besucher tun sollte, in der beeindruckend riesigen und unschönen Metropole Bombay gelandet. Aber ich bin dankbar, dass meine erste Reise mich nicht in irgendwelche Großstädte geführt hat. Es ist besser, die Dörfer eines unbekannten Landes aufzusuchen, bevor man versucht, seine Städte zu verstehen, umso mehr in einem komplexen Land wie Indien. Jetzt, nachdem ich vielleicht 8.000 Meilen kreuz und quer durch das Land gereist bin, weiß ich in etwa so wenig wie bei meiner Ankunft. Allerdings habe ich viele Orte und Menschen kennengelernt, und zumindest habe ich eine etwas detailliertere und genauere Vorstellung von meiner Unkenntnis als zu Anfang.

Wenn Sie nicht so vorausschauend gewesen sind, im Vorfeld ein Zimmer zu reservieren, laufen Sie Gefahr, in Bombay nur mit größten Schwierigkeiten eines zu finden. Es gibt nur sehr wenige Hotels, und die zwei oder drei komfortablen sind immer voll. Ich hasse es, zu Reservierungen gezwungen zu sein, weil dadurch das Abenteuer zerstört wird. Der einzige Ort, an dem ich daher bei meiner ersten Ankunft unterkam, war denn auch alles andere als ein First-Class-Hotel. Tagsüber und in den frühen Abendstunden war noch alles in Ordnung. Nachts dagegen war jeder Quadratzentimeter Boden in den dunklen Korridoren von Schlafenden bedeckt, die spät angekommen waren und ihre eigenen Matten mitgebracht hatten; auf diese Weise vermochte das Hotel jede Nacht ein paar Hundert zusätzliche Gäste unterzubringen. Offenbar waren sie es derart gewohnt, dass man auf ihre Hände und Füße trat und gegen sie stieß, dass niemand je eine hörbare Beschwerde vorbrachte, wenn das Unvermeidliche geschah. Hier in Kap Komorin dagegen gibt es viele, sogar geräumige Zimmer, und momentan bin ich der einzige Gast des Hotels.

Es regnete. Ich saß in einem Bus von Allepey nach Trivandrum auf dem Weg hierher. Auf der Bank vor mir befanden sich zwei kleine indische Nonnen. Ich fragte mich, wie sie in ihren dicken Habits die Hitze ertrugen. In der Nähe des Fahrers saß ein Mann mit einem dichten, struppigen Schnurrbart, der sich von den anderen Fahrgästen dadurch unterschied, dass er zusätzlich zu seinem *dhoti* ein europäisches Hemd trug; dessen ausgefranste Zipfel hingen ihm fast bis auf die Knie. Er hatte einen dicken Packen Zeitschriften und Zeitungen bei sich, sowohl auf Tamilisch als auch auf Englisch, und selbst von meinem Platz aus kam ich nicht umhin zu bemerken, dass sein gesamter Lesestoff in der Sowjetunion gedruckt war. (Nach mehreren Jahren Praxis erkennt man das ohne Schwierigkeiten.)

Irgendwo in der Nähe eines der Myriaden von Dörfern, die in den Palmenwäldern versteckt liegen, gab der Motor plötzlich seinen Geist auf, und der Bus blieb stehen. Der Fahrer ließ, ohne seine Passagiere auch nur eines einzigen Blicks zu würdigen, den Kopf in einer Geste der Verzweiflung nach vorn fallen und auf dem Lenkrad liegen. Gespannt warteten die Leute eine Weile, dann begannen sie aufzustehen. Einer der Ersten, die den Bus verließen, war der Mann mit dem Schnurrbart. Er verabschiedete sich herzlich in die Runde, obwohl er zuvor mit keinem gesprochen hatte, und begann dann, die Straße hinabzugehen, wobei er zwar seinen Schirm trug, nicht aber seinen Armvoll Druckerzeugnisse. Da wurde mir klar, dass er irgendwann im Laufe der letzten Stunde, als er den Motorschaden und die folgende Massenflucht nicht hatte voraussehen können, auf jedem freien Platz eine Zeitschrift oder Zeitung hinterlassen hatte – ganz genau, wie das vor drei Jahrzehnten auch unsere amerikanischen Genossen immer in den U-Bahnen gemacht hatten.

Quasi im selben Augenblick, als ich diese Entdeckung machte, waren die beiden Nonnen aufgestanden und sammelten eiligst diese »Literatur« ein. Dann kletterten sie aus dem Bus und rannten auf der Straße hinter dem Mann her, wobei sie auf Englisch riefen: »Sir, Ihre Zeitungen!« Er wandte sich um, und sie überreichten sie ihm. Ohne ein Wort zu sagen, aber mit einem wütenden Gesichtsausdruck, nahm er das Bündel entgegen und ging weiter. Als die beiden Nonnen zurückkamen und ihre Sachen holten, war es allerdings unmöglich, an ihren Gesichtern abzulesen, ob ihnen klar war, was sie da getan hatten, oder nicht.

Ein paar Minuten später hatte jedermann den Bus verlassen und ging zu Fuß ins nächste Dorf – jedermann mit Ausnahme des Fahrers und mir. Ich hatte zu viel Gepäck. Dann sprach ich ihn an.

»Was ist los mit dem Bus?«

Er zuckte die Achseln.

»Wie komme ich jetzt nach Trivandrum?«

Auch das wusste er nicht.

»Könnten Sie nicht vielleicht einen Blick auf den Motor werfen?« fuhr ich fort. »Es hat sich angehört wie ein Keilriemen. Vielleicht können Sie das ja reparieren.«

Diese Worte schreckten ihn genug aus seiner Apathie hoch, damit er sich umdrehte und mich ansah.

»Wir haben Regierung des Volks hier in Travancore«, sagte er. »Nicht gestattet Motor anfassen.«

»Aber wer soll ihn denn dann reparieren?«

»Heute Abend machen Anruf nach Trivandrum. Erstatten Bericht. Morgen oder anderen Tag die schicken Inspektor zum Überprüfen.«

»Und dann?«

»Dann Inspektor erstatten Bericht. Dann schicken Reparatur-Mannschaft.«

»Verstehe.«

»Regierung des Volks«, sagte er noch einmal, um mir zu helfen, die Sache besser zu verstehen. »Nicht wie andere Regierung.«

»Nein«, sagte ich.

Als wolle er noch deutlicher machen, worauf er hinauswollte, deutete er auf die Bank, wo der Mann mit dem großen Schnurrbart gesessen hatte. »Dieser Herr Kommunist.«

»Ach tatsächlich?« (Wenigstens war es jetzt offen ausgesprochen, und der Fahrer unterlag keinem Irrtum, was den Begriff »Regierung des Volkes« betraf.)

»Sehr mächtiger Mann. Abgeordneter von Parlament in Travancore.«

»Und ist er ein guter Mann? Mögen die Menschen ihn?«

»Oh ja, Sir. Mächtiger Mann.«

»Aber auch ein *guter*?« insistierte ich.

Er lachte, zweifellos über meine Naivität. »Mächtige Männer alle Schurken«, sagte er.

Kurz vor Einbruch der Nacht kam der örtliche Bus vorüber, und mit der Hilfe mehrerer Dorfbewohner lud ich mein Gepäck um und setzte meine Fahrt fort.

Ein Großteil der beeindruckend vielen Wählerstimmen für die Kommunisten fällt auf die Hindus. Die wirtschaftliche Not der Moslems ist im Allgemeinen geringer, das stimmt schon, aber aufgrund ihrer strikten religiösen Ansichten haben sie wenig Zuneigung für irgendwelche ideologischen Wechsel. (Ein Konvertit, der aus dem Islam austritt, ist undenkbar; ein Abfall vom Glauben existiert so gut wie nicht.) Wenn selbst das Christentum für die puritanische moslemische Seele zu viel von seinem heidnischen Dekorum bewahrt hat, kann man sich vorstellen, welche Verachtung die endlosen Wucherungen der hinduistischen religiösen Kunst mit all ihren Göttern, Dämonen, Metamorphosen und Inkarnationen in ihnen hervorrufen. Diese beiden religiösen Systeme sind antipodisch. Zum Glück hat der permanente Austausch mit den milden und toleranten Hindus die indischen Moslems ungleich verständnisvoller und duldsamer gemacht, als ihre Brüder in den weiter westlich gelegenen islamischen Ländern es sind; es gibt doch sehr viel weniger Reibereien zwischen ihnen, als man meinen sollte.

Eines Tages beim Frühstück im Connemara Hotel in Madras erzählte mir der moslemische Oberkellner eine Geschichte. Er bereiste die Provinz von Orissa, wo es in einer Stadt einen Hindu-Tempel gab, der berühmt dafür war, fünfhundert Kobras auf seinem Gelände zu beherbergen. Er beschloss, einen Blick auf diese legendären Reptilien zu werfen. Als er die Stadt erreicht hatte, mietete er eine Kutsche und ließ sich zum Tempel fahren. Am Eingang traf er einen Priester an, der sich anbot, ihn herumzuführen. Und da der Moslem wohlhabend aussah, schlug der Priester eine Gabe von fünf Rupien vor, im Voraus zu bezahlen.

»Warum so viel?« fragte der Besucher.

»Damit wir Eier für die Kobras kaufen können. Sie müssen wissen, wir haben fünfhundert von ihnen.«

Der Moslem gab ihm das Geld unter der Bedingung, dass der Priester ihm die Schlangen zeige. Eine Stunde lang trödelte sein Führer mit ihm durch die zahlreichen Innenhöfe und überdachten Passagen und deutete auf die Bas-Reliefs, die Götterbilder, Säulen und Glocken. Schließlich erinnerte der Moslem ihn an ihre Abmachung.

»Die Kobras? Ach ja. Aber die sind gefährlich. Vielleicht möchten Sie sie ja lieber ein andermal sehen?«

Dieses Verhalten des Priesters, erinnerte er sich, hatte ihn entzückt, denn es bestärkte ihn in seinem Misstrauen.

»Aber keineswegs«, sagte er. »Ich will sie jetzt sehen.«

Widerstrebend führte der Priester ihn in einen kleinen Alkoven hinter einem großen steinernen Krishna und deutete in eine sehr finstere Ecke.

»Hier also ist es?« fragte der Besucher.

»Genau hier.«

»Aber wo sind die Schlangen?«

In einem winzigen Käfig befanden sich zwei triste alte Kobras, »fast tot vor Hunger«, wie er mir versicherte. Aber sobald seine Augen sich an die Dunkelheit gewöhnt hatten, sah er, dass überall auf dem Boden rund um den Käfig verstreut Hunderte von Eierschalen herumlagen.

»Sie essen sehr viele Eier«, sagte er zu dem Priester.

Der Priester erwiderte lediglich: »Hier. Nehmen Sie Ihre fünf Rupien zurück. Aber wenn Sie jemand nach den Kobras fragt, seien Sie bitte so gut und sagen, dass Sie fünfhundert davon gesehen hätten hier in unserem Tempel. Wäre das möglich?«

Diese Anekdote sollte dazu dienen, die These des Oberkellners zu verdeutlichen, die da lautete, dass die Hindus nach Auffassung der Moslems in der Ausübung ihrer Religion jämmerlich seien. Andererseits darf man auch nicht vergessen, dass der Hindu den Islam für eine unvollständige Doktrin hält und für alles andere als zufriedenstellend. Er findet seine Kargheit äußerst trostlos und beklagt das Fehlen jeglichen mystisch-philosophischen Inhalts, über den sein eigenes Bekenntnis so reichhaltig verfügt.

Ich wurde in einem der Filmstudios im Norden von Bombay zum Mittagessen eingeladen. Wir aßen unser Curry draußen; die Gastgeberin war der Star des Films, der gerade produziert wurde. Sie sprach ausschließlich Marathi, ihr Mann, der bei dem Film Regie führte, dagegen ausgezeichnetes Englisch. Während des Essens erzählte er uns, wie er zur Zeit der Trennung – damals, als Pakistan gegründet wurde – gezwungen gewesen war, seine Arbeit, sein Heim, sein Auto und sein Bankkonto in Karachi zurückzulassen, und mit leeren Händen nach Indien hatte emigrieren müssen, wo es ihm dann gelungen war, eine neue Existenz zu gründen. Ein anderer Besucher des Studios, ein Ägypter, war von dieser Geschichte fasziniert. Mitten in der Erzählung unterbrach er und sagte: »Das ist natürlich höchst ungerecht.«

»Ja«, lächelte unser Gastgeber.

»Welche Vergeltungsmaßnahmen plant Ihre Regierung denn gegen die hier in Indien gebliebenen Moslems?«

»Überhaupt keine, soweit ich weiß.«

Der Ägypter war zutiefst empört. »Aber warum denn nicht?« fragte er. »Es wäre doch nur konsequent, dass Sie auf dieselbe Weise verfahren. Sie haben doch noch genügend Moslems hier, gegen die man etwas unternehmen kann. Und das sage ich Ihnen, obwohl ich selbst ein Moslem bin.«

Der Regisseur blickte ihm direkt ins Gesicht. »Das sagen Sie, *weil* Sie Moslem sind«, erklärte er. »Aber wir können uns nicht auf dieses Niveau herabbegeben.«

Mit dieser nicht allzu freundlichen Note endete das Gespräch. Kurz darauf wurden Schachteln mit Betelnüssen herumgereicht. Ich brach mir prompt einen Zahn ab, zog mich zurück und ging ein Stück in den Garten hinein. Während ich aus wissenschaftlichem Interesse den Mundvoll halb gekauter Betelblätter und -nüsse in Augenschein nahm und versuchte, die Splitter des Molars zu finden, trat der Ägypter zu mir, sein Gesicht eine Studie in Verachtung.

»Sie haben Angst vor den Moslems. Das ist der wahre Grund«, flüsterte er. Zu beurteilen, ob er damit recht oder unrecht hatte, war ich weder der geeignete Mann noch momentan dazu in der Lage. Das Ganze war eine klassische Konfrontation zweier sich ausschließender Moralkonzepte – zweier Verhaltensmuster, die nicht so ohne Weiteres miteinander versöhnt werden können.

Augenscheinlich ist es eine gigantische Aufgabe, aus einem Land wie Indien eine Nation zu machen, mit Hindus, Moslems, Parsen, Jainisten, Juden, Katholiken und Protestanten, von denen einige zwar die willkürlich durchgesetzte Nationalsprache Hindi sprechen mögen, die meisten aber eher nur Gujarati, Marathi, Bengalisch, Urdu, Telugu, Tamilisch, Malayalam oder irgendeine andere Sprache. Man fragt sich, ob hier je irgendeine Art von Vereinheitlichung versucht werden kann, und auch, ob das überhaupt wünschenswert wäre.

Gelangt man an die Grenze zwischen zwei Provinzen, findet man die Straße oft versperrt und ist gezwungen, eine gründliche Gepäckkontrolle über sich ergehen zu lassen. Wie in den Vereinigten Staaten wird der Transport von Alkohol zwischen feuchten und trockenen Distrikten strengstens kontrolliert, aber damit ist es noch nicht getan.

Beispiel eines Gesprächs an einem Grenzposten auf dem Mercara-Cannanore-Highway:

Zollbeamter: »Was ist da drin?«

Bowles: »Kleidung.«

»Und da drin?«

»Kleidung.«
»Und in denen allen?«
»Kleidung.«
»Bitte alle öffnen.«
Und nachdem achtzehn Koffer penibel untersucht worden sind:
»Mein Gott, Mann! Alle wieder zumachen. Ich könnte ja Gebühren erheben für all diese Sachen, aber mit dem Zeug hier drin werden Sie ohnehin kein Geschäft machen. Dafür sind die Moslems zu clever.«
»Aber ich habe überhaupt nicht vor, meine Kleidung zu verkaufen.«
»Machen Sie die Koffer zu. Ich sage Ihnen doch, die Sachen sind zollfrei.«
Ein Professor aus Ranikhet in Nordindien ist gestern im Hotel eingetroffen, und wir haben ein Gutteil der Nacht damit verbracht, hier auf meinem Zimmer am Fenster zum Meer zu sitzen und über das zu reden, worüber man hier immer redet: Indien. Eine meiner vielen Fragen bestand darin, warum so viele Hindutempel in Südindien Nicht-Hindus den Eintritt untersagen, und warum Soldaten die Eingänge bewachen. Ich ging davon aus, die Antwort ohnehin schon zu kennen: aus Angst vor Belästigungen durch Moslems. Keineswegs, sagte er. Der Hauptgrund sei der, bestimmte christliche Missionare fernzuhalten. Ich gab meinem Zweifel daran Ausdruck.
»Aber natürlich«, insistierte er. »Die kommen hierher, johlen während des Ritus und verhöhnen unsere heiligen Bilder.«
»Aber selbst wenn sie tatsächlich dumm genug wären, solche Dinge zu tun«, widersprach ich, »würde schon ihr

Gefühl für Anstand sie daran hindern, sich so zu benehmen.«

Da lachte er bloß. »Sie kennen sie offenbar nicht.«

Das Postamt hier ist ein kleiner stickiger Raum über einem Laden und voller Jungs, die auf Strohmatten hocken. Der Postmeister, ein winziger alter Mann, der große Diamantohrringe und eine Brille mit Goldrand trägt und immer mit nacktem Oberkörper dasitzt, ist außerdem Lehrer. Er unterbricht seine Lehrtätigkeit, um von Zeit zu Zeit eine Briefmarke zu verkaufen. Zunächst wirkt sein Englisch ziemlich fließend, aber bald entdeckt man, dass es für die Konversation ungeeignet ist und man mit ihm eigentlich kaum reden kann. Da die Jungs lauschen, muss er so tun, als wisse er alles, deshalb antwortet er prompt und mit irgendeinem beliebigen Satz, der ihm gerade in den Sinn kommt.

Gestern war ich dort, um einen Brief per Luftpost nach Tanger aufzugeben. »Nach Tanjore«, sagte er und rückte seine Brille zurecht. »Das macht vier Annas.« (Tanjore befindet sich in Südindien in der Nähe von Tiruchirappalli.) Ich erklärte ihm, ich hoffe, mein Brief werde in Tanger in Marokko eintreffen.

»Ja, ja«, sagte er ungeduldig. »Es gibt viele Tanjores.«

Er schlug ein Buch mit postamtlichen Verordnungen auf und las aufs Geratewohl laut daraus vor. Und das (auch wenn es schwer zu glauben ist) geschlagene sechs Minuten lang. Ich stand völlig fasziniert da und ließ ihn machen. Schließlich blickte er auf und sagte: »Tanger ist hier nirgendwo erwähnt. Es gehen keine Flüge an diesen Ort.«

»Was würde es denn dann kosten, wenn wir es per

Schiff senden?« (Ich dachte, dann könnte man ausrechnen, was der Aufpreis für Luftpost sein würde, aber da hatte ich den guten Mann falsch eingeschätzt.)

»Ja«, erwiderte er gelassen. »Auch das ist eine gute Methode.«

Ich beschloss, meinen Brief zu behalten und ihn demnächst in der nahe gelegenen Stadt Nagercoil aufzugeben. Bald schon würde ich eine Reihe weiterer fertig haben, und ich plante, sie dann alle zusammen zu versenden. Bevor ich das Postamt verließ, wagte ich die Bemerkung, es sei ein sehr heißer Tag. Was in dem Obergeschoss, wo zur Mittagszeit die Luft stand, noch eine gehörige Untertreibung war. Aber der Postmeister war alles andere als angetan von meiner Bemerkung. Er zog die Brille ab und deutete mit den Bügeln auf mich.

»Wir haben hier ein perfektes Klima«, sagte er mir. »Nicht zu kühl und nicht zu kalt.«

»Das stimmt wohl«, sagte ich. »Besten Dank.«

In den letzten paar Jahren hat es im indischen Leben sichtbare quantitative Veränderungen gegeben, die alle in Richtung einer Europäisierung gehen. Das betrifft die kleineren Ortschaften, die Großstädte sind natürlich schon lange verwestlicht. Die Tempel, die früher von nackten Glühbirnen oder Kokosnussöl-Lampen erhellt wurden, haben jetzt flackernde Neonröhren an den Decken hängen. Rote, grüne und gelbe Strahler leuchten Badetanks, Götterstatuen und die Tore der Tempel aus. Das allgegenwärtige Lautsprechersystem ist heutzutage der Fluch für jedes Ohr geworden, selbst in den Tempeln. Und es ist unmöglich, ein Konzert oder eine Tanzaufführung zu besuchen, ohne mehrere Lautsprecher zu entdecken, deren

Lärm die Qualität der Musik vollkommen zerstört. Schon eine Meile vom Kino einer kleinen Stadt entfernt kann man das heisere Geplärre aus den Verstärkern hören, die sie am Eingang aufgestellt haben.

Dieses Jahr sieht man in Südindien weniger Männer mit freiem Oberkörper, *dhotis* und Sandalen, es gibt mehr Hemden, Hosen und Schuhe. Zugleich bemerkt man ein langsames Verschwinden all der Dienstleistungen, die für den westlichen Touristen den Unterschied zwischen einer angenehmen und einer unbequemen Reise ausmachen, wie zum Beispiel Bahnhofsrestaurants (es gibt keine Speisewagen in den Zügen) oder Duschen in den Erste-Klasse-Abteilen. Vor ein paar Jahren haben sie noch funktioniert, mittlerweile sind sie außer Betrieb und verriegelt. Jetzt kann man im Staub und Ruß seines Abteils ersticken oder in seinem eigenen Schweiß ertrinken, der Bahngesellschaft ist es völlig gleich.

Einmal bin ich 48 Stunden lang in einem Konzentrationslager festgehalten worden, das die ceylonesische Regierung auf indischem Boden unterhält. (Die euphemistische Bezeichnung dafür war »Überprüfungslager«.) Man sagte mir, ich stehe unter Verdacht, ein internationaler Spion zu sein. Mein Erstaunen und meine Empörung wurden in ihrer Ernsthaftigkeit beinah als überzeugend angesehen, und damit als Beweise für meine Schuld.

»Aber für *wen* soll ich denn bitte schön spionieren?« fragte ich kläglich.

Der Vorgesetzte zuckte die Achseln. »Spionieren für international«, sagte er.

Was mir noch mehr an die Nieren ging als die Insekten oder das Geheul streunender Hunde hinter den Stacheldrahtrollen, war die Tatsache, dass mitten im Lager, das zu diesem Zeitpunkt vielleicht 20.000 Menschen beherbergte, auf einem hohen Turm ein Lautsprecher angebracht war, aus dem zu jeder Minute des Tages indische Filmmusik dröhnte. Zum Glück wurde er jeden Abend um zehn Uhr abgestellt. Ich kam aus diesem Höllenloch nur wieder frei, indem ich einen derartigen Aufstand machte, dass ich zum Lagerarzt gebracht wurde, der zu dem Schluss kam, ich befinde mich auf gemeingefährliche Art und Weise nicht in seelischem Gleichgewicht. Der Hintergedanke dabei war, dass ich ein Stückchen weiter ohnehin erneut verhaftet würde, wobei dann jemand anders die Verantwortung übernehmen musste. »Sie werden ihn in Talaimannar festnehmen«, hörte ich den Arzt sagen, »der arme Teufel ist völlig verrückt.«

Hier und da, an Orten wie der Bar des Hotels Metropole in Mysore oder im North Coorg Club in Mercara, kann man noch dem einen oder anderen Überbleibsel des alten Koloniallebens begegnen: Gespenster in der Gestalt unglaublich sonnengegerbter Engländer in Jodhpurhosen und Stiefeln, die über ihr Jagdglück und ihre Trophäen schwadronieren. Aber ein solcher Anblick ist extrem selten geworden in einem Land, das all diese Dinge vergessen will.

Die jüngere Generation in Indien bemüht sich, eine ganze Menge Dinge zu vergessen, darunter auch einige, an die sie sich besser erinnern sollte. Man sollte nicht meinen, dass es irgendeinen guten Grund gäbe, das älteste Erbe des Landes abzuschütteln, die Religion des Hinduismus ebenso wenig wie seine neueste Errungenschaft, die Tradition der Unabhängigkeit. Diese ist, zumindest soweit es die analphabetischen Massen betrifft, nicht nur untrennbar mit der religiösen Geisteshaltung verbunden, die den politischen Sieg ermöglicht hat, sondern auch mit der Legende, die sich um die Gestalt Gandhis rankt und ihn in ihren Augen in den Rang eines Gottes erhoben hat.

Den jüngeren, politisch orientierten Intellektuellen gefällt dies ganz und gar nicht; in ihren Artikeln und Aufrufen attackieren sie Gandhi wieder und wieder als den »Verräter« am indischen Volk. Dass sie aus einem Hassgefühl heraus agieren, ist klar. Bloß was ist es, das sie hassen?

Zum einen können sie unterbewusst ihre eigene Unfähigkeit nicht akzeptieren, weiterhin im religiösen Sinne zu glauben. Als glaubenslose Gruppe sind sie dann gezwungen, die Vergangenheit zu hassen, vor allem den atavistischen Teil, der in der menschlichen Psyche mit all ihren Irrationalitäten und ihrer subjektiven Verstrickung in äußerliche Phänomene sichtbar wird. Die Flut von vergifteten Reden, die aus ihnen quillt, richtet sich vor allem an die Heranwachsenden, denn das ist eine Altersgruppe, die Demagogie häufig attraktiver findet als gesunden Menschenverstand.

In jeder Stadt gibt es mindestens ein paar dieser erleuchteten Jugendlichen; die in Kap Komorin hier waren entsetzt, als ich sie unter einem Vorwand ins Haus eines Mannes ihres eigenen Dorfes führte, der behauptet, sein Bruder stehe unter einem Fluch. (Sie hatten sich nicht vorstellen können, sagten sie mir später, dass ein Amerikaner einen solchen Unfug glauben könne.) Dieser Mann, Subramaniam, erklärte, sein Bruder sei ein Maler, der zum künstlerischen Leiter eines großen Filmstudios in Madras gemacht worden sei. Um seine Geschichte glaubhaft zu machen, zog er ein Bündel sehr professioneller Skizzen für Filmkulissen hervor.

»Dann hatte mein Bruder im Studio einen Streit mit einem eifersüchtigen Mann«, sagte Subramaniam, »und dieser Mann belegte ihn mit einem Zauber. Sein Verstand ist fort. Aber am Jahresende wird er wiederkommen.« In diesem Moment tauchte der Bruder auf dem Hof auf; er war ein bärtiger Mann mit leerem Blick und trug ein mächtiges türkisches Tuch um Kopf und Schultern. Er ging an uns vorbei und verschwand durch eine Tür.

»Ein Schamane behandelt ihn ...« Die modernen jungen Männer traten peinlich berührt von einem Fuß auf den andern; es war ihnen unerträglich, dass ein Amerikaner solch blamable Äußerungen mitbekommen sollte, die obendrein auch noch von jemandem aus ihren eigenen Reihen kamen.

Aber diese jungen Männer, die es so notwendig fanden, den armen Subramaniam lächerlich zu machen, konnten gar nicht verstehen, warum ich anfing zu lachen, als das Gespräch dann auf Kühe kam und ich zusah, wie ihr Gesichtsausdruck zu einer respektvollen Bewunderung, ja fast schon zu Seligkeit wechselte. Die Anbetung von Kühen nämlich ist eine der Facetten des populären Hinduismus, die vom Unglauben des 20. Jahrhunderts noch nicht vollständig ausgemerzt worden ist. Gewiss, die Formen des Rituals haben sich verändert. Heutzutage wird die Kuh-Anbetung häufig in riesigen modernen Stadien aus Beton gefeiert, wo Preise an die Eigentümer der schönsten Rinder verliehen werden, aber der religiöse Aspekt des Festes ist nach wie vor eindeutig zu spüren. Die Kühe werden mit juwelenbesetzten Girlanden geschmückt, und

Menschen, die stundenlang Schlange gestanden haben, um dieses Privilegs teilhaftig zu werden, dürfen sie mit Bananen und Zuckerrohr füttern. Wenn die gesättigten Tiere dann nichts mehr wollen, legen sie sich einfach hin oder gehen umher, während Hunderte junger Mädchen zu ihren Ehren religiöse Tänze vollführen.

In Indien geht eine Kuh genau dorthin, wo sie hingehen will. Vielleicht liegt sie in einem Tempel und beschließt dann, sich stattdessen mitten auf die Straße zu legen. Wenn ihr der Straßenverkehr um sie herum auf die Nerven geht, dann mag sie sich vielleicht wieder aufrappeln und die Straße hinab zum Bahnhof gehen, wo niemand sie stören wird, falls sie das Bedürfnis verspürt, sich vor dem Fahrkartenschalter zur Ruhe zu begeben. Auf Schnellstraßen scheint sie zu ahnen, dass die Fahrer von Lastwagen und Bussen sie schon aus einer Meile Entfernung entdecken und abbremsen werden, um vor ihr notfalls zum Stehen zu kommen, und dass sie sich deshalb auch nicht aus dem Schatten des Banyan-Baumes herausbegeben muss, den sie sich für ihren Mittagsschlaf ausgesucht hat. Dass sie in der Welt eine privilegierte Stellung einnimmt, darauf kann sich jedermann einigen.

Die überzeugendste Darstellung der Gefühle eines durchschnittlichen Hindus diesem verherrlichten Vieh gegenüber ist ein kleiner Essay, der von einem Bewerber auf ein öffentliches Amt verfasst wurde und schlicht *Die Kuh* heißt. Die Tatsache, dass dieser Text vorgelegt wurde, um die Fähigkeiten des Kandidaten in der englischen Sprache unter Beweis zu stellen, ist zwar rührend, aber hier nur zweitrangig.

Die Kuh

Kuh ist einmal wundervolles Tier, auch ist er vierbeinig, und weil er weiblich ist, gibt er Milch – aber das macht er nur, wenn er Kind hat. Er ist selbe wie Gott, dem Hindu heilig, und dem Menschen nützlich. Aber er hat vier zusammenhängende Beine. Zwei sind davor, und zwei sind danach.

Sein gesamter Körper kann nutzbringend genutzt werden. Mehr noch die Milch. Was vermag sie nicht? Vielfältige Fette, Butter, Sahne, Quark, Molke, Kova, und die Kondensmilch und so weiter. Auch ist er für den Schuster, Fährmänner und Menschheit im Allgemeinen nützlich.

Seine Bewegung ist langsam nur. Das ist deshalb, weil er von umfänglicher Rasse ist, und auch seine andere Bewegung ist nützlich für Bäume, Pflanzen und auch zum Feuermachen. Das geschieht, indem mit der Hand flache Teig geknetet und an der Sonne getrocknet wird.

Er ist das einzige Tier, das seine Fütterung nach dem Essen wieder befreit. Dann danach isst er durch seine Zähne, welche im Innern des Mauls befestigt sind. Er grast unaufhörlich auf den Wiesen.

Seine einzigen Angriffs- und Verteidigungswaffen sind seine Hörner, besonders wenn er Kind hat. Dies geschieht durch Beugung des Kopfes, wodurch er die Waffen parallel zum Boden der Erde bringt und sofort mit großer Geschwindigkeit vorwärts fortschreitet.

Er hat auch Schwanz, aber nicht so wie andere ähnliche Tiere. Er hat Haare am Ende der anderen Seite. Das geschieht, um die Fliegen zu verscheuchen, die auf seinem gesamten Leib absteigen und ihn unablässig züchtigt, woraufhin er Schlag mit ihm ausführt.

Die Handteller seiner Füße sind bei der Berührung so zart, dass die Gräser, die er isst, nicht umgeknickt würden. Nachts erholt er sich, indem er auf den Boden niederkommt, und dann schließt er seine Augen wie sein Verwandter, das Pferd, der dies nicht tut. Dies ist die Kuh.

Die Motten und Nachtfalter flattern um meine einsame Öllampe. Von Zeit zu Zeit geht eines der Tiere über dem Rauchabzug in einer hellen, kurzen Flamme auf. Auf dem Betonboden bilden all die Schweißperlen, die in den letzten zwei Stunden von meinem Körper getropft sind, einen feinen Ring rund um die Stuhlbeine. Die Türen sowohl zum Badezimmer als auch zum Schlafzimmer sind geschlossen. Ich arbeite jede Nacht in dem dazwischen liegenden Ankleidezimmer, weil hier weniger Insekten hereinkommen. Doch ist die Luft fast nicht zu atmen vor lauter kaltem Zigarettenrauch und *Bathi*-Stöckchen, die ich abbrenne, um alles geflügelte Getier vom Eindringen abzuhalten. Die heutige Zeitung hat einen Ausbruch von Beulenpest in Bellary vermeldet. Ich denke die ganze Zeit darüber nach und frage mich, ob der beinahe sichere Sieg über solche Seuchen sich des Preises wert erweisen wird, mit dem er erkauft worden ist: der Ausmerzung all der Glaubensvorstellungen und Rituale, die der Zeitspanne zwischen Geburt und Tod einen allgemein zufriedenstellenden Sinn gewährt haben. Ich habe meine Zweifel. Sicherheit ist ein falscher Gott; fangen Sie an, ihm zu opfern, und Sie sind verloren.

Place Amrah in der Medina von Tanger. Bowles kaufte 1947 in der Umgebung ein Haus.

DIE WELTEN VON TANGER
Holiday, März 1958

Im Sommer 1931 lud mich Gertrude Stein ein, zwei Wochen in ihrem Haus in Bilignin in Südfrankreich zu verbringen, wo sie sich immer die warmen Monate des Jahres über aufhielt. Zu Beginn der zweiten Woche fragte sie mich, wohin ich vorhabe, weiterzureisen. Ich hatte noch nicht viel von der Welt gesehen und erwiderte, Villefranche sei wohl ein schöner Ort. Sie antwortete mit zartfühlender Herablassung. »An die Riviera kann jeder«, erklärte sie. »Sie sollten sich etwas Besseres vornehmen. Warum fahren Sie nicht nach Tanger?« Ich reagierte zögerlich und meinte, dass das Leben dort vielleicht mehr kosten würde, als mein Budget hergäbe. »Unfug«, sagte sie. »Es ist billig dort. Das ist genau der richtige Ort für Sie.«

Eine Woche später befand ich mich an Bord eines kleinen Schiffes namens *Iméréthie II* unterwegs zu mehreren nordafrikanischen Häfen, und seit jenem Tag bin ich Gertrude Stein dankbar für ihren klugen Vorschlag. Vom ersten Tag an und durch all die Jahre hinweg, die ich in Tanger verbrachte, habe ich diese weiße Stadt geliebt, die oben auf ihren Hügeln sitzt und die Straße von Gibraltar überblickt bis hin zu den Bergen Andalusiens.

In jenen Tagen war Tanger eine attraktive, stille Stadt

von etwa 60.000 Einwohnern. Die Medina wirkte sehr alt, die Gassen waren voller Menschen in leuchtenden exotischen Kleidern, und jede Straße, die in die Außenbezirke führte, war von Mauern aus Zuckerrohr, Feigenkakteen und hochrankenden Geranien eingewachsen. Heute stehen dort, wo diese dichte Vegetation wucherte, die abblätternden Fassaden neuer Apartmenthäuser; die Moslems haben ihre posamentierten orientalischen Jacken und riesigen Pluderhosen in Türkis, Orange, Pistaziengrün oder grellem Pink drangegeben und gegen Levis und Regenmäntel aus zweiter Hand eingetauscht, die ballenweise aus Amerika importiert werden. Die Bevölkerung hat sich mindestens verdreifacht, und ich fürchte, die Stadt würde einem Gelegenheitsbesucher weder attraktiv noch still erscheinen. Es kann nicht viele Orte auf der Welt geben, die ihr Erscheinungsbild im letzten Vierteljahrhundert in einem solchen Ausmaß verändert haben.

Genau wie eine Person hört eine Stadt beinahe auf, ein Gesicht zu haben, sobald man wirklich vertraut mit ihr ist, und visuelle Veränderungen gehen nicht tiefer als die Haut. Ihr Charakter wird in erster Linie von ihren Einwohnern bestimmt, und um deren Ansichten und Verhalten zu verändern, braucht es sehr lange. Tanger kann noch immer ein faszinierender Ort sein für den Außenseiter, der Zeit und Lust hat, seine Menschen kennenzulernen. Ein Ausländer, der hier langfristig lebt, kann noch immer die meisten der Dinge wiederfinden, die ihm die Stadt in der alten Zeit haben ans Herz wachsen lassen, denn er weiß, wo er nach ihnen suchen muss. Tanger ist noch immer eine kleine Stadt, zumindest in dem Sinne, dass man tatsächlich nicht durch eine seiner Hauptstraßen schlendern kann, ohne einem Dutzend Freunde zu begegnen, mit denen man auf ein Schwätzchen stehen bleiben muss. Und so dauert, was eigentlich als zehnminütiger Spaziergang geplant war, leicht eine Stunde oder länger.

Beispielsweise läuft man einem polnischen Flüchtling in die Arme, der hier vor zehn Jahren ohne einen Pfennig in der Tasche ankam, sich genug zusammenborgte, um Erdnussverkäufer zu werden, und der heute einen florierenden Delikatessen- und Spirituosenladen leitet. Oder einem amerikanischen Bauarbeiter, der nach Marokko kam, um an den Luftwaffenbasen mitzubauen, und seither zu einem freien Journalisten geworden ist. Oder einem Moslem, der zwei Jahre in einem spanischen Gefängnis gesessen hat, weil er seine Meinung über Franco kundtat, und nun als Angestellter bei der Stadtverwaltung arbeitet; einem Schneider aus Rom, der es nicht zu dem Reichtum gebracht hat, auf den er hoffte, und jetzt zurück nach Hause will; einer englischen Masseuse, die vor zwanzig Jahren auf einer Ferienreise durch Tanger kam und irgendwie hier hängen geblieben ist; einem belgischen Architekten, der nebenher die wichtigste Buchhandlung führt; einem Moslem, der siebzehn Jahre lang an der Universität von Prag gelehrt hat und jetzt Privatstunden in Arabisch gibt; einem Schweizer Geschäftsmann, der das Klima liebt und zu seinem eigenen Vergnügen ein Restaurant und eine Bar aufgemacht hat; einem indischen Prinzen, der die Buchhaltung für eine amerikanische Firma macht; der portugiesischen Näherin, die einem die Hemden schneidert; und als sei das nicht genug, wird einem ein ganzer Haufen Spanier zuwinken, von denen die meisten in Tanger geboren sind und nie irgendwo anders gelebt haben. Die Moslems machen etwa siebzig Prozent der Bevölkerung aus, sie hocken noch immer in ihren winzigen Cafés, trinken Kaffee und Tee, spielen Karten, Schach oder Domino und überschreien den Lärm der ägyptischen Musik aus dem Radio. Auch hier hat sich nicht wirklich etwas verändert.

Obwohl die Leute, die Tanger lieben, manchmal den Eindruck haben, es gebe eine Verschwörung, um es zum hässlichsten Ort der Welt zu machen, würde ein solches Projekt in der Realität doch nur sehr schwer in die Tat umzusetzen sein. Mit Ausnahme einiger Ecken der Medina, wo noch nicht versucht worden ist, die alte maurische Architektur zu »verbessern«, gibt es nichts mehr, was man noch verschlimmern könnte. Und selbst wenn einmal der Schleier vom Gesicht der letzten Frau, die noch einen trägt, gerissen worden sein wird, damit sie ihre Einkäufe in einem kunstseidenen Abendkleid erledigen kann, das ihr vier Nummern zu groß ist, und wenn das letzte alte Haus mit einer festungsgleichen Fassade und einer großen eisenbeschlagenen Tür eingerissen sein wird, um Platz zu schaffen für einen Betonkasten mit Wohnungen für sechs Familien und Neonbeleuchtung in jedem Zimmer, selbst dann wird die Stadt noch ziemlich genauso aussehen wie heute.

Wie ist es möglich, wenn alles Alte systematisch zerstört wird (und die modernen europäischen Gebäude fast ausnahmslos eine Beleidigung fürs Auge darstellen, während diejenigen, die die Marokkaner bauen, noch schlimmer aussehen), dass Tanger dennoch nicht zu einem ästhetischen Albtraum wird? Ich glaube, mehr als alles andere ist die Topografie seine Rettung: Die Stadt ist auf den Gipfeln und entlang der Abhänge einer Reihe von Hügeln erbaut, die sich zwischen der See auf der einen Seite und einer welligen Tiefebene auf der anderen Seite befinden, mit hohen Bergen im Hintergrund. Es gibt nur wenige ebene Flächen in der Stadt; am Ende fast jeder Straße befindet sich ein natürlicher Aussichtspunkt, sodass das Auge fast automatisch über alles hinweggleitet, was in der Nähe liegt, und sich stattdessen am Anblick eines Hafens mit Schiffen oder einer Bergkette oder des Meeres mit einer Küstenlinie in der Ferne delektiert. Dazu kommt, dass der Himmel, selbst wenn er bewölkt ist, so intensiv leuchtet, dass, ganz gleich wo man sich befindet, die Gebäude nur den unbeachteten Rahmen für die natürliche Schönheit dahinter bilden. Man blickt nicht auf die Stadt, man blickt aus ihr heraus.

Gewunden wie sie sind, führen die Seitengassen der Medina manchmal durch kleine Tunnel unter den Häusern hindurch, manchmal lange Treppenfluchten hinauf, und bieten sich für einsame, gedankenerfüllte Spaziergänge an. Da es keine größeren Gefahren gibt als Fußgänger oder ab und zu einen Esel, mit denen man einen Zusammenstoß befürchten müsste, kann man ein Gutteil seines Bewusstseins dazu nutzen, sich mit seinen eigenen Gedanken auseinanderzusetzen. Seitdem ich 1947 hierher zurückgekehrt bin, habe ich viele Stunden damit verbracht, durch diese Gassen zu wandern (und nebenbei gelernt, die Sackgassen von denen zu unterscheiden, die irgendwo hinführen) und eifrig zu versuchen, mir über mein Verhältnis zu Tanger klar zu werden. Wenn man nicht weiß, warum man etwas liebt, lohnt es im Allgemeinen, dass man sich die Zeit nimmt, um zu versuchen, es herauszufinden.

Sehr viel ist mir nicht klar geworden, aber immerhin bin ich jetzt überzeugt davon, dass Tanger ein Ort ist, wo Vergangenheit und Gegenwart in einem angemessenen Verhältnis zueinander existieren, wo ein höchst lebendiges Heute durch die Präsenz eines ebenso lebendigen Gestern eine zusätzliche Realitätsdimension erfährt. In Europa ist die Vergangenheit, so kommt es mir vor, zum großen Teil eine Fiktion; um sich ihrer bewusst zu werden, muss man sie schon im Vorfeld kennen. In Tanger ist die Vergangenheit eine körperliche Realität, so greifbar wie das Sonnenlicht.

Tanger ist eigentlich wenig mehr als ein riesiger Marktplatz. Seit dem Krieg ist es in erster Linie ein freier Geldmarkt gewesen, und die neue autonome marokkanische Regierung wird mit Gewissheit eine aktive Rolle im wirtschaftlichen Leben einer Stadt ohne Währungskontrolle übernehmen. Während der internationalen Jahre ist viel über die dramatischen, illegalen Facetten der Stadt geschrieben worden, und man hielt Tanger für einen Ort, an dem jeder Vierte Schmuggler, Spion oder auf der Flucht vor den Gerichten seines Heimatlandes war. Es stimmt, dass die Stadt ein Markt war, auf dem diplomatische Informationen gekauft und verkauft wurden; auch, dass sie ein Ort war, an dem Waren auf- und abgeladen wurden, die in andere Länder gingen oder aus solchen kamen, ohne dass der Zoll einen Blick darauf hätte werfen können, ebenso und ganz entscheidend, dass hier Menschen unterschiedlichster Nationen leben konnten, ohne gültige Dokumente zur Klärung ihrer Identität zu besitzen. Daher war es durch die Abwesenheit jeglicher Steuern auch für europäische Exporteure nützlich, hier Niederlassungen zu unterhalten, auch wenn ihre Produkte es vielleicht nie näher als bis tausend Meilen vor die marokkanische Küste schafften. Diese Ära ist vorüber, eine derartig unregulierte Freiheit konnte schwerlich ewig so weitergehen. Der Abzug des europäischen Geschäfts hat zu einer Rezession geführt, und das Arbeitslosenniveau ist ungesund hoch. Die Läden sind vollgestopft mit allen möglichen Waren aus aller Herren Länder, bloß gibt es nicht viele Käufer. Auch besitzt die Stadt keine Industrie – nur Ladenbesitzer, Händler, Höker und Schlepper.

Reklamen für Armbanduhren sind allgegenwärtig. Sie blinken in den Auslagen der Geschäfte und leuchten als Neonlichter über den Bürgersteigen. Auf einem Dach am unteren Ende des Zoco Chico, mitten im Herzen der Hauptdurchgangsstraße der Medina, befindet sich ein riesiges Uhrenschild, das zur Gänze aus großen Pailletten besteht und unaufhörlich über der Menschenmenge zuckt und glitzert. Und all das an einem Ort, wo den meisten der *qsim* als kleinste Zeitmesseinheit gilt, der fünf von unseren Minuten entspricht! Aber neuerdings ist Tanger sehr zeitbewusst geworden, oft halten einen die allerjüngsten Kinder an und fragen mit tiefem Ernst, wie spät es sei, um dann voller Genuss der unverständlichen Antwort zu lauschen.

Ein anderes unvermeidliches Charakteristikum im Straßenbild ist das omnipräsente *cambio* mit seiner Schiefertafel, auf der in Peseten die Einkaufs- und Verkaufspreise aller wichtigen internationalen Währungen stehen, einschließlich des Golddollars. Die Kurse werden mit Kreide darauf geschrieben und können jeden Augenblick verändert werden. Die weniger luxuriösen *cambios* bestehen aus einem Stuhl und einem Karton auf dem Gehweg; am oberen Ende der Calle Siaghines zum Beispiel sind diese primitiven Büros auf beiden Straßenseiten aufgereiht. Ich persönlich habe immer gefunden, dass ich Geld sparen konnte, indem ich eine Bank aufsuchte.

Die Leute hier bezeichnen die Lage Tangers gerne als »zentral«, womit sie meinen, dass es mit der Fähre zweieinhalb Stunden von Gibraltar entfernt ist, fünf Stunden von London mit dem Flugzeug, sieben Stunden von Casablanca mit dem Auto (sofern Sie ein vorsichtiger Fahrer sind), drei Tage mit dem Zug vom Anfang der Sahara (vorausgesetzt, die Gleise werden während Ihrer Reise nicht gerade sabotiert) und sechs Tage von New York mit dem Schiff. Auch wenn die Bewohner des nördlichen Europa es für einen Ort halten, wo man die Wintermonate verbringt, versuchen seine Bewohner, wahrscheinlich verwöhnt von dem ausgezeichneten Klima des übrigen Jahres, häufig zu dieser Zeit der Stadt zu entkommen. Das liegt an dem sintflutartigen Regen, der üblicherweise vom Mittelmeer kommend über die Stadt geweht wird. Es ist dann nicht kalt, aber entschieden nass, und wenn man Sonne finden kann, indem man nur ein paar Hundert Meilen weiter nach Süden geht, wäre man dumm, es nicht zu tun. Die schweren Regengüsse können zwischen Dezember und April jederzeit niedergehen; zwar mag man in diesen Monaten über lange Wochen hin einen kristallklaren Himmel genießen, aber man kann doch sicher sein, dass der Regen früher oder später kommt, genau wie man sich zwischen Anfang Juli bis in den November hinein auf schönes Wetter verlassen kann. Ich frage mich oft, was für ein Klima hier vor 25 Jahrhunderten geherrscht haben mag, als die Stadt ein Handelshafen namens Tingis war, den die Karthager von der Küste aus führten, und ganz Marokko eine dicht bewaldete Landschaft, durch die Elefantenherden zogen. Ich frage mich vor allem, ob die Winter noch nässer gewesen sein können, als sie es heute sind. Und ich nehme an, sie müssen es gewesen sein, auch wenn man es sich kaum vorstellen kann.

Das eigentliche Wesen Tangers hat sich jedenfalls weniger entscheidend verändert als sein Klima. Seit seinen Anfängen hat es immer in Verbindung zur Außenwelt gestanden, seine Angelegenheiten sind immer entweder von den Repräsentanten ausländischer Mächte geregelt worden oder von Marokkanern, die im Interesse solcher Mächte gehandelt haben. Nach dem Fall Karthagos war es lange eine römische Kolonie, dann wurde es nacheinander von den Vandalen, den Byzantinern, den Westgoten, den Arabern (die acht lange Jahrhunderte fast ständig miteinander und mit den islamisierten Marokkanern um diese Stadt kämpften), den Portugiesen, den Spaniern und den Marokkanern selbst besetzt, schließlich stand es unter französischer Leitung, und zum Schluss wurde es von den Mächten geführt, die die Internationale Kommission stellten, deren Hauptmitglieder wiederum Frankreich, England und Spanien waren. (Während des Zweiten Weltkriegs riss sich Franco in der Hoffnung auf einen Sieg der Achsenmächte die Stadt unter den Nagel, war aber gezwungen, sie bei Kriegsende wieder an die Internationale Kommission zurückzugeben.) Derzeit wird sie vom König von Marokko regiert und ist militärisch von Truppen der marokkanischen Armee besetzt.

Über Jahre hin habe ich Besuchern Tanger »gezeigt«. In

einer Stadt, in der es so viele professionelle Fremdenführer gibt, ein Amateur zu sein, bringt seine Nachteile mit sich, ja sogar mögliche Risiken und ist an und für sich kein sonderlich vergnüglicher Zeitvertreib. Aber auf neun Touristen, die sich über das Chaos und die Absurdität des Ortes leidlich amüsieren, von seiner Hässlichkeit und dem Dreck offen angewidert sind oder denen alles, was Tanger zu bieten hat, ganz einfach schnuppe ist, kommt immer ein Zehnter, der sich auf der Stelle in die Stadt verliebt, und natürlich ist er derjenige, der das ganze ermüdende Spielchen lohnt. Wie für mich verspricht für einen solchen eine weiße Mauer am Ende einer Sackgasse ein Mysterium, ganz genau, wie der Aufenthalt in einem der winzigen, wandschrankartigen Zimmerchen im Haus eines Moslems in der Medina den Zauber der frühen Kindheitsspiele heraufbeschwört, oder wie der unvermittelte Gebetsruf des Muezzins von seinem Minarett ein Gesang ist, dessen Musik den Augenblick vollständig verwandelt. Derartige Reaktionen, habe ich mir sagen lassen, sind die eines Menschen, der sich weigert, erwachsen zu werden. Wenn das so ist, soll es mir recht sein, denn kindlich zu sein heißt für mich, noch immer seine gesamte Fantasie zur Verfügung zu haben. Und Fantasie ist entscheidend, um einen Ort wie Tanger genießen zu können, wo alle Details, die das Auge erfasst, nicht sind, was sie zu sein scheinen, sondern lauter Koordinaten eines geheimen Systems aus einander überschneidenden, aber unglaublich unterschiedlichen Welten, die zusammen das komplexe Leben der Stadt ausmachen.

Was zeige ich diesen Besuchern? Nicht allzu viel, fürchte ich. Abgesehen vom sogenannten Sultanspalast, einem

Gebäude aus dem 18. Jahrhundert, das neuerdings ein kleines Museum beherbergt, gibt es keine »Sehenswürdigkeiten« oder historischen Monumente. In meiner Rolle als Cicerone habe ich noch nie jemanden in den Sultanspalast geführt, ganz einfach, weil er nicht sonderlich interessant ist; aber es ist dem Besucher ohnehin so gut wie unmöglich, ihm zu entgehen, weil nämlich jedes Kind in der Kasbah nur ein Lebensziel hat, und das ist, die Schritte von so vielen Touristen wie irgend möglich zu seinem Eingangstor zu lenken.

Manchmal haben mich Besucher gedrängt, ihnen das zu zeigen, was sie originellerweise für das »Rotlichtviertel« hielten, bestehend aus ein paar Seitengassen auf beiden Seiten des Zoco Chico. Das habe ich stets den Schleppern überlassen; solche Ausflüge waren ohnehin nie von Erfolg gekrönt und die Besucher bitter enttäuscht, herausfinden zu müssen, dass die moslemischen Etablissements für jedermann strikt untersagt waren, der nicht den wahren Glauben hatte. Ich benutze hier die Vergangenheitsform, denn seit Beginn der Unabhängigkeit Marokkos sind alle Bordelle geschlossen worden, ganz gleich welchen Glaubens ihre Angestellten oder ihre möglichen Besucher sind.

Ich zeige Besuchern den Zoco Chico, dessen europäisch angehauchte Cafés heutzutage schon kurz nach Mitternacht schließen. Die Epoche, in der sie die ganze Nacht über geöffnet waren, ist vorüber, damals, als man dort um fünf Uhr morgens auf einen Kaffee einkehren und zusehen konnte, wie die schläfrigen *tanguistas* aus den Nachtclubs von ihren pomadisierten *chulos* nach Hause bugsiert wurden. Heute ist der Zoco Chico eine ernsthafte und frühzeitige Angelegenheit, und die Kunden, hauptsächlich

Moslems, sitzen da, diskutieren bei einer Limonade über Politik und schauen bei den häufigen Prügeleien zu – oder nehmen an ihnen teil –, die auf der Mitte des Platzes ausbrechen. Meistens geschieht das zwischen der Polizei und den inoffiziellen politischen Nachbarschafts-Wachleuten über die Frage, wer die herumstreunenden Moslems in Gewahrsam nehmen soll, die im Verdacht stehen, Alkohol getrunken zu haben. Obwohl das Gerücht geht, dass Spirituosen in diesem Teil der Stadt irgendwann verboten werden sollen, gibt es doch immer noch zahlreiche *bodegas* und Bars, die sie anbieten, und was die Moslems betrifft, so ist es sicherer für sie, einfach so zu tun, als existierten diese Etablissements nicht.

Früher war der Zoco Chico vollständig von Terrassencafés umgeben. Nach und nach verschwinden sie und machen Platz für Souvenirläden, die von Mitgliedern der ständig anwachsenden Gemeinde indischer Händler geöffnet werden, mit dem Ergebnis, dass es rund um den kleinen Platz nur noch fünf Stück gibt. Nicht-spanische Europäer und Amerikaner haben das Café Central mit Beschlag belegt, wahrscheinlich weil es das größte und hellste ist. Außerdem wird es am hartnäckigsten von Schuhputzern, Bettlern, Losverkäufern und jungen marokkanischen Schlaumeiern belagert, die einen dazu bringen wollen, Zahnbürsten, Spielzeug, Füllfederhalter, Fächer, Rasierklingen und Schals aus Kunstseide zu kaufen, sodass es, sucht man ein ruhiges Gespräch oder eine ungestörte halbe Stunde mit einem Kaffee und der Zeitung, besser ist, anderswohin zu gehen.

Im Laufe der Jahre habe ich zwischen all den *djellabas* und Fezen des Café Central Leute sitzen sehen, die ich dort nie erwartet hätte, von Barbara Hutton bis zu Somerset Maugham, von Truman Capote bis zu Cecil Beaton. Als ich letztens vorüberging, versuchte dort gerade Errol Flynn sein Gesicht hinter einer Zeitung zu verstecken, während eine Gruppe spanischer Mädchen ihn aus einem Abstand anstarrte, den sie vermutlich für respektvoll hielten, nämlich aus einem knappen Meter. Die Anwesenheit von Miss Hutton am Zoco Chico erklärt sich daraus, dass sie zeitweise in Tanger lebt; ihr Haus liegt in der Medina gerade um die Ecke von meinem. Es gibt allerdings einen entscheidenden Unterschied zwischen unseren Behausungen, der nicht verschwiegen werden sollte: Ihre bestand ursprünglich, so sagte man mir, aus 28 einzelnen moslemischen Häusern, die man auseinandergenommen und in ihrer jetzigen Form wieder zusammengesetzt hat; meine dagegen ist, was sie immer gewesen ist: ein sehr kleiner und unbequemer Schuhkarton, den man hochkant aufgestellt hat.

Das wahre Herz Tangers ist der Zoco de Fuera, ein Marktplatz unter freiem Himmel, wo die Moslems einfach alles verkaufen, von Sittichen bis zu Buttermilch, von Berberdecken bis zu heißen Maroni, von Sofakissen bis zu japanischen Puppen. Vor achtzig Jahren musste der Reisende, der nach Sonnenuntergang in Tanger eintraf, hier am Fuße der Stadtmauern die Nacht verbringen und warten, bis der nächste Tag zu dämmern begann und die Tore geöffnet wurden. Heute ist der Zoco ein sehr weitläufiger Platz direkt außerhalb der südlichen Mauern der Medina – und tagsüber ein Meer von Bussen, Taxis, wimmelnden Fußgängern und lärmenden Händlern. Mitten in diesem Meer liegt eine Insel, die im Laufe des Vierteljahrhunderts, das ich sie kenne, erheblich kleiner und viel weniger schattig geworden ist, weil man Stück um Stück von ihr geopfert hat, um dem stetig wachsenden motorisierten Verkehr Raum zu schaffen. Hier hielten unter Bäumen Märchenerzähler, Musiker, Akrobaten und andere Künstler Hof; in den letzten Jahren ist ein Miniaturdörfchen aus wackligen Holzkonstruktionen in die Höhe gewachsen, zwischen denen enge Gänge hindurchführen. Wenn es Ihnen nichts ausmacht, mit den heimischen Moslems auf Tuchfühlung zu gehen, dann können Sie hier hindurchwandern und zusehen, wie um große Broträder oder Ziegenkäse gefeilscht wird. Die beiden etwas breiteren Sträßchen dieser Insel sind den Auslagen für Blumen, Weihrauch und kosmetischen Zutaten gewidmet wie Alaunklumpen, Hennablätter, Tonerde für die Haare und Antimon-Sulfid für Lidschatten.

Es gibt keinen einzigen Augenblick des Tages, an dem der Platz und die darauf zulaufenden Straßen nicht von Tausenden wortgewaltigen Verkäufern und ihren potenziellen Kunden überfüllt wären. Spätabends dagegen hallt eine einsame Stimme durch die menschenleere Dunkelheit, und aus den kleinen Holzbuden kann man das Schnarchen der Wachmänner oder gar der Eigentümer selbst hören, die zusammengerollt auf ihren Waren schlafen. Noch vor Tagesanbruch ist dann die lange Karawane der Berber mit ihren Eseln eingetroffen, die die ganze Nacht über auf dem Weg zur Stadt die Landstraßen entlangmarschiert sind. Ihre Waren, hauptsächlich Lebensmittel, sind bereits in einem der großen Innenhöfe am Rande des Zoco ausgelegt. Die Sonne geht dann über demselben Spektakel auf, über dem sie am vergangenen

Abend unterging. Ist gerade Donnerstag oder Sonntag, werden sogar noch mehr Leute aus den Hügeln ringsumher da sein, denn diese beiden Tage sind ausgesprochene Markttage.

Die alteingesessenen europäischen Einwohner der Stadt lieben den Zoco leidenschaftlich und haben in der Vergangenheit schon erfolgreich gegen alle Pläne gekämpft, ihn zu modernisieren, zu säubern oder einen Parkplatz oder eine öffentliche Grünanlage aus ihm zu machen. Jetzt, wo die Marokkaner entscheiden können, was aus ihm wird, fragt sich jedermann, wie lange sie noch überleben wird, diese lebendige Oase der Vergangenheit inmitten heutiger Ödnis. Ich tippe darauf, dass der Platz so lange nicht verschwinden wird, wie die Leute, die für ihn verantwortlich sind, ihn nicht aufgeben wollen, und da sie zum Glück nicht sonderlich an Wechsel um seiner selbst willen interessiert sind – ganz anders als die städtischen Moslems, die vom Virus des Fortschritts infiziert sind –, mag das lärmende, verrauchte und großartige Durcheinander des Zoco noch ein wenig länger in unserer Mitte verweilen.

(Ich habe den Eifer der bürgerschaftlich gesinnten Marokkaner unterschätzt: Kaum, dass ich dies hier geschrieben hatte, wurde der Markt abgerissen, an seiner Stelle baute man Spazierwege aus Kies und pflanzte Blumen. Immerhin schafft man gute hundert Meter von der alten Stelle, hinter der Sidi-Bouabid-Moschee, Platz für einen neuen Zoco de Fuera, und irgendwann im Laufe des Jahres 1958 werden wir unseren neuen Marktplatz haben.)

Normalerweise zeige ich meinen Schutzbefohlenen den Strand und den Berg. Für diejenigen, die gerne in Gesellschaft baden, gibt es den städtischen Strand, einen schönen, fünf Meilen langen sandigen Halbkreis an der Bucht von Tanger entlang und in fußläufiger Distanz zu allen Hotels. Für die Liebhaber der Einsamkeit dagegen gibt es den riesigen Atlantikstrand, der sich als gerades weißes Band von den Herkulesgrotten südwärts erstreckt, so weit das Auge reicht, über den Oued Tahardatz hin bis zur ehemaligen spanischen Zone. Er ist vollkommen unberührt und einer der schönsten Strände, die ich kenne. Der Berg, dessen höchste Stelle etwa dreihundert Meter oberhalb des Hafens liegt, ist mit dichten Wäldern aus Eukalyptusbäumen, Schirmtannen und Zypressen bewachsen und gilt als die angenehmste Wohngegend von ganz Tanger. Vor dreihundert Jahren dienten diese Wälder den Marokkanern als Operationsbasis in ihrem erfolglosen Krieg um die Befreiung Tangers von den Briten. Heute allerdings haben die Briten ein Gutteil davon zurückerobert, denn es sind in erster Linie sie, die Land auf dem Berg besitzen und dort leben. Dort stehen auch die Paläste zweier verstorbener Sultane: der Palast von Ben Arafa, der eigentlich kein Sultan war, aber die Rolle von einem spielen musste, als die Franzosen den damaligen Monarchen 1953 auswiesen, und die romantisch einsam gelegene Villa Pedicaris, die aussieht wie aus einem Roman von Sir Walter Scott und die vom Pascha Thami el Glaoui erworben wurde, kurz bevor dieser unbeliebte Honoratior im Jahr 1956 starb.

Im Sommer 1957 wurde offiziell verkündigt, dass Seine Hoheit Mohammed V. beabsichtige, Tanger zu seiner Sommerresidenz zu machen. Ob daraus tatsächlich etwas wird, bleibt abzuwarten, aber viele Menschen hier, überzeugt, dass dies eine Lösung für die örtliche Wirtschaftskrise sein könnte, hoffen mit angehaltenem Atem darauf, dass das Gerücht sich bewahrheiten wird. Meine eigene Vermutung ist eher, die Preise würden in diesem Fall derart in die Höhe schießen, dass es das Ende von Tanger als einem der billigsten Orte wäre, an denen ein Amerikaner leben kann, ganz gleich, welche wirtschaftlichen Wunder es für die Stadt brächte.

Hat der Besucher die Zocos und Strände und Paläste gesehen, so hat er doch noch nichts von der allerwichtigsten Besonderheit dieser Stadt mitbekommen, derjenigen, die allen anderen überhaupt erst Realität und ihre eigentliche Bedeutung verleiht. Ich spreche vom Spektakel des Alltagslebens eines durchschnittlichen Marokkaners. Dazu muss man sein Heim betreten, am besten eines der unteren Mittelklasse, und die kleinen Cafés in der Nachbarschaft aufsuchen, die eine rein moslemische Kundschaft haben.

In diese Cafés kommt man nicht mehr so leicht hinein wie früher, seit die Aufwallung nationalistischer Gefühle vor Kurzem die freundliche Gleichgültigkeit ein wenig gewandelt hat, die die Moslems dem unbekannten Ausländer gegenüber gewöhnlich an den Tag legten. Aus diesem Grund ist es auch wichtig für mich, Lokale auszuwählen, wo man mein Gesicht kennt, wo ich vom Besitzer noch immer einen aufgeräumten Willkommensgruß erwarten kann und daher sicher bin, dass auch die Kundschaft mir einen leidlich freundlichen Empfang bereiten wird.

Im rückwärtigen Teil fast jedes dieser Etablissements gibt es einen offenen, mit Strohmatten ausgelegten, leicht erhöhten Platz. Will man diesen Teil des Raums betreten, muss man die Schuhe ausziehen.

Hier sitzen die Männer mit gekreuzten Beinen und ziehen, trotz des inoffiziellen Verbots, ihre Kif-Pfeifen hervor, um zu rauchen, wie sie das immer getan haben. Diese Cafés sind wie Herrenklubs. Man besucht jahraus, jahrein immer dasselbe. Oft wird eigenes Essen mitgebracht und dort verzehrt, mancher streckt sich auch auf den Matten aus und schläft dort. Das Café eines Mannes ist seine Postadresse, und lieber als das zu Hause zu tun, wo überall Weibsvolk ist, wird er das Café auch für seine gesellschaftlichen Verabredungen nutzen. In den kleineren Cafés ist der Eintritt von jemandem, der nicht zum bekannten Kreis der täglichen Stammgäste gehört, seit jeher mit scheelem Auge und einem gewissen Grad von Misstrauen betrachtet worden. Jedes Café hat seine eigenen kleinen Legenden und Anspielungen, die nur von den Eingeweihten verstanden werden können. An diesen Orten werden all die unendlichen Geschichten und komplizierten Witze erzählt, die den moslemischen Geist so entzücken, hier ist der normale Mann am glücklichsten und gelöstesten. Wird in einem Café zufällig marokkanische Volksmusik angeboten, was heutzutage nur sehr selten der Fall ist, dann bahne ich mir meinen Weg hinein, ganz gleich welcher feindselige Blick mich auch treffen mag, suche mir einen Platz und höre zu. Ich glaube, es gibt nicht viele Besucher, die so erpicht darauf sind, marokkanischer Kaffeehausmusik zu lauschen.

Dennoch kann der zufällige Besucher eher einen Einblick ins Leben der Cafés erhaschen als in das häusliche. In einem bürgerlichen Haus werden beim Eintritt eines jeden Mannes oder Jünglings, der nicht zum engsten Familienkreis gehört, sei er nun ein Moslem oder nicht, sofort alle Frauen und Mädchen versteckt – und bleiben auch versteckt, bis er wieder aus dem Haus ist. In Familien mit geringerem Einkommen dagegen haben sich die sozialen Beschränkungen erheblich gelockert, sodass ich meinem Mädchen oder meinem Chauffeur nur sagen muss, eine Gruppe meiner Freunde würde gerne ein moslemisches Heim besuchen und alle Familienmitglieder kennenlernen, damit die Einladung bereitwillig ausgesprochen wird. Nun will ich nicht behaupten, dass die Aktivitäten, die unsereins im Haus eines Moslems zu sehen bekommt, dieselben sind, wie wenn wir nicht da wären. Aber bleibt man lange genug, stellt sich im Allgemeinen eine gewisse Entspannung ein, und der Rhythmus des häuslichen Lebens fängt irgendwann an, in seinem natürlichen Takt zu schlagen, sodass es durchaus möglich ist, ein recht deutliches Bild davon zu bekommen, wie das Leben in diesen privaten Zitadellen abläuft.

Gemessen an unseren Maßstäben sind diese Menschen entsetzlich arm. Momentan zum Beispiel verdient das Mädchen, das uns das Frühstück holt, die fünf Zimmer sauber macht und unsere gesamte Kleidung wäscht, den Gegenwert von 8 Dollar 33 pro Monat. Auch bekommt sie von uns kein Essen zur Verfügung gestellt. Selbst in Tanger ist das für das Jahr 1958 ein niedriger Verdienst. Und doch: Besucht man ihr Haus, dann ist dort alles makellos, und mehr noch, der Lebensstil, den sie und ihre Familie haben, verschafft einem einen Eindruck orientalischer Behaglichkeit und sogar Üppigkeit. Das ist eine besondere Gabe der Moslems: ihre Fähigkeit, inmitten von Armut eine Illusion von Luxus zu schaffen, und wann immer ich Beispiele dafür sehe, ruft es stets meine Bewunderung hervor. Aber andererseits sind diese Menschen auch die kunstfertigsten aller Illusionisten, sie können jede einfache Tat aussehen lassen, als sei sie eine magische Beschwörung, und noch das hinterhältigste Verhalten wirkt wie das natürlichste Benehmen der Welt.

Ich konnte noch nie genau sagen, warum die Aufenthalte in diesen dürftigen Behausungen so zufriedenstellend sind. Vielleicht liegt es schlicht daran, dass sowohl Gastgeber als auch Gäste ein einfaches und angenehmes Spiel spielen, in dem die Gastgeber die Regeln vorgeben, worüber der Mantel des Schweigens gebreitet und worüber gesprochen wird, und die Gäste entspannt mitmachen, beglückt darüber, dass jegliche soziale Verantwortung von ihren Schultern genommen ist. Und es stimmt, dass es einfach dann und wann guttut, einen Abend zu verbringen, bei dem man sich friedlich in die gestapelten Kissen zurücklehnt und mühelose Unterhaltungen mit Menschen führt, die völlig natürlich und zugleich unendlich höflich sind. Und wenn sich der Abend dann zum Ende neigt und sie dich vollständig davon überzeugt haben, dass der Besuch für sie sogar noch reizender war als für dich, und du dann die nötigen Abschiedsfloskeln ausgesprochen hast, ist es ebenso köstlich, hinaus auf die stille, mondbeschienene Straße zu treten und einen Augenblick später von einem der Tore der Kasbah auf Tausende weiße Würfel hinabzublicken, die Häuser der Medina, und dabei nichts zu hören als die Wellen, die sich am Strand brechen, und vielleicht noch das schläfrige, wechselseitige Krähen zweier Hähne auf zwei benachbarten Dächern.

Wenn ich mir ab und zu die Frage stelle, ob ich nicht

doch ein klein wenig übergeschnappt sein muss, so viele Jahre in dieser verrückten Stadt zu verbringen, dann sind es diese Augenblicke, die mich beruhigen – und in denen ich mich problemlos selbst davon überzeuge, dass, wäre es noch einmal 1931 und besäße ich die Gabe, die Zukunft akkurat vorhersagen zu können, ich mit größter Wahrscheinlichkeit Miss Steins gutem Rat folgen und meine allererste Reise nach Tanger noch einmal unternehmen würde.

Paul Bowles und Mohammed Larbi auf ihrer Reise durch das Rif

DAS RIF, MIT MUSIKBEGLEITUNG
Kulchur, Frühjahr 1960

Der wichtigste Bestandteil in der Volkskultur Marokkos ist seine Musik. In einem Land wie diesem, wo fast vollständiger Analphabetismus immer die Regel gewesen ist, fällt die geschriebene Literatur naturgemäß nicht ins Gewicht. Dafür besitzen die Marokkaner genau wie die Neger Westafrikas einen großartigen und hoch entwickelten Sinn für Rhythmus, der sich in den Zwillingskünsten Musik und Tanz äußert. Allerdings blickt der Islam auf keine Form des Tanzes mit Wohlwollen, und deshalb ist diese Kunst, die natürliche religiöse Ausdrucksform der eingeborenen Bevölkerung, hier seit der Ankunft der moslemischen Eroberer nicht gefördert worden. Zugleich hat der Analphabetismus zwar über die Jahrhunderte hin die Entstehung von Literatur verhindert, die Entwicklung der Musik jedoch begünstigt; die gesamte Geschichte und Mythologie des Volks ist in Lieder gekleidet. Instrumentalisten und Sänger haben den Platz eingenommen, den anderswo Chronisten und Dichter hätten, und sogar noch während des bislang letzten Kapitels in der Entwicklung des Landes – dem Unabhängigkeitskrieg und der Einsetzung des gegenwärtigen vordemokratischen Regimes – ist jede Phase des Kampfes in unzähligen Liedern gefeiert worden.

Schon in der Jungsteinzeit hatten die Berber ihre eigene Musik, und sie haben sie noch. Es ist eine hauptsächlich auf Schlaginstrumenten basierende Kunst mit komplexen gegenläufigen Rhythmen, einem sehr beschränkten Tonumfang (oft nicht mehr als drei nebeneinanderliegende Töne) und einer ganz eigenen Art der Phrasierung. Wie die meisten Afrikaner haben auch die Berber eine Musik für zahlreiche Teilnehmer entwickelt, deren psychologische Auswirkungen häufig darauf abzielten, Trancezustände hervorzurufen. Als die Araber in das Land einfielen, brachten sie eine gänzlich andere Musik mit, eine, die sich ans Individuum wandte und mit sinnlichen Mitteln versuchte, in ihrem Hörer einen Zustand philosophischen Nachsinnens auszulösen. Sie bauten ihre großen, von Mauern umschlossenen Städte mitten in die unwirtliche marokkanische Landschaft, igelten sich in ihnen ein und sandten Soldaten aus, um die Eroberung weiterzutreiben. Südwärts in den Sudan, nordwärts nach Europa hinein. Mit der Einfuhr großer Mengen von Negersklaven war die städtische Kultur keine rein arabische mehr. (Das Kind einer weiblichen Sklavin und ihres Herrn galt als legitim.) In den zentralen Ebenen und in den Vorgebirgen des Nordens nahm die Berbermusik viele Elemente der arabischen Musik auf, in den Vorläufern der Sahara dagegen borgte sie von der Negermusik und blieb so in beiden Fällen eine hybride Angelegenheit. Nur in den Gegenden, die für alle Nicht-Berber zum großen Teil unzugänglich waren – das heißt, *grosso modo* in den Bergen und in den Hochplateaus –, blieb die Berbermusik unberührt, eine rein autochthone Kunstform.

Die Rockefeller-Stiftung gestand mir für das Projekt, Beispiele von jeder wichtigen musikalischen Form einzufangen, die man innerhalb der Landesgrenzen finden konnte, sechs Monate zu. Das verlangte – da waren sich alle einig – eine enge Zusammenarbeit vonseiten der marokkanischen Regierung. Bloß mit welcher Dienststelle? Das wusste niemand. Da das Material in den Besitz des Archivs der Kongressbibliothek in Washington übergehen würde, erklärte sich die amerikanische Botschaft in Rabat bereit, mir bei meinen Bemühungen zu helfen, einen Beamten ausfindig zu machen, der in der Lage war, die notwendigen Genehmigungen einzuholen. Denn ich brauchte eine Garantie, dass es mir gestattet sein würde, mich frei in den unbereisten Gegenden des Landes zu bewegen, und dortselbst brauchte ich ein Druckmittel, um die örtlichen Autoritäten davon zu überzeugen, mir die Musiker jedes Stamms zu suchen und sie für meine Bedürfnisse zusammenzutrommeln.

Wir sprachen mehrere Ministerien an, von denen einige behaupteten, in der Lage zu sein, solche Genehmigungen zu erteilen, von denen aber keines eine schriftliche Bewilligung für das Projekt herausgeben wollte. Vermutlich gab es keine Präzedenzfälle für solche Vorhaben, und niemand wollte die Verantwortung dafür übernehmen, einen solchen Präzedenzfall zu schaffen. In meiner Verzweiflung schaffte ich es schließlich über persönliche Kanäle, ein Schriftstück zu ergattern, auf das mein Foto getackert und das mit amtlichen Stempeln und Unterschriften versehen war; dieses Papier ermöglichte es, mit der Arbeit anzufangen. Das war Anfang Juli. Im Oktober, als ich bereits mehr als drei Monate an der Arbeit war, erhielt ich eine Mitteilung vom Außenministerium, die mich darüber informierte, dass mein Projekt zur Unzeit käme und ich es daher nicht in Angriff nehmen dürfe. Die amerikanische Botschaft riet mir, meine Arbeit fortzusetzen. Im Laufe des Dezembers war bis zur marokkanischen Regierung durchgedrungen, was da ablief, und sie informierte mich summarisch, dass in Marokko keine Tonaufnahmen gemacht werden dürften, außer wenn eine ausdrückliche Genehmigung des Innenministeriums vorlag. Zu dem Zeitpunkt hatte ich das Projekt so gut wie abgeschlossen, und der Schnee machte die Pässe in den Bergen langsam unpassierbar, also traf mich dieser Schlag nicht allzu hart. Allerdings war es von diesem Moment an nicht länger möglich, Aufnahmen zu machen, für die ich auf die Zusammenarbeit mit Regierungsstellen angewiesen war; das kostete meine Sammlung bestimmte Stammesmusiken aus dem südöstlichen Marokko. Doch ich besaß bereits mehr als 250 Stücke aus dem übrigen Land – ein derart variantenreicher musikalischer Corpus, wie man ihn nur in einem Land westlich von Indien finden kann.

Christopher ist ein ausgeglichener Kanadier mit einem Volkswagen und aller Zeit der Welt. Mohammed Larbi, ein guter Verbindungsmann und Assistent, hatte als junger Mann ein Jahr damit verbracht, eine Expedition durch die Sahara nach Nigeria zu begleiten. Wir drei fuhren von Tanger los und folgten vier in etwa kreisförmigen Reiserouten, von denen jede fünf Wochen in Anspruch nahm: Südwestmarokko, das nördliche Marokko, der Atlas und das Vorgebiet der Sahara. Zwischen unseren Touren erholten wir uns in Tanger. Die nachfolgenden Seiten entstanden Tag für Tag im Laufe der zweiten Reise, deren meiste Zeit wir in den Bergen des Rifs verbrachten, im ehemaligen spanischen Protektorat.

Al-Hoceima, 29. August 1959

Die Straße nach Ketama führt an der Wirbelsäule des westlichen Rif entlang. Die Aussicht erstreckt sich meilenweit, sowohl nach der Mittelmeerseite als auch nach Süden, große Berge und immer noch mehr große Berge, Berge, die von Olivenbäumen bedeckt sind, von Eichen, von Büschen und schließlich von riesigen Zedern. Über zwei, drei Stunden hin waren wir, bevor wir Ketama erreichten, an großen Arbeitertrupps vorübergefahren, die die Straße reparierten – und die bedurfte dessen auch dringend. Wir hatten vorgehabt, uns in irgendeinem der kleinen Pinienhaine oberhalb eines Dorfes zwischen Bab Taza und Bab Berret ein Mittagessen zu kochen, aber als wir dorthin kamen, wo die Bäume begannen, lagen überall Arbeiter im Schatten auf den getrockneten Tannennadeln und schliefen oder rauchten Kif, also stellten wir unsere Utensilien schließlich mitten in der Sonne und im Wind auf, ein wenig unterhalb des Kamms, auf dem der Pinienhain lag. Der Wind blies uns dauernd die Flamme des Gaskochers aus, aber irgendwann kamen wir doch zum Essen. Christopher trank seinen üblichen Chaudsoleil Rosé, und Mohammed Larbi und ich tranken brühwarme Pepsi-Cola, denn in der Thermosflasche, die wir in Xauen aufgefüllt hatten, war kein Wasser mehr. Diese Füllung sollte die letzte Ration guten Wassers für die nächsten drei Wochen gewesen sein.

Während des Mittagessens musste Mohammed Larbi unbedingt mit dem Radio herumspielen, er versuchte, Damaskus auf dem 19-Meter-Band hereinzubekommen, weil er Nachrichten hören wollte. Als er die Station dann schließlich drin hatte, konnte er natürlich nichts verstehen, weil in syrischem Arabisch gesendet wurde, aber das machte ihm nichts aus. Nachrichten bleiben Nachrichten, und sie berichteten über Kassem und verurteilten die Franzosen, das war selbst für mich leicht zu verstehen. Mohammed Larbi hatte den ganzen Morgen über Kif geraucht und war ein bisschen exaltiert. Dann packten wir zusammen und fuhren weiter.

Es war etwa halb fünf, als die weite Ebene von Ketama in Sicht kam, die hier Llano Amarillo genannt wird. Das ist ein passender Name, zumindest im Sommer, denn dann ist sie ausgetrocknet und gelb. Hier und da, über eine weite Fläche verteilt, die sich bis in die Ewigkeit auszudehnen schien, befand sich eine Herde Rinder oder Schafe. Es sah aus, als habe man sie dort absichtlich hingestellt, um der Weite ein Größenverhältnis zu geben. Zunächst sah man gar nichts außer der gelben Fläche und den hohen Zedern an den Rändern. Dann sah man die Punkte, welche die am nächsten stehenden Schafe waren, dann zur Rechten die Stecknadelköpfe der Kühe, aber viel kleiner als die Schafe, und dann weit in Richtung Westen als fast unsichtbares Geflimmer eine weitere Herde.

Das *Parador* von Bab Berret, das etwa zwanzig Zimmer hat, sah vollkommen verlassen aus, aber auf der weitläufigen Terrasse stand ein Stuhl, und die Tür war offen. Ich trat ein, um nach Übernachtungsmöglichkeiten zu fragen. Auch drinnen schien alles verlassen. Der Speisesaal war möbliert, die anderen Räume waren ausgeräumt. Als die Spanier ihr Protektorat aufgaben, nahmen sie aus der Stadt Bab Berret den Generator mit; seitdem ist die gesamte Umgebung ohne Elektrizität. Am Empfangstresen fand sich kein Zeichen menschlichen Lebens, nirgendwo ein Blatt Papier oder ein Gästebuch in Sicht – nur an der Wand hingen in drei Reihen die Zimmerschlüssel. Ich rief laut »¿Hay alguien?«, bekam aber keine Antwort. Schließlich entdeckte ich hinter der hohen Tür, die zur ehemaligen Bar führte, ein paar Beine auf einem vermoderten Diwan liegen und warf einen Blick hinein. Da lag ein junger Mann mit weit offenen Augen, aber er sah mich nicht an, sondern starrte an die Decke. Als er mich endlich bemerkte, setzte er sich langsam auf und streckte sich ein wenig, ohne irgendwie auf mein »Entschuldigen Sie bitte« und »Guten Abend« zu reagieren. Ich kam zu dem Schluss, er müsse ein Gast sein, und ging wieder hinaus in die Eingangshalle, aber keine Minute später tauchte er hinter mir auf, allerdings nicht um mich zu fragen, was er für mich tun könne, sondern was los sei.

Als er hörte, dass ich Zimmer wollte, wandte er sich angewidert ab. »Hier gibt's keine Zimmer«, sagte er.

»Kein einziges?«

»Kein einziges.«

»Ist das Hotel denn geöffnet?«

»Das Hotel ist geöffnet, und es gibt keine Zimmer. Morgen können Sie welche bekommen, wenn Sie wollen.«

»Und wo soll ich heute Nacht schlafen?«

Er drehte sich wieder um und musterte mich mit leerem Blick. Zu viel Kif, so viel konnte ich sehen. Die ganze Zeit über kratzte er sich genussvoll im Schritt. Dann gähnte er und ging vom Tresen zurück in Richtung Bar. »Könnten Sie nicht irgendwo ein Feldbett aufstellen?« rief ich ihm hinterher. Aber er ging einfach weiter. Ich ging hinaus zum Wagen, um den anderen Bericht zu erstatten. Christopher und Mohammed Larbi kamen daraufhin mit mir zurück ins Haus, sie glaubten mir kein Wort.

Der Kratzer lag bereits wieder auf seiner durchgelegenen Couch und versuchte, eine bequeme Stellung einzunehmen. Diesmal sah er richtig feindselig aus. Ich beschloss, wieder hinaus auf die Terrasse zu gehen. Ich wollte ihn nicht mehr sehen. Mohammed Larbi nahm die Eingangshalle und das Treppenhaus in Augenschein. Als Christopher wieder herauskam, sagte er, es gebe einen Haufen Zimmer, der junge Mann sei schließlich wach geworden, und wir könnten doch bleiben. Die Vorarbeiter der verschiedenen Straßenbau-Trupps hatten mehrere Zimmer requiriert (für die sie nicht zahlten), aber es gebe noch mehr als ein Dutzend freie.

Der Kratzer war Geschäftsführer, Page, Kellner, Tellerwäscher und Buchhalter. Außer ihm gab es noch einen verrückt aussehenden Koch und eine alte Frau aus dem Rif, die die Betten machte und die Böden schrubbte. Das war das gesamte Personal. Der Koch bediente auch einen kleinen Generator in der Garage, er nahm uns später mit hinaus, ihn zu bewundern.

Irgendjemand hatte die Knäufe von den Türen der Gästezimmer entfernt, sodass man, wenn die Tür zuschlug, dagegenhämmern musste, bis der Geschäftsführer einen hörte und mit einem zurechtgebogenen Stück Metall nach oben kam. Das steckte er dann durch das Loch, in dem der Knauf gewesen war, und mit dem drehte er das Schloss auf, um einen entweder hinein oder hinaus zu lassen, je nachdem, wo man sich gerade befand. Dasselbe galt auch für die einzige Toilette des Hotels, aber das spielte keine Rolle, da das Loch so dreckig war, dass man es ohnehin nicht aufsuchte. Das Klobecken war bis zum Rand voll, deshalb hatten die Leute den Boden benutzt. 1950 hatte ich einmal eine Nacht in dieser Toilette verbracht. Man hatte ein Feldbett neben dem Becken aufgestellt und ein Schild an die Tür gehängt, auf das gekritzelt war, die Toilette sei außer Betrieb, was allerdings einen steten Strom französischer Touristen nicht daran hinderte, die ganze lange Nacht hindurch empört gegen die Tür zu hämmern. Ein paar von ihnen versuchten sogar, die Tür aufzubrechen, aber der Riegel war robust. Als ich jetzt den Kopf in die stinkende Kammer steckte, erinnerte ich mich an jene endlose Nacht und den Lärm des Busses unter meinem Fenster, der um fünf Uhr früh entladen wurde, an die Hornsignale aus der Kaserne hinten im Zedernhain und das Gekollere der Truthähne in ihren Käfigen draußen auf der Terrasse.

Wir wollten so schnell wie möglich runter nach Laazib Ketama, um dort den *kaid* oder den *khalifa* zu treffen, bevor die staatlichen Behörden schlossen, deshalb ließen wir das Gepäck auf unseren Zimmern und machten uns auf den Weg die verrückte, holprige und breite Tirak d'l Ouahada hinab. Hunderte von Rifbewohnern waren auf Pferden, Maultieren und Eseln den Weg dort hinauf, die Frauen gingen zu Fuß. Wir bedeckten sie alle mit weißem Staub, es ließ sich nicht vermeiden. Aber sie machten sich nichts draus, lachten und winkten uns gut gelaunt zu.

An einer Stelle sah man von der Straße aus direkt in eine tiefe Schlucht hinab, deren Abhänge vollständig mit Kif bepflanzt waren. Ketama ist das Kif-Zentrum von ganz Nordafrika und mit großer Wahrscheinlichkeit heute sogar der ganzen Welt. Es ist die einzige Gegend, wo der Anbau legal ist, was daran liegt, dass der Sultan dies so lange erlaubt hat, bis das Land auch für andere Formen von Getreide geeignet ist. Momentan ist Kif das Einzige, was dort wächst, und obwohl jeder Marokkaner ein paar Triebe in seinem Garten pflanzen kann, ist das einzig wirklich gute Kif das aus Ketama. Also sieht man es im Umkreis von Meilen an den Rändern steiler Abhänge aus dem steinigen Boden wachsen, und so wird es unter der derzeitigen Gesetzgebung auch weitergehen, bis man irgendwann einmal eine andere Lebensgrundlage für die Bevölkerung gefunden haben wird.

Derzeit ist die Kif-Situation grotesk: Tonnen der Droge werden jedes Jahr angebaut und von Ketama aus in alle Himmelsrichtungen verfrachtet. Das ist legal. Wenn aber irgendjemand beim Verkauf erwischt wird, muss er sofort eine hohe Geldbuße zahlen oder wird sogar ins Gefängnis gesteckt. Der Besitz ist nicht strafbar, aber die Vorschriften für den öffentlichen Konsum ändern sich je nachdem, welche Ansichten die jeweiligen lokalen Obrigkeiten dazu haben. Einmal war ich im August in Marrakesch und empfand es als höchst liberal. In Fès entdeckte ich nur einen einzigen alten Mann, der eine *sebsi* in der Hand hatte. In Tanger und Tétouan wehen die Kif-Wolken aus den Cafés. In Rabat, Essaouira und Oujda dagegen gar nichts. In manchen Städten kommt man leicht ran, und es ist billig und gut, in anderen braucht man es gar nicht erst zu versuchen. Natürlich ist diese Situation alles andere als statisch. Eine Stadt, in der man noch vor zwei Monaten bloß um die Ecke gehen musste, um ein Stückchen Kif zu kriegen, ist plötzlich völlig abgeriegelt, wogegen man in einer anderen Stadt, in der bislang strengste Kontrollen herrschten, auf der Straße Männer sehen kann, die an ihren Pfeifen ziehen, und zwar direkt gegenüber dem Polizeipräsidium. Generell ist Kif, sobald man auf die Südseite des Hohen Atlas kommt, ein hoch begehrtes Luxusgut, wogegen im hohen Norden, in Djebala zum Beispiel, quasi jeder männliche Dorfbewohner über vierzehn sein kleines, prall gefülltes *mottoui* hat und seine *sebsi* in der Tasche trägt.

Wir hielten an und kletterten ein Stückchen runter, um uns die Sache genauer anzusehen. Keiner von uns hatte je zuvor so viel Kif gesehen. Wir hätten den ganzen Kofferraum des Wagens damit füllen können, und niemand hätte es bemerkt. Mohammed Larbi strich liebevoll über einen Stängel und murmelte: »Wie grüne Diamanten überall. *Fíjate*.« Ein alter Mann ging langsam vorüber und hockte sich dann an den Straßenrand, um uns voller Neugierde zu beobachten. Mohammed Larbi rief ihm auf Moghrebi zu: »Ist das dein Kif?« Es war klar, dass er als Nächstes fragen würde, ob er etwas davon haben könne. Aber der alte Mann verstand ihn nicht. Er starrte uns nur einfach an. »Wie die Esel!« schnaubte Mohammed Larbi. Er ist jedes Mal wieder entnervt, wenn Rifbewohner lediglich Tarifcht sprechen; versteht ein Marokkaner nicht wenigstens ein bisschen Moghrebi, empfindet er das als persönliche Beleidigung. Als wir wieder am Auto waren, zog er seine riesige Schafsblase hervor, die mit drei Pfund von dem kraftvollen, fettigen, grünen Kif vollgestopft war, das er selber präpariert, und füllte ein Zigarettenpapierchen. »Ich muss eine rauchen!« rief er in großer Erregung aus. »Ich kann nicht dieses ganze Kif da sehen und dann nicht wenigstens ein bisschen davon in mir spüren.« Er rauchte unaufhörlich, bis wir unten in Laazib Ketama waren.

Der Großteil der Stammesangehörigen war bereits fort (es war Markttag), aber es lagen immer noch ein paar Hundert Männer in den drei großen Innenhöfen, wo der Souk stattgefunden hatte, auf Decken und Säcken unter den Zedern herum. Die Händler wickelten große Tuchbahnen zusammen und verstauten Zucker, Spielzeug und Bestecke in dicken Bündeln. Der Staub, der in der Luft hing, verdichtete sich dort, wo er mit den letzten Sonnenstrahlen zusammentraf, zu goldenen Fahnen, die über der ganzen Szenerie wehten und die einen blendeten, wenn man hineinsah. Wir mussten immer wieder niesen, während wir uns über den sich leerenden Markt schlängelten. Als wir nach dem Büro des *khalifa* fragten, die üblichen leeren Gesichter, aber wir fanden es auch so und kamen irgendwann sogar hinein. Ich hatte den kurzen Krieg 1958 zwischen den Rifbewohnern und der Armee der Regierung in Rabat ganz vergessen, aber ich sollte schnell genug daran erinnert werden. Man sagte mir, wir würden, da wir uns in einer Militärzone befanden, beim Comandante um eine Erlaubnis anfragen müssen, wenn wir Aufnahmen machen wollten. Ja, der Comandante sei den ganzen Tag hier unten in Laazib Ketama gewesen, aber nun sei er abgereist, und wer könne schon wissen, wo er sich jetzt befinde? Allerdings werde gleich unterhalb des Dorfes gerade eine Brücke gebaut, und vielleicht sei er dort und sehe zu. Wir fuhren die Piste ein Stückchen weiter hinab. Es schien ein hoffnungsloses Unterfangen, mitten in diesem Chaos irgendjemanden finden zu wollen. Jedenfalls dämmerte es bereits, und wir mussten etwa fünfzehn Meilen schwer fahrbarer Piste bergauf, um zurück zum Parador zu kommen. Also wendeten wir, stürzten dabei beinahe über eine kleine Klippe und machten uns auf den Weg Richtung Llano Amarillo.

Da der *khalifa* uns auch den Rat gegeben hatte, auf dem Rückweg zum Parador in der Kaserne nachzusehen, bogen wir zu einem dreistöckigen Holzhaus ab, das wie ein teures Hotel in einem Wintersportort aussah, und wurden von einem Dutzend junger Marokkaner mit aufgerissenen Augen und in Uniform empfangen, die sofort ihre Maschinenpistolen auf uns richteten, sollte es sich als nötig erweisen, uns festzunehmen. Ein Sergeant pfiff sie zurück und sagte uns, der Comandante werde gegen acht Uhr eintreffen.

Der *khalifa* in Laazib Ketama hatte von einem Dorf etwa 30 Kilometer weiter gesprochen, in dem es ein paar *rhaita*-Spieler geben sollte. Sein Hinweis animierte mich nicht sonderlich, weil ich bereits eine ganze Menge *rhaita*-Musik aufgenommen hatte, darunter einige exzellente Proben aus Beni Aros, der Hauptstadt der Djebala-Musiker. Die *rhaita* der Djebala unterscheidet sich nicht groß von der *rhaita* im Rif, außer vielleicht darin, dass das Spiel der Rifbewohner einen etwas genaueren Sinn für Rhythmus aufweist. Wonach ich suchte, war die *zamar*, ein Instrument mit Doppelrohrblatt, an dem ein Paar Stierhörner angebracht sind. Der *khalifa* hatte mir versichert, dass die Beni Urriaguel im Zentralrif das liefern konnten, und da er nichts Besseres anzubieten hatte, begegnete ich seinem Vorschlag mit den *rhaitas* mit höflichem Interesse und war bereit, einen Tag zu opfern, um sie aufzunehmen. Das hing allerdings davon ab, ob der Comandante sich willig zeigen würde, für mich die Musiker zusammenzutrommeln. Ich hatte keine Lust, irgendwelche Energie damit zu verschwenden, ihn zu überreden, auch wenn das hieß, dass es in der Gegend von Ketama keine Aufnahmen geben würde. Ich hatte es eilig, weiter nach Osten zu kommen, wo sich die wahre Musik des Rifs findet.

Wir fuhren zurück zum Hotel. Die Gebirgsnacht hatte sich über die Ebene gebreitet. Der Wind pfiff durch die Räume, die Türen quietschten und schlugen von alleine zu. Mir wurde es mit jeder Minute gleichgültiger, ob ich den Comandante finden würde oder nicht. Wir gingen in mein Zimmer und schalteten die zitternde kleine Glühbirne über dem Bett an. Christopher und Mohammed Larbi haben es sich angewöhnt, die Treffen in meinem Zimmer abzuhalten, weil ich die Ausrüstung bei mir habe: die beiden Tonbandgeräte, das Radio, das Essen und die Getränke, und das Feuer. Es gibt kaum je einen Grund für die beiden, in ihr eigenes Zimmer zu gehen, außer zum Schlafen. Bei unserem Dämmerungsbesuch beim Generator in der Garage hatten wir herausgefunden, dass er den Parador mit 220 Volt Gleichstrom belieferte, und daher wusste ich auch schon, dass es nicht möglich sein würde, die Tonbandgeräte einzuschalten, weder um das bisher Aufgenommene abzuhören noch zu unserer Unterhaltung. Das waren schlechte Neuigkeiten. Die Nacht würde kalt und ungemütlich werden, sobald wir einmal in diesen grässlichen Betten liegen würden. Wir brauchten einen Grund, um möglichst lange aufzubleiben.

Ketama liegt im Rif vergleichsweise hoch: auf etwa 1.800 Meter. Mit dem Sonnenuntergang war die Gebirgskälte von den Höhen durch die Wälder nach unten gekrochen. Die Straßenarbeiter aßen Sardinen auf ihren Zimmern. Es war kalt in dem leeren *comedor* beim Abendessen. Sobald wir fertig waren, gingen wir hinauf und machten Kaffee. Mohammed Larbi zog seine Flasche Budapester Kümmel hervor, und Christopher überreichte uns die pfundschwere Tasche voller *majoun*, das ihm jemand in Xauen verkauft hatte. Wir tranken alle Kümmel, aber nur Mohammed Larbi aß etwas *majoun*. Wenn jemand ohnehin schon völlig entspannt ist und sich behaglich fühlt, kann *majoun* das angenehme Gefühl noch verstärken, aber es hat wenig Sinn, eine ohnehin schon unangenehme Erfahrung noch intensiver zu machen.

Plötzlich fiel mir ein, dass das Licht womöglich irgendwann abgeschaltet würde und wir keine Kerzen hatten. Ich ging nach unten und suchte den Geschäftsführer. Er trocknete in der Küche Geschirr ab, zusammen mit dem Koch, der dabei in einer sehr langen *sebsi* Kif rauchte. Ich hätte ganz recht, sagte er, in den nächsten zwanzig Minuten werde das Licht ausgehen, um zehn Uhr, und Kerzen gebe es keine im Parador. Das glaubte ich nicht. Ich widersprach und sagte, wenigstens eine müsse es irgendwo geben.

»Keine Kerzen«, sagte er.

»Haben Sie nicht wenigstens einen Stumpf?«

»Keine Kerzenstümpfe«, erwiderte er und trocknete sein Geschirr ohne aufzusehen. »Gar nichts.«

Das war ganz eindeutig eine Provokation. Ich hatte ja mitbekommen, was passiert war, als ich versucht hatte, Zimmer zu bekommen. Christopher hatte es geschafft, sie ihm abzuringen, ich nicht, und das wusste er. Wieder spielte er sein unverständliches kleines Spielchen. Schließlich sagte ich: »Ich verstehe dieses Hotel nicht.«

Jetzt legte er seinen Teller hin und wandte sich mir zu: »Señor«, sagte er bedächtig, »Wissen Sie denn nicht, dass dies das schlechteste Hotel der Welt ist?«

»Was?«

Er wiederholte langsam seine Worte: »Es ist das schlechteste Hotel der Welt.«

»Nein, das wusste ich nicht«, sagte ich. »Wem gehört es?«

»Einem armen Sack, der hier irgendwo lebt.« Er und der Koch tauschten geheimnisvolle, amüsierte Blicke. Ich wusste nicht, was ich darauf antworten sollte, außer dass ich davon ausgegangen sei, es gehöre der Regierung. Früher einmal kritisierte man seine Familie oder die Religion, wenn man es als notwendig empfand, einen Marokkaner wütend zu machen; heutzutage bekommt man dieselbe Reaktion, indem man die Regierung lächerlich macht, sind doch die Marokkaner mittlerweile selbst für sie verantwortlich. Aber keiner von den beiden verstand meine Bemerkung als die Beleidigung, als die sie gedacht gewesen war. »Nein, nein, nein«, lachten sie. »Nichts als ein *pobre desgraciado.*«

Ich ging wieder nach oben und berichtete all dies, was mit lautem Gelächter quittiert wurde. Christopher stand auf und ging aus dem Zimmer. Ein, zwei Minuten später war er mit drei neuen und zwei halb abgebrannten Kerzen wieder da. Das Licht blieb bis halb elf Uhr an. Wir gingen zu Bett. Am Morgen sah man nichts vor Nebel, und es war immer noch kalt. Ich hatte einen bellenden Husten und entschied, dass ich offenbar gerade etwas ausbrütete. Christopher und Mohammed Larbi kamen herein und kochten Kaffee. Ich sagte ihnen, ich wolle keine Musik aus

Ketama und wir würden auf der Stelle nach Al-Hoceima aufbrechen. Als ich hinunterging, um die Rechnung zu begleichen, sah der Geschäftsführer zum ersten Mal halbwegs wach aus. Ich bekam mein Rückgeld ausgehändigt und überreichte ihm aus Neugierde 200 Francs Trinkgeld, schon halb bereit, sollte er die Münzen auf den Boden werfen, sie einfach wieder aufzusammeln und zu gehen. Aber plötzlich leuchtete sein Gesicht auf.

»Ich werde hier noch verrückt«, gestand er. »Wie soll ich hier denn irgendetwas tun? Es gibt hier nichts, nichts funktioniert, alles ist kaputt, Geld ist keines da, und niemand kommt hierher außer Straßenarbeitern. Da würde jeder verrückt werden.«

Ich nickte mitfühlend.

»Natürlich werde ich hier bald abhauen«, fuhr er fort. »Ich bin an solche Orte nämlich nicht gewöhnt. Ich komme aus Tétouan.«

»Ach ja?«

»Ich bin jetzt fast zwei Monate hier, aber nächste Woche haue ich ab.«

»Da haben Sie ja Glück.« Ich glaubte nicht, dass er wirklich weggehen würde, obwohl er in diesem Augenblick leidenschaftlich genug aussah, um direkt aus der Tür hinauszugehen und die Hauptstraße hinunter und nie mehr wiederzukommen. Manche Marokkaner sind in der Lage, sich selbst mit erstaunlicher Geschwindigkeit in einen Zustand völliger Gefühlsverwirrung zu reden.

»Und wie ich gehen werde. Man muss doch wahnsinnig sein, um es hier oben auszuhalten. *Ma hadou.*«

Ich verabschiedete mich, und er wünschte mir alles Gute.

Die Straße östlich von Ketama war extrem schlecht. Eine unebene Oberfläche voller kleiner scharfer Steine und alle paar Meter eine unbefestigte Kurve. Zeitweise war der Nebel so dicht, dass man überhaupt nichts mehr sah außer drei Meter Schotterpiste vor dem Auto. So schlichen wir voran. Irgendwann verzog der Nebel sich. Zu unseren Füßen im Tal lagen Dörfer. Die Erde war von einem weißlichen Grau, ebenso die riesigen, würfelförmigen Lehmhäuser. Traditionelle Rif-Architektur, ganz unberührt. Die Landschaft war wie aus der Zeit gefallen.

In Targuist tankten wir. Dieser Ort war die letzte Bastion des armen alten Abd el-Krim gewesen, hier hatten die Franzosen ihn 1926 gefangen genommen. Es gibt viele Spanisch sprechende Juden, die Neustadt ist ein monströser Auswuchs mit langen, dreckigen Straßen, durch die der Wind bläst und einem Wolken aus Staub und Dreck ins Gesicht weht, die die Haut stechen wie Nadeln. Das moslemische Dorf jenseits der Durchgangsstraße wirkte attraktiver, aber es stellte sich heraus, dass man es mit dem Auto nicht erreichen konnte. Jenseits von Targuist warteten dunkler Himmel, böiger Wind und eine Landschaft, die von Meile zu Meile karger und verlorener wurde. Irgendwann begann es zu regnen, aber der Sturm kam erst, nachdem wir unser Mittagessen vor einem Düker eingenommen hatten, wo der vom Wind aufgewehte Staub weniger stach (denn in diesem Tal hatte es noch nicht geregnet) und die Flamme des Gaskochers nicht ausgepustet wurde.

Es war etwa halb fünf, als wir nach Al-Hoceima hineinfuhren. Das Meer sah aus wie Blei. Der Ort selbst hatte etwas Paranoides: das klassische spanische Fischerdorf, aber wie in einem Albtraum. Eine vage Atmosphäre bevorstehenden Unheils hängt über dem Dorf, das Gefühl, von der Welt abgeschnitten zu sein, wie in einer Strafkolonie. Ganz genau: wie in einer Strafkolonie. Es liegt an den Gesichtern der wenigen Spanier, die in den schäbigen Cafés hocken. Die meisten Spaniolen sind fortgegangen. Und die Hiergebliebenen werden kaum zugeben, dass der einzige Grund, warum sie noch immer hier sind, der ist, dass es ihnen unmöglich ist, irgendwo anders hinzugehen.

Die Marokkaner haben Al-Hoceima in Besitz genommen, das heißt, alles außer dem Hotel España. Ich befinde mich in einem luxuriösen Zimmer mit gefliester Dusche, in den Rohren fließt tatsächlich heißes Wasser, was fast nicht zu glauben ist, das erste Mal seit Tanger! Das Wetter wird immer düsterer, und plötzlich ist es dunkel. Beim Abendessen bildet der fette spanische Kellner das Hauptamüsement. Er ist ganz eindeutig betrunken und schwankt sogar ganz klassisch, als er das Essen hereinbringt. Die ganze Mahlzeit über macht sich Mohammed Larbi auf ziemlich derbe Weise über ihn lustig.

Heute Morgen sind wir zum Gouverneur gegangen. Er ist freundlich, redet mit seinen Assistenten auf Tarifcht, in den Amtsgebäuden im Süden wird man eher Französisch hören. Er sagt, wir sollen uns morgen Abend im Fort in Ajdir melden. Dort wird uns der *kaid* von Einzoren treffen und die Sache übernehmen. Wir haben uns einverstanden erklärt. Der Himmel ist immer noch dunkel, und die Luft ist schwer.

31. August, 16 Uhr

Der *kaid* von Einzoren hat sich als ein vergnügter junger Mann aus Rabat herausgestellt, kaum älter als zwanzig. Er genießt es hier oben im Rif sehr, gestand er uns, weil er ein Mädchen in Einzoren hat, eine »hundertprozentige Espanola« namens Josefina. Mitten in unserer Aufnahme lud er uns ein, mit ihm und Josefina zusammen Abend zu essen. Wir willigten ein, aber bekamen dann einen Tisch, an dem wir alleine waren und das aßen, was er uns bestellt hatte, während er bei Josefina und ihrer Familie saß.

Wir hatten die Aufnahmegerätschaften in einem leer stehenden städtischen Gebäude aufgebaut im Zentrum des Hauptplatzes. Es wirkte wie ein ehemaliges Schulhaus. Als wir eintrafen, stellten wir fest, dass einer der Räume bereits voll war mit Frauen und Mädchen, drei Dutzend vielleicht, die alle sangen und leicht auf ihre Trommeln schlugen. Sie saßen auf Stühlen mit gerader Lehne, Köpfe und Schultern verschwanden völlig unter den Badetüchern, die sie trugen. Eine große Gruppe schweigsamer Männer und Jungen stand draußen auf dem Platz, sie drängten gegen das Haus und versuchten, über die hohen Fenstersimse einen Blick hineinzuwerfen. Ab und zu flüsterte einer etwas, und ich war dankbar für ihr Schweigen.

Der Stamm war der der Beni Urriaguel, aber trotzdem gab es keine *zamar*. Das war eine herbe Enttäuschung. Ich fragte den *kaid*, ob es die Möglichkeit gebe, eine aufzutreiben. Er wusste darüber noch weniger als ich, er hatte nicht einmal geahnt, dass es ein solches Instrument überhaupt gab. Die Musiker selbst schüttelten den Kopf, die Beni Urriaguel benutzten es nicht, sagten sie. Auch nicht auf dem

Land, bohrte ich nach, außerhalb von Einzoren? Sie lachten, denn sie kamen alle vom Land ringsumher und waren ins Dorf gerufen worden, um an diesem »Festival« teilzunehmen.

Keiner hatte mir gesagt, dass die Mädchen vorhatten, bei ihrem Gesang in ihren jeweiligen Gruppen gegeneinander anzutreten, noch dass jedes Dorf von zwei rivalisierenden Paaren von singenden Duetten vertreten werden sollte, daher war ich nicht auf die Besonderheiten vorbereitet, die die Räumlichkeiten mit sich brachten. Sie saßen in Pärchen da, die Köpfe so dicht beieinander, dass jedes Paar vollständig unter eines der türkischen Badetücher passte. Die Stimmen sangen durch das Tuch hindurch Richtung Boden, und da keine Geste, keine Kopfbewegung den Gesang begleitete, war es schlicht unmöglich, mitzubekommen, wer gerade sang und wer nur dasaß. Das Lied war selbst für Berbermusik erstaunlich repetitiv, trotzdem ärgerte es mich, dass die Aufnahme vom ständigen Gemurmel und Geflüster und den halb lauten Bemerkungen während der Darbietung beeinträchtigt wurde, Störgeräusche, die das Mikrofon natürlich mitbekam. Bloß war es unmöglich, mit jemandem Blickkontakt aufzunehmen, denn es waren keine Augen zu sehen. Selbst die Matronen, die an den Trommeln saßen, waren bedeckt. Die erste Gesangsprobe zog sich immer länger hin, Strophe folgte auf Strophe, die älteren Frauen schlugen in fast unhörbaren Offbeats gegen die Membranen ihrer scheibenförmigen *bendirs*. Ich nutzte die Länge des Stücks und verließ meine Regler, um hinüberzugehen und dem *kaid* eine Frage ins Ohr zu flüstern, der dort mit stolzgeschwellter Brust auf einem Ehrensessel mit Armlehnen saß, umgeben von seinen Untergebenen, die links und rechts von ihm auf dem Boden kauerten. »Warum reden die alle so viel?« fragte ich ihn.

Er lächelte. »Sie denken sich die Wörter aus, die sie als Nächstes singen werden«, erklärte er mir. Ich war erfreut zu erfahren, dass die Texte improvisiert waren, und ging zurück zu meiner Ampex und den Kopfhörern, um auf das Ende des Lieds zu warten. Nachdem die Mädchen weitere 35 Minuten gesungen hatten und das Band durchgelaufen war, trippelte ich auf Zehenspitzen noch einmal zurück zum *kaid*. »Werden die anderen Stücke alle genauso lang sein?« fragte ich nach.

»Oh, sie werden so lange weitermachen, bis ich sie anhalte«, sagte er. »Die ganze Nacht lang, wenn Sie mögen.«

»Immer dasselbe Lied?«

»Ja gewiss. Es handelt von mir. Möchten Sie denn, dass sie ein anderes singen?«

Ich erklärte ihm, dass nicht mehr aufgenommen wurde, und er rief Stopp. Danach konnte ich die Länge der Lieder bestimmen.

Dann kam die Nachricht herein, die *Rhaita*-Gruppe sitze in einem Café irgendwo am Stadtrand und warte auf eine Transportmöglichkeit, und so fuhr Christopher, begleitet von einem Cicerone hinaus, um sie zu holen. Es stellte sich heraus, dass sich das Café in einem Dorf in etwa zwanzig Kilometer Entfernung befand. Als er eintraf, spielten die Männer, und als er sie bat, ins Auto zu steigen, folgten sie ihm, ohne damit aufzuhören. Sie spielten den ganzen Weg nach Einzoren über und kamen in das Gebäude marschiert, ohne auch nur einen Augenblick lang ihr Spiel zu unterbrechen. Ich ließ sie zu Ende kommen und dann hinaus auf den Platz bringen. Mohammed Larbi trug das Mikrofon hinaus und stellte es inmitten des weiten Kreises auf, den die männlichen Zuschauer bildeten. Die *rhaita*, eine Art Über-Oboe, deren schartiger, schriller Klang dafür entwickelt wurde, über große Entfernungen hörbar zu sein, ist kein Instrument für geschlossene Räume.

Während wir im Restaurant waren, versammelten sich die Männer und Frauen auf dem Platz und veranstalteten eine *fraja*. In den Gegenden Marokkos, in denen der Bevölkerung die arabische Kultur aufgezwungen worden ist, hätte dergleichen nicht geschehen können, aber im Rif gilt es nicht als unschicklich, wenn beide Geschlechter gemeinsam an derselben Darbietung mitwirken. Selbst hier aber tanzten die Männer nicht, sie spielten, sangen und riefen, und es waren die Frauen, die tanzten. Ich hörte den Lärm vom Restaurant aus und rannte zurück, um das Ganze aufzunehmen, aber sobald sie sahen, was ich tat, wurde es still. Unter ihnen war eine Gruppe ausgezeichneter Musiker aus einem Dorf namens Tazourakht, ihre Musik war sowohl primitiver als auch rhythmisch präziser als die der anderen, und ich zeigte mich offen parteiisch, indem ich mehr von ihr hören wollte. Das stellte sich als keine sonderlich gute Idee heraus, denn sie waren die einzigen Männer, die zu einem anderen Stamm gehörten, den Beni Bouayach. Die Aufnahmesession, die seit der Abenddämmerung lief, zeigte gegen zwei Uhr morgens erste Anzeichen, zu einer wilden Party auszuarten. Ich schlug dem *kaid* vor, sie zu beenden, aber er sah dafür keinen Grund. Um zwanzig vor drei stöpselten wir die Geräte ab und packten alles ein. »Wir machen hier noch weiter bis morgen«, sagte der *kaid* und lehnte unser Angebot ab, ihn mit zurück nach Al-Hoceima zu nehmen. Als wir abfuhren, ging die Lautstärke der Lustbarkeiten beträchtlich nach oben.

31. August

Die letzte Nacht hat wirklich gereicht, wir sollten weiter nach Osten. Allerdings hat sich der Gouverneur an Hilfsbereitschaft selbst übertroffen und hat für morgen Abend eine weitere Session in Ismoren arrangiert, einem weiter westlich gelegenen Dorf in den Bergen. Heute ist es mir gelungen, die beiden Zimmermädchen des Hotels hier, die aus dem Rif stammen, auf mein Zimmer zu locken, damit sie mir dabei helfen, sechzehn Stücke zu identifizieren, die ich 1956 aufgenommen habe. Ich wusste zwar, dass es Musik aus dem Rif war, aber ich wollte herausfinden, welches Stück von welchem Stamm ist, um eine klarere Vorstellung zu bekommen, was die einzelnen Genres wert waren, gemessen an dem Aufwand, den es gekostet hatte, sie aufzunehmen. Die Mädchen weigerten sich, mein Zimmer ohne Anstandsdame zu betreten. Sie fanden einen dreizehnjährigen Jungen und brachten ihn mit. Das war ein Glücksfall, denn der Junge sprach ein wenig Moghrebi, wogegen die beiden nur Tarifcht beherrschten sowie ein paar Brocken Spanisch. Ich spielte also ein Stück ab, und sie hörten eine Weile zu und identifizierten dann seine Herkunft. Es gab nur zwei Stücke, bei denen sie zögerten, aber auch über die wurden sie sich rasch einig. Ich brauche noch Proben von den Beni Bouifrour, den Beni Touzine, den Ait Ulixxek, den Gzennaia und den Temsamane. Die Mädchen freuten sich sehr über den kleinen Betrag, den ich ihnen aushändigte; als sie das Zimmer verließen, bestanden sie darauf, etwas schmutzige Wäsche mitzunehmen und sie für mich zu waschen.

Nador, 6. September

Wie geplant fuhren wir am folgenden Tag vor Sonnenaufgang hinauf nach Ismoren. Die Landschaft erinnerte mich an Zentralmexiko. Die Piste von der Hauptstraße hinauf ins Dorf war ein beständiger langsamer Anstieg durch eine weite geneigte Ebene. Der *kaid* war nicht zu Hause, es hatte ein Missverständnis gegeben, und er hielt sich in Al-Hoceima auf. Die Dorfbewohner luden uns in sein Haus ein und sagten, die Musiker seien bereit zu spielen, sobald wir anfangen wollten. Es war ein spanisches Haus mit großen Räumen, kaum beleuchtet und karg möbliert. Große Haufen von Mandeln lagen in den Ecken herum und stapelten sich fast bis zur Decke. Ihr feuchter Geruch ließ das Gebäude wie ein verlassenes Bauernhaus riechen. Die schwächliche Elektrizität schwankte und flackerte. Ich ließ Mohammed Larbi die Spannung testen, denn ich fürchtete, es sei Gleichstrom. Unglücklicherweise stellte sich das als richtig heraus, und ich war gezwungen, bekannt zu geben, dass es trotz aller Vorbereitungen nicht möglich sein würde, in Ismoren aufzunehmen. Auf allen Gesichtern spiegelte sich zunächst Unglauben und dann Enttäuschung. »Bleibt über Nacht«, sagten sie uns, »morgen wird die elektrische Kraft vielleicht besser sein.« Ich dankte ihnen und sagte, das sei leider nicht möglich, aber Mohammed Larbi, den ihre Unwissenheit aufregte, begann einen umfassenden Monolog über Elektrizität. Keiner hörte zu. Männer begannen draußen auf der Terrasse ihre Trommeln zu schlagen, und einer, der aussah wie der örtliche Lehrer, wurde dazu abkommandiert, Tee zu servieren. Er bot mir an, der Runde am großen Schreibtisch des *kaids* vorzusitzen. Als sie mich dort sitzen sahen, fingen sie an zu lachen. Ein älterer Mann bemerkte: »Er gibt einen guten *kaid* ab«, und dem stimmten sie alle zu. Ich machte drei Päckchen Zigaretten auf und gab sie herum. Alle blickten sehnsüchtig auf die Apparate, sie wünschten sich sehr, alles aufgebaut zu sehen. Wir tranken Tee, mehr Tee und noch mehr Tee, und schließlich fuhren wir los nach Al-Hoceima, zur lärmenden Begleitung von Benadir, und zwei Männer rannten die kakteengesäumte Piste vor uns her, um uns den Weg aus dem Dorf hinaus zu weisen.

Und so ging ich jeden Morgen von Neuem in die staatlichen Ämter, um dort die detaillierten Wandkarten zu studieren und zu versuchen, die Stämme ausfindig zu machen, mit denen ich in Verbindung zu treten hoffte. Am ersten Tag bemerkte ich einen Polizeioffizier, der heimlich unsere Polizeiakten studierte, aber offenbar waren sie zufriedenstellend. Der Gouverneur und seine Helfer waren uns zu Anfang mit größter Herzlichkeit begegnet, aber als unser Anblick den Reiz des Neuen verloren hatte, veränderte sich ihre Haltung. Sie hatten den Eindruck, wir seien in unserem Beharren auf bestimmte Stämme im Gegensatz zu anderen willkürlich und schwierig, und sie waren es leid, herumzutelefonieren und Verabredungen zu treffen, aus denen dann nichts wurde. Das Ganze kostete sie täglich etwa zwei Stunden Arbeit. Was uns jedes Mal aufs Neue frustrierte, war das Problem mit der Elektrizität; wir hatten zwar einen Trafo zur Verfügung gestellt bekommen, aber keinen Generator, und es schien so, als sei Einzoren das einzige Dorf in der Gegend mit Wechselstrom.

Eines Abends, als wir den *comedor* des Hotels España zum Abendessen betraten, saß da ein mordlustig aussehender Soldat mit Mohammed Larbi am Tisch. Wir setzten uns dazu, er war betrunken und wollte eine politische Rede halten. Er und Mohammed Larbi gingen dann zusammen hinaus. Um drei Uhr morgens gab es ein großes Getöse in den Fluren. Mohammed Larbi versuchte mithilfe verschiedener Leute von der Straße und im Streit mit dem Hotel-Nachtwächter sein Zimmer zu finden. Am nächsten Tag, dem vorgesehenen Abreisetag, war er ein stöhnendes Häufchen Elend. Es gelang ihm zwar, den Wagen für uns zu packen, aber dann sank er im Kofferraum über dem Gepäck zusammen und gab keinen Ton mehr von sich. Das Wetter war die ganze Zeit dramatisch und bedrohlich gewesen. Südlich von Temsaman sahen die Berge selbst bei normalem Wetter wie fantastische Skizzen von einem anderen Planeten aus. Aber unter dem schwarzen Himmel und mit den wild gezackten Blitzen, die in zuvor nicht sichtbare Täler hinunterzuckten, war es wirklich ein beunruhigender Anblick. Von Zeit zu Zeit stöhnte Mohammed Larbi auf.

Die Piste war in einem erbärmlichen Zustand, aber zum Glück begegneten wir den ganzen Tag über keinem einzigen Auto – zumindest nicht bis zum späten Nachmittag, als wir bereits unten im Tal nach Laazib Midar waren, wo es plötzlich eine richtige Straße gab. Ich hatte vor, dort in der Gegend irgendeine Unterkunft zu finden, wo wir nach unserem Besuch beim Gouverneur in Nador bleiben konnten (denn mittlerweile befanden wir uns in der Provinz Nador und mussten bis zu deren Hauptstadt fahren, um dort eine Arbeitserlaubnis zu bekommen). Aber da sich Laazib Midar nur als eine Art Grenzbefestigung aus kleinen Lehmhäuschen erwies, die links und rechts der Straße standen, fuhren wir weiter.

Von der Rückbank her fing Mohammed Larbi wieder einmal an zu jammern. »*Ay, yimma habiba!* Au, was für ein Unglück!« Ich sagte ihm, niemand hätte ihn gezwungen, all das zu trinken, was immer er getrunken habe. »Eben doch«, wimmerte er. »Das war's ja! Ich bin gezwungen worden.« Ich lachte ohne Mitleid. Niemand kann so viel Kif rauchen wie Mohammed Larbi und dazu auch noch etwas trinken. Ich fand, es wurde Zeit, dass er das lernte, umso mehr, weil er mit elf angefangen hat zu rauchen, und jetzt ist er fünfundzwanzig.

»Aber das ist in der Kaserne passiert, und da waren acht Soldaten, und die haben gesagt, wenn ich nicht trinken wolle, sei ich wohl eine Frau. Und, ist das vielleicht *b'd drah* oder nicht?«

»Sehr traurig«, sagte ich. Danach schwieg er.

Es war finster und regnete leise, als wir in Nador ankamen. Nachdem wir die schlammigen Straßen rauf und runter gefahren waren, hielten wir vor einem Kramladen, um nach einem Hotel zu fragen. Ein Spanier am Eingang sagte, es gebe kein Hotel und wir sollten nach Melilla weiterfahren. Das kam überhaupt nicht infrage, denn Melilla liegt zwar in Marokko, ist aber 450 Jahre lang in spanischem Besitz gewesen und ist es noch, und selbst wenn Christopher und Mohammed Larbi spanische Visa besessen hätten, was nicht der Fall war, hätten wir unser Material niemals über die Grenze bekommen. Ich erklärte, wir müssten in Nador bleiben, ganz gleich wie. Der Spanier sagte: »Versuchen Sie es bei Paco Gonzales an der Zapfsäule. Vielleicht kann der Sie beherbergen. Immerhin ist er ein Europäer.«

Ein kleiner marokkanischer Junge, der mitgehört hatte, rief: »Hotel Mokhtar ist gut!« Das Wort »Hotel« ließ mich aufhorchen, und wir machten uns auf die Suche danach. Weniger als eine Stunde später fanden wir es zufällig, es befand sich über einem moslemischen Café. Oberhalb der Tür hatte jemand in krummen Buchstaben hingekritzelt: H.MOKHTAR. Irgendwie erinnert mich der Laden an die türkischen Bäder, die es vor dreißig Jahren in der Kasbah von Algier gab. Er wird von einer Schar neugieriger Damen aus dem Rif geführt; ich weiß, dass es sehr viele sein müssen, aber bislang ist es mir noch nicht gelungen, sie voneinander zu unterscheiden. Nachdem sie uns drei ähnlich düstere Zimmerchen zugeteilt hatten, kamen sie alle, eine nach der anderen, um unser Gepäck und Material in Augenschein zu nehmen. Danach hielten sie offenbar Kriegsrat, woraufhin sie uns eine »Küche« zur Verfügung stellten. Der Raum war voller Müll, aber er besaß zwei Roste, an denen man ein Kohlenfeuer anfachen konnte, vorausgesetzt man hatte Kohlen. Er besaß auch eine Spüle, die verstopft war und bis zum Rand voll mit etwas, das für mich aussah wie das Spülwasser von letztem Jahr. Wir warfen den Müll aus dem Fenster auf die Blumen im Innenhof unten (es gab nichts, wo wir ihn sonst hätten hinwerfen können) und richteten uns ein. Mittlerweile sind wir daran gewöhnt, bei jedem Atemzug den Gestank der Latrinen einzuatmen, aber in dieser ersten Nacht störte er uns doch erheblich. Ich riss mein Fenster auf, nur um festzustellen, dass die Luft draußen noch schlimmer war. Im Haus roch es nach altem Urin, aber die Brise, die zum Fenster hereinkam, führte einen kräftigen Geruch ganz frischer menschlicher Exkremente mit sich. Wie das möglich sein konnte, war momentan nicht herauszubekommen. Jedenfalls machte ich das Fenster wieder zu und zündete mehrere Bathi-Stäbchen an, und dann machten wir uns daran, etwas zu kochen.

Als ich am nächsten Morgen hinaus ins Sonnenlicht blickte, verstand ich. Das Hotel Mokhtar steht am Rand der Ortschaft; etwa 400 Meter weiter ist die Erde von metertiefen Gräben durchzogen. Das sind die Toiletten der Stadt, den ganzen Tag über kann man dort ein Dutzend oder mehr Männer, Frauen und Kinder sehen, wie sie über diesen Gräben in die Hocke gehen. Bis 1955 war Nador eines von vielen armen marokkanischen Städtchen, in denen ein paar Spanier hausten; von einem Tag auf den anderen ist es dann zur Hauptstadt einer neu entstandenen Provinz gemacht worden. Die Spanier haben hier immer noch einige Tausend Truppen stehen, um Melilla zu »schützen« – die Stadt wird mehr oder minder offen von Rabat beansprucht und zweifellos auch früher oder später an den Staat übergehen. Und deshalb haben die Marokkaner hier natürlich auch ebenso viele Tausend Soldaten stationiert, und noch ein paar Tausend mehr, um Nador zu schützen.

Jedenfalls befinden sich hier wesentlich mehr Menschen, als eigentlich da sein sollten. Wasser muss man sich in Eimern und Ölkanistern von Pumpen an der Straße holen, Nahrung ist teuer, und Konsumgüter sind rar. Über der Stadt hängt der Staub, und um sie herum sammelt sich der Unrat, nur nicht im Osten, wo das seichte Wasser des Mar Chica gegen den Dreck leckt und die toten Fische, die dort unerklärlicherweise in riesigen Mengen treiben, durcheinanderwirbelt. Das Mar Chica ist ein nutzloses Binnenmeer mit einer durchschnittlichen Tiefe von etwa einem Meter achtzig – gerade genug, damit ein Mensch darin ertrinken kann. Am Horizont sieht man glitzernd und weiß die Sandbank, wo das Mittelmeer beginnt und wohin man wehmütig blickt, weil man sich die frische Brise vorstellt, die dort draußen manchmal wehen muss. Nador ist ein Gefängnis. Der breite, palmengesäumte Boulevard mit Blumenrabatten, der die halbe Meile von dem Verwaltungsgebäude bis zum toten Ufer des Mar Chica hinabführt, macht die Stadt nur noch abstoßender. Am unteren Ende der Durchgangsstraße befindet sich ein monströses Gebäude, das aussieht wie eine riesige Jukebox und auf Pfeilern aus dem Wasser ragt. Das ist das erste Restaurant am Platz, wo wir jeden Tag zu Mittag essen. Der Paseo ist von Straßencafés und Betonbänken gesäumt. Wenn die Bänke von den Hunderten von verzweifelt dreinblickenden spanischen und marokkanischen Soldaten besetzt sind, können Neuankömmlinge sich lediglich auf die Stühle setzen, die die Cafépächter unter die Palmen stellen. Da sitzen sie dann und starren den Boulevard hinunter, aber bestellen nichts. Nachts ist es ein bisschen weniger deprimierend, denn die breite Straße ist sehr schlecht beleuchtet, und man kann nicht so gut sehen, wie schäbig alles ist. Außerdem sind die beiden militärischen Populationen nach Sonnenuntergang in ihren jeweiligen Kasernen weggesperrt.

Heute Morgen sind wir spät zum Büro des Gouverneurs gegangen; er selbst war mit dem Sultan in Meknès, aber sein redseliger *katib* war vor Ort geblieben und kümmerte sich um uns. »Schauen wir einmal. Sie möchten den Beni Bouifrour-Stamm. Morgen sollen Sie ihn unweigerlich haben. Gehen Sie jetzt nach Segangan.«

Das klang ein bisschen zu einfach. Er sah das Zögern auf meinem Gesicht. »Sie können den *khalifa* dort noch treffen, bevor er zum Aperitif ausgeht. Warten Sie, ich rufe ihn an. Er wird auf Sie warten.« Und als ich mein Gesicht zweifelnd verzog: »Auf meinen Befehl hin wird er warten. Gehen Sie.«

Der will uns nur aus dem Weg haben, dachte ich. Wenn wir wieder zurückkommen, ist er weg, und ich habe den ganzen Tag verloren. Vielleicht sogar zwei Tage. Offenbar zeichnete sich mein Misstrauen immer deutlicher ab, denn jetzt wurde er dramatisch. »Schon bin ich am Telefonieren. Jetzt. Sehen Sie her. Meine Hand ist auf dem Telefon. Sobald Sie aus dieser Tür getreten sind, werde ich mit dem *khalifa* sprechen. Sie können mit der Gewissheit gehen, dass ich mein Wort halten werde.« Mir wurde klar, je länger ich ihm zuhören würde, wie er sich so produzierte, desto weniger würde ich irgendein Wort von dem glauben, was er sagte. Es schien also nichts anderes zu bleiben, als sich auf der Stelle nach Segangan aufzumachen.

Aber der *katib* hatte tatsächlich angerufen, und der *khalifa* von Segangan stellte sich, als wir schließlich das militärische Hauptquartier und sein Büro gefunden hatten, als freundlich und offenherzig heraus. Er schloss sein Büro ab und ging mit uns hinaus auf die Straße. Während wir unter den Akazien hindurchschlenderten, sagte er: »Wir

Paul Bowles und sein Fahrer Mohammed Temsamany

haben hier in Segangan viele reizvolle Gärten.« (Er sprach es Az-rheung-ng'n aus, wie die Rifbewohner.) »Es ist ganz Ihnen überlassen, sich den Garten Ihrer Wahl für die Aufnahmen auszusuchen.«

»Haben Sie nicht vielleicht auch irgendwo einen Raum?« fragte ich. »Das wäre leiser, und außerdem muss ich meine Apparate an eine Steckdose anschließen.«

»Gärten sind besser als Räume«, sagte er. »Außerdem haben wir unseren eigenen Elektriker, der alles tun wird, worum Sie ihn bitten.«

Wir inspizierten Lauben und Pergolen und Brunnen und jeden Winkel. Ich erklärte, dass es mir egal sei, wo wir die Aufnahmen machten, vorausgesetzt, die Geräusche von draußen könnten auf ein Minimum reduziert werden, und dass es, wenn man diesen Gedanken im Hinterkopf behalte, vielleicht doch vorzuziehen wäre, drinnen zu arbeiten.

»Auf keinen Fall!« schrie der *khalifa*. »Ich werde während der Aufnahmen den gesamten Verkehr umleiten lassen.«

»Aber dann wissen die Leute im Ort, dass hier irgendwas vor sich geht, und sie werden alle kommen, um herauszufinden was, und der Lärm wird nur noch schlimmer!«

»Nein, nein«, sagte er beruhigend. »Fußgänger werden überhaupt keine Ausgeherlaubnis bekommen.«

Es war klar, dass solche Maßnahmen uns direkt in den Mittelpunkt der Aufmerksamkeit rückten, weil sie niemals wirklich konsequent durchgeführt werden würden. Aber seine übertriebenen Versprechen geschahen aus dem Wunsch, freundlich zu erscheinen, also hörte ich auf zu widersprechen und beschloss, mit dem *katib* darüber zu reden, wenn ich wieder zurück in Nador wäre. Wir fanden eine Stelle für die Aufnahmen, eine abgelegene Ecke in einem der Parks, schattig wie ein Dickicht und abgesehen von den krähenden Hähnen in der Nachbarschaft tatsächlich recht still. Der Aufnahmetermin wurde auf morgen Abend gelegt. Zurück in Nador wollte ich den *katib* aufsuchen, aber er hatte sein Büro für heute verlassen. Wir sind dem wohlmeinenden *khalifa* also vollständig ausgeliefert.

7. September

Meine Befürchtungen erwiesen sich als unbegründet. Als wir heute Morgen in Segangan ankamen, wurden wir in einen völlig anderen Garten geführt, ganz außerhalb des Ortes. Der Elektriker des *khalifa* hatte bereits das Kabel installiert, und alles lief in schönster Ordnung ab.

Bei den Berbern existiert immer noch der professionelle Troubadour, nicht nur im Rif, auch viel weiter südlich im Hohen Atlas. Die soziale Stellung, die er einnimmt, ist zwar nicht ganz die eines allgemein akzeptierten Mitglieds der Gesellschaft, aber ein Paria ist er auch nicht. Als Unterhalter wird er respektiert, als Wanderarbeiter wird ihm natürlich mit einem gewissen Misstrauen begegnet. Die Bewohner des Rifs ziehen gerne Analogien zwischen ihren *imdyazen* (wie die Minnesänger sowohl hier als auch im Atlas genannt werden) und den Gitanos Spaniens – der Unterschied liegt allerdings darin, betonen sie, dass die *imdyazen* in Häusern leben wie andere Leute auch und nicht in Lagern vor der Stadt wie die Zigeuner. Wenn man sie fragt, woran das liegt, werden sie gemeinhin antworten:

»Weil sie vom selben Blut sind wie wir.« In Segangan hatte ich meine erste Begegnung mit den *imdyazen*. Ihr *chikh* sah aus wie ein sorgfältig ausgewählter Nebendarsteller in einem Piratenfilm – ein gewaltiger, rauer, gutmütiger Mann mit einer Bandana um den Kopf statt eines Turbans. Und er hatte tatsächlich endlich eine *zamar* mitgebracht. Selbst Mohammed Larbi hatte noch nie zuvor eine gesehen. Wir studierten sie ausführlich und fotografierten sie aus den unterschiedlichsten Perspektiven. Sie besteht aus zwei unabhängigen, miteinander verdrahteten Riedrohren, von denen jedes sein eigenes Mundstück und seine Löcher hat; am Ende jedes Rohrs ist ein großes Stierhorn befestigt. Das Instrument kann mit Hörnern gespielt werden, die leicht abzumontieren sind, oder ohne.

Gestern hat mir der exaltierte *khalifa* zwei *zamars* versprochen, und selbst heute Morgen wiegte er mich, zumindest die erste halbe Stunde lang, noch im Glauben, ein zweiter Spieler werde eintreffen. Aber als ich mich über seinen Verbleib besorgt zeigte und bei einigen der Offiziellen nachfragte, tauschten sie bedeutungsvolle Blicke, und ihre Konversation wechselte mit einem Schlag von Moghrebi in Tarifcht. Da wurde mir klar, dass ich gerade dabei war, mich flegelhaft zu benehmen; man zerrt eine Lüge nicht ans Licht. Aus irgendeinem persönlichen Grunde wollte der *chikh* keine zweite *zamar*, Punktum. Er war ein Experte auf seinem Instrument, und er spielte es auf jede nur vorstellbare Weise: im Stehen, sitzend, beim Tanzen, mit Hörnern, ohne, mit Trommelbegleitung und Chorgesang, und solo. Er spielte sie sogar dann, als ich ihn bat, aufzuhören. Zwei Stunden lang war mein größtes Problem, ihn zum Aufhören zu bewegen, weil der Klang des Instruments den aller anderen derart übertönte, dass das gesamte Klanggebilde Gefahr lief, zu monoton zu wirken. Schließlich positionierte ich ihn in zehn, elf Metern Entfernung von den übrigen Musikern. Er spielte immer weiter, seine Wangen aufgeblasen wie Ballons, ganz alleine unter einem Orangenbaum sitzend und in seinem Glück gar nicht bemerkend, dass seine Musik nicht mehr aufgenommen wurde.

Ein sehr guter Grund, warum ich die *zamar* draußen haben wollte, war die Anwesenheit eines bewundernswerten Musikers namens Boujemaa ben Mimoun, einer der wenigen nordafrikanischen Instrumentalisten, der eine Ahnung davon hatte, dass es beim Musizieren so etwas wie einen persönlichen Ausdruck gibt. Sein Instrument war die *qsbah*, die lange Rohrflöte mit dem tiefen Register, die in der Sahara von Südalgerien eine Alltäglichkeit ist, aber in den meisten Teilen Marokkos kaum gespielt wird. Seit ich einmal in Tétouan eine Gruppe von Rhmara-Musikern ausfindig gemacht hatte, hatte ich immer wieder gehofft, einmal ein *qsbah*-Solo aufzunehmen. Die Rhmara hatten sich einverstanden erklärt, aber ihre Technik war schlecht und der Klang überhaupt nicht das, was ich mir erhofft hatte. In Einzoren hatte ich es erneut versucht und auch gute musikalische Resultate bekommen, aber eben wieder nicht in der tiefen Lage, die wegen ihrer Anforderungen an die Atmung das am schwierigsten zu meisternde Register ist.

Als ich Ben Mimoun beiseitenahm und ihn fragte, ob er gewillt sei, ein Solo zu spielen, war er völlig perplex. Er wolle mir den Gefallen ja tun, aber wie sagte er: »Wie soll irgendjemand mitbekommen, was die *qsbah* spricht, wenn sie ganz alleine sprechen muss, ohne dass jemand die Worte dazu singt?« Der *chikh* sah uns beide miteinander tuscheln und kam herüber, um nachzufragen. Als er von meiner Bitte hörte, erklärte er sofort, dergleichen sei unmöglich. Ben Mimoun pflichtete ihm eilig bei. Ich fuhr mit den Aufnahmen fort, brachte mein Ansinnen aber heimlich vor den *kaid* des Dorfes, aus dem die *imdyazen* geholt worden waren. Er hockte in einer Pergola in der Nähe und rauchte zusammen mit einigen anderen Honoratioren Kif. Er schien es durchaus für möglich zu halten, dass eine *qsbah* solo spielen könne, wenn es unbedingt notwendig sei. Ich versicherte ihm, das sei es, die amerikanische Regierung wünsche das. Nach einer einigermaßen ausgedehnten Diskussion, während der Mohammed Larbi große Mengen von Kif an alle Beteiligten aushändigte, wurde das Experiment durchgeführt. Der *chikh* wahrte sein Gesicht, indem er darauf bestand, dass zwei Versionen jeder Nummer gespielt würden – eine für *qsbah* solo und eine mit gesungenem Text. Ich war von den Ergebnissen begeistert. Die Soli gehören zu den allerbesten Dingen in der ganzen Sammlung. Eines, genannt *Reh dial Beni Bouhiya*, ist ganz besonders schön. In einer so immensen wie trostlosen Landschaft hat es etwas Anrührendes, einem einsamen Kameltreiber zu begegnen, der des Nachts bei seinem Feuer sitzt, während die Kamele schlafen, und lange den klagenden, zögerlichen Rhythmen der *qsbah* zu lauschen. Diese Musik drückt für mich, mehr als jede andere, vollkommen die Essenz von Einsamkeit aus. *Reh dial Beni Bouhiya* ist ein perfektes Beispiel dafür. Ben Mimoun sah unglücklich drein, während er spielte, denn es lag eine gewisse Spannung in der Luft, weil mein Vorschlag allgemein kein Gefallen fand. Aber alle blieben ruhig sitzen, bis er geendet hatte.

Danach wurde wieder gemeinsam gespielt und getanzt. Der Kif hatte nicht nur ihr Rhythmusgefühl geschärft, sondern auch ihren Appetit, und ich merkte schon, dass unsere Session sich dem Ende zuneigte. Die Trommler hüpften wie entfesselt herum und verfingen sich um ein Haar im Mikrofonkabel, und dann trat ein großer Mann in einem fetten Turban ans Mikrofon und begann direkt hineinzubrüllen. »Er spricht eine Widmung«, erklärte der *kaid*. Es begann mit einer Huldigung des Sultans Mohammed Khamiss und seiner beiden Söhne, Prinz Mulai Hassan und Prinz Mulai Abdullah. Danach kam unser Freund, der Gouverneur der Provinz Al-Hoceima, an die Reihe (weil er in dem Abtrennungskrieg des Rifs 1958 eine Lösung gefunden hatte, die fast jedermann befriedigte), und zum Schluss folgte, mit allergrößtem Enthusiasmus, eine Glorifizierung der algerischen Kämpfer, die nebenan von den Franzosen abgeschlachtet werden, möge Allah ihnen zur Seite stehen. (Trommelwirbel und Geschrei, und die Stierhörner, gen Himmel gerichtet, brausen in wildestem Lärm.) Wir tranken viel zu viel Tee und kamen hier in Nador zu spät an, um in dem Jukebox-Restaurant auf Stelzen noch etwas zu essen zu bekommen, also machten wir eine Dose Bohnen warm und verzehrten sie mitten im Dreck und Gestank meines Zimmers.

10. September

Mohammed Larbi geht es infolge seiner Erlebnisse in Al-Hoceima noch immer ziemlich schlecht, seine Leber funktioniert nicht richtig, und er versucht dagegen vorzugehen, indem er die Menge an Kif, die er raucht, verdoppelt. Aber diese Medikation schlägt nicht an. Einen Vorteil hat sie allerdings: Der Gestank nach Urin im Korridor wird von dem alles überdeckenden, aber etwas reineren Geruch des brennenden Kif ein wenig gemildert, vor allem, wenn er die Tür offen lässt – eine Angewohnheit, die ich nach Kräften unterstütze. Er liegt den ganzen Tag in tiefster Benommenheit in seinem Zimmer auf dem Bett, irgendwo oberhalb der Stratosphäre, und hat das Radio permanent auf Kairo oder Damaskus ausgerichtet. Wir bereiten das Frühstück und das Abendessen in meinem Zimmer, das immer mehr aussieht wie ein Marktstand in irgendeiner marokkanischen *joteya*; die unterschiedlichsten Dinge bedecken jeden einzelnen Quadratzentimeter Boden. Meine einzige Möglichkeit, aus dem Bett zu kommen, ist, indem ich über die Fußbank klettere und direkt vor dem *lavabo* zum Stehen komme. Jeden Tag tauchen mehrere der munteren Besitzerinnen aus dem Rif auf und werfen einen vergnügten Blick herein, begleitet von den Worten: »Heute müssen wir das Zimmer auch wieder nicht aufräumen, oder?« Das Bett ist überhaupt noch nicht gemacht worden, ebenso wenig je der Boden gefegt; ich will niemanden in diesem Zimmer haben.

Heute Morgen hat Mohammed Larbis Übelkeit ihn an die Zeit erinnert, als seine Stiefmutter ihn vergiften wollte. Das ist eine seiner Lieblingsgeschichten, und er erzählt sie oft und sehr bildhaft. Offenbar war es eine traumatische Erfahrung für ihn, was auch nicht weiter verwunderlich ist. Das Ergebnis war, dass er sein Elternhaus verließ und sich mehr als fünf Jahre lang vor seiner Familie versteckte.

Es ist lediglich ein Zufall, dass er während dieser Zeit zwei ehemalige Prostituierte heiratete, es waren die einzigen Mädchen, die er persönlich kannte. Alle anderen waren potenzielle Giftmischerinnen. Und für ihn sind sie das noch; bei der Art, wie er Gift gegen den weiblichen Teil der Schöpfung spritzt, stehen einem die Haare zu Berge.

Anscheinend hat seine Mutter seinen Vater verlassen, als der sich eine vierte Frau nahm, denn obwohl sie es mit den anderen beiden aufgenommen hatte, hatte sie nicht die Absicht, das Haus mit der neuesten Akquisition zu teilen. Also packte sie ihre Sachen und ging nach Tcharhanem zurück, wo sie eine kleine Lehmhütte besaß, in der sich nichts weiter befand als eine strohgedeckte Pritsche und ein paar irdene Krüge. Mohammed Larbi blieb bei seinem Vater und den anderen Frauen. Die neue, die auch die jüngste war, versuchte ihn ins Bett zu kriegen, während sein Vater außer Haus war, und da er ein junger Mann von normalen Moralbegriffen war, schlug er das Angebot empört aus. In der Folge war das Mädchen außer sich vor Angst, er könne reden, also beschloss sie, ihn loszuwerden. Kurz darauf tat sie so, als sei irgendetwas mit dem Mittagessen schiefgegangen und sie müsse es noch einmal kochen. Es war halb fünf nachmittags, als sie endlich mit Mohammed Larbis Essen erschien. Sie zählte ganz zu Recht darauf, dass er größeren Hunger hätte als üblich. Dennoch bemerkte er, während er seine Mahlzeit hinunterschlang, dass mitten in der *tajine* ein Stückchen Faden aus dem Fleisch herausstand. Er zog ohne Ergebnis daran und biss schließlich in das Fleisch. Erst dann fiel ihm ein, was der Faden bedeuten könnte, und er riss das Fleisch mit den Fingern auf, um zu entdecken, dass in das größere

Stück eine kleine Tasche genäht war, in der sich alle möglichen Pulver und sonstigen Dinge befanden. Ebenso bemerkte er, dass er bereits ein Stück dieser Tasche samt Inhalt verspeist hatte. Er sagte keinen Ton, rappelte sich vom Boden auf und rannte aus dem Haus, und ist bis zum heutigen Tage nie wieder dorthin zurückgekehrt, obwohl es ihm in der Folge gelang, seinen Vater davon zu überzeugen, diese Frau wieder loszuwerden.

Die »sonstigen Dinge« in dem Essen, zusätzlich zu den Pülverchen, waren, wie er widerstrebend zugab, zerstoßene Fingernägel und kurz geschnittene Haare – Schamhaare, wie er betont – und dazu noch Exkremente verschiedener Kleintiere. »Was für welche?« wollte ich wissen. »Na, Fledermäuse, Mäuse, Eidechsen, Käuzchen … woher soll ich denn wissen, was einer Frau alles einfällt, was sie einem Mann ins Essen tun kann?« schrie er gekränkt. Nach einem Monat begann sich seine Haut abzupellen, und ein Arm verfärbte sich zu einem bläulichen Lila. Das ist normal, ich habe dergleichen schon gesehen. Es gilt als gutes Zeichen und bedeutet, dass das Gift »rauskommt«. Die Mehrheitsmeinung sagt nämlich, wenn es drinbleibt, kann niemand groß mit einem Gegenmittel helfen. Diese Gifte werden von Fachleuten zur Verfügung gestellt; es heißt, Larache sei ein guter Ort, wenn man daran interessiert ist, jemanden mit einem Fluch zu belegen. Jedenfalls kann man sicher sein, von dort mit etwas Wirksamem zurückzukehren.

Jeden marokkanischen Mann graust es vor *tseuheur*. Viele von ihnen rühren, genau wie Mohammed Larbi, kein Essen an, zu dem vorher eine moslemische Frau Zugang hatte, es sei denn, es war ihre Mutter oder Schwester oder, vorausgesetzt, sie trauen ihr tatsächlich, ihre Ehefrau. Aber allzu oft ist es gerade die Gattin, vor der man sich am meisten hüten muss. Sie benutzt *tseuheur*, um ihn gefügig und beeinflussbar zu machen. Es kann viele Monate dauern, manchmal sogar Jahre, aber die Drogen sind verlässlich. Oft ist es das zentrale Nervensystem, das angegriffen wird. Es kann zu Erblindung, Lähmung, Idiotie oder Demenz führen, aber bis es so weit kommt, ist die Frau wahrscheinlich schon in einen anderen Teil des Landes gezogen. Stirbt der Ehemann, so gibt es keine Untersuchungen. Seine Stunde war eben einfach gekommen. Im unwahrscheinlichen Fall, dass sie bewiesen werden kann, ist die Anwendung von Magie strafbar, und Hunderttausende Männer leben in täglicher Furcht vor ihr. Zum Glück ist sich Mohammed Larbi seiner derzeitigen Ehefrau sicher; er verprügelt sie regelmäßig, und sie hat fürchterliche Angst vor ihm. »Die wird nie versuchen, mir *tseuheur* zu verabreichen«, prahlt er. »Ich würde sie umbringen, bevor sie auch nur damit angefangen hat.« Diese Geschichte ist jedes Mal ungefähr dieselbe, aber jedes Mal, wenn er sie wieder erzählt, erfahre ich ein paar neue sprechende Details.

»Deswegen kann ich auch nicht mehr trinken«, beklagt er sich. »Irgendwo in mir ist immer noch das *tseuheur*, und das verwandelt jeden Drink in Gift.«

»Es ist das Kif«, widerspreche ich ihm.

13. September

Der Husten, der in Ketama angefangen hat, verfolgt mich immer noch. Die trockene Luft in Al-Hoceima hat geholfen, ihn halbwegs in Zaum zu halten, doch die Zustände hier im Hotel Mokhtar scheinen ihn zu verschlimmern. Aber jetzt ist es zu spät. Wir sind schon zu lange hier, und ich fühle mich fiebrig.

15. September

ZWEI TAGE SPÄTER. Immer noch im Bett, aber es geht viel besser. Christopher hat die Nase voll, und Mohammed Larbi befindet sich in einem Zustand fortgeschrittener Zersetzung. Die Vorstellung, nach Midar zurückzufahren, stört mich weniger als die Aussicht, dass wir danach noch einmal hierher zurück nach Nador müssen. Es stellte sich heraus, dass in dem Eimer mit dem dunklen Wasser, das uns die Frauen gebracht haben und das ich in leere Weinflaschen umfüllte, in die ich dann Halozen-Tabletten warf, damit wir wenigstens irgendeine Form von Trinkwasser haben, ganz unten im Schlick ein unbeschreiblich dreckiger Putzlumpen stak. Ich habe das erst heute Morgen entdeckt, nachdem das gesamte Wasser getrunken war. In diesem Augenblick wollte ich nur noch von hier fliehen. Beim Mittagessen sagte ich versuchsweise: »Was haltet ihr davon, bald weiter nach Osten zu ziehen?« Christopher fand die Idee gut, ebenso Mohammed Larbi. Temsaman, die Beni Touzine und die Ait Ulixxek habe ich aufgegeben.

Oujda, 17. September

Selbst das Wetter schien besser zu werden, als wir Nador verlassen hatten und so schnell es ging in Richtung algerische Grenze fuhren. Wir überquerten den friedlichen, trockenen Oued Moulouya und fuhren durch das platte, üppige Landwirtschaftsgebiet nördlich des Landstriches Zegzel, wo die Beni Snassen leben. Es wurde langsam dunkel, als wir durch Berlane fuhren, das neu und strahlend dalag. Die Stadt war voller Menschen, Palmen und Neonlichter. Nach Nador sah es aus wie Hongkong, aber wir beschlossen, dort keine Pause zu machen, weil wir noch rechtzeitig in Oujda eintreffen wollten, um dort im Hotel Abend zu essen – vorausgesetzt, das Hotel existierte noch.

Gegen sieben Uhr sahen wir in der Entfernung die Lichter von Martimprey, vielleicht in zwanzig Meilen Entfernung ein wenig unterhalb von uns. Während wir noch immer über die Ebene blickten, explodierten drei Leuchtgeschosse oben am Himmel und segelten langsam herab. Die Lichtkegel sehr starker Suchscheinwerfer begannen sich zu drehen, der Widerschein kam von hinter der Bergkette, aus Algerien. Vor Martimprey gab es eine Abzweigung, und wir fuhren gleich südlich der Stadt auf die Straße nach Saidia. Das vermied potenzielle Probleme mit den Behörden, denn Martimprey liegt direkt an der Grenze und ist derzeit eigentlich kaum mehr als eine Militärbasis. Auf dieser neuen Straße herrschte ein wenig Verkehr. Etwa alle zehn Minuten kam uns ein Auto entgegen. Vor uns befand sich ein nervöser Fahrer, der uns um keinen Preis überholen lassen wollte. Aber als Christopher dann langsamer wurde, um Abstand zu schaffen, bremste er ebenfalls ab; es gab keine Möglichkeit, nicht direkt hinter ihm zu fahren. Enerviert fuhr Christopher schließlich an den Straßenrand, blieb stehen und sagte: »Ich wollte ohnehin mal ein bisschen was von diesem Krieg sehen. Schauen wir ein Weilchen zu.« Die roten Suchscheinwerfer erleuchteten die Berge im Osten, und scharfe Strahlen blauen Lichts kreuzten einander in unterschiedlichsten Winkeln. Es war vollkommen still, nicht einmal Grillen waren zu hören. Aber der andere Wagen hatte ebenfalls angehalten, vielleicht 150 Meter vor uns, und bald sahen wir eine Gestalt auf uns zukommen. Mohammed Larbi flüsterte: »Wenn er Fragen stellt, beantworten sie bloß. Er hat eine Pistole.« »Woher willst du das wissen?« entgegnete ich, aber er antwortete nicht. Christopher hatte die Scheinwerfer ausgeschaltet, und die Straße war sehr dunkel, sodass wir das Gesicht des Mannes erst sehen konnten, als er direkt vor uns stand.

»*Vous êtes en panne?*« erkundigte er sich und blickte dabei durch die Frontscheibe herein wie ein Zollbeamter. Im Licht der Armaturenbeleuchtung konnte ich erkennen, dass er jung und gut gekleidet war. Mit einer langsamen Kopfbewegung von einer Seite zur anderen nahm er rasch den Innenraum in Augenschein. Noch immer wanderten die Suchscheinwerfer über den Himmel. Wir sagten, wir schauten uns nur um, als befänden wir uns in einem Laden, in dem wir nichts kaufen wollten. »Verstehe«, sagte er daraufhin. »Ich dachte, Sie hätten vielleicht Probleme.« Wir bedankten uns. »Keine Ursache«, sagte er leichthin und verschwand wieder in der Dunkelheit. Ein, zwei Minuten später hörten wir die Tür seines Wagens zuschlagen, aber der Motor sprang nicht an. Wir warteten noch einmal zehn Minuten, dann schaltete Christopher die Scheinwerfer ein und startete den Wagen. Das andere Auto tat dasselbe, fuhr an und blieb wieder vor uns, die gesamte Strecke bis Oujda. Bevor wir ins Zentrum kamen, bog es in eine Seitenstraße ab und verschwand.

Ich hatte Angst gehabt, dass mit der Schließung der algerischen Grenze auch die *raison d'être* des Hotel Terminus verschwunden wäre und es vielleicht gar nicht mehr existierte. Aber es ist geöffnet wie immer, bloß sind die Preise sehr viel höher, und das Essen ist schlechter. Was den Speisen mittlerweile an Qualität fehlt, wird ausgeglichen durch den protzigen Service. Das Abendessen wurde draußen unter Palmen serviert, rings um ein großes, rundes Wasserbecken. Die französische Konversation war vom Knallen der Korken durchsetzt. Plötzlich gab es eine gewaltige Explosion, der Boden unter meinen Füßen bebte ein wenig, so stark war sie. Aber niemand schien etwas bemerkt zu haben, das entspannte Gesumm aus Worten und Gelächter floss unbeeindruckt weiter. Keine Minute später ein weiterer Knall, nicht ganz so stark wie der erste, aber immer noch laut genug. Als der Kellner kam, fragte ich ihn danach.

»Das sind die Bombardements im Tlemcen-Sektor«, sagte er. »*Un engagement.* Das geht jetzt die zweite Nacht in Folge so. Manchmal ist es circa eine ganze Woche lang ruhig, zu anderen Zeiten dann wieder sehr aktiv.« Während des Nachtischs ertönte eine lange Salve Maschinengewehrgeknatter in weniger als einem Kilometer Entfernung – in Oujda selbst. »Was ist das?« Der Gesichtsausdruck des Kellners veränderte sich nicht. »Ich habe nichts gehört«, sagte er. Dieser Tage passieren in Oujda alle möglichen Dinge, und niemand stellt Fragen.

Es war die Nacht, in der De Gaulle übers Radio dem FLN sein lang erwartetes »Friedensangebot« machen sollte. Aus müßiger Neugier gingen wir nach dem Essen sofort nach oben, um es uns anzuhören. Während der General seine fromm klingenden Worte intonierte, gingen die dumpfen Explosionen draußen weiter, manchmal wie ganz nahe Donnerschläge, manchmal aber auch eindeutig als Bomben zu erkennen. Mohammed Larbi saß schweigsam da, stopfte Zigarettenpapierchen mit Kif, klopfte sie fest und machte sie dann an den Enden zu. Ab und zu fragte er: »Und, was sagt er?« (denn er hat nie Französisch gelernt), und jedes Mal, wenn er fragte, antwortete ich rasch: »*Reh*« (Heiße Luft). Christopher regte sich über uns beide auf. Er hat sich in dem algerischen Konflikt nie entschieden auf eine Seite geschlagen, denn er will den Franzosen ein Mindestmaß an gutem Willen zugutehalten. Damit ich ihn nicht beim Zuhören störte, trat ich auf den Balkon hinaus, wo ich statt der Worte die Bomben hörte. Ihr Donnern machte uns nichts vor, kein Unterschied zwischen dem, was sie meinten, und dem, was sie sagten, und das war: Tod den Algeriern.

Ich fragte mich, wie viele Millionen Moslems in Nordafrika in diesem Augenblick am Radio diesen Worten lauschten, und stellte mir die Reaktionen voller Hass und Verachtung vor, die ihnen beim Zuhören über die Lippen kommen mussten. »*Zbil!*« »*Jiffa!*« »*Kharra!*« »*Ouild d'l qhaba!*« »*Inaal dinou!*« »*El khannez!*« Als der General seinen Monolog beendet hatte, sagte Christopher traurig: »Ich hoffe bloß, dass sie ihm glauben.« Ich war nicht der Meinung, dass da große Gefahr bestand, also sagte ich nichts. Die Geräusche von der Front gingen bis kurz nach Mitternacht weiter. Ich fühlte mich wieder fiebrig und musste nach meinem Thermometer suchen. Es zeigte ein wenig über 39 Grad. »Mit 1,8 multiplizieren und dann 32 addieren. Macht 102,2. Mein Gott! Ich bin krank!«

»Ich muss ins Bett«, verkündete ich.

Musiker in Essaouira

18. September

Gestern Vormittag bin ich im Bett geblieben. Gegen drei Uhr nachmittags war ich dann lange genug auf, um zum Büro des Gouverneurs zu fahren. Auch er war in Meknès beim Sultan, und sein Katib war auf höfliche Art unkooperativ. Zwar gab er zu, dass sein Zuständigkeitsbereich bis zu den Beni Snassen reichte, aber die Wahrheit sei, dass die Beni Snassen überhaupt keine Musik machten; tatsächlich, erklärte er, mieten sie ihre Musiker von den Beni Urriaguel an, wenn sie welche brauchen. Nichts also. Und in Figuig? schlug ich vor. »Es gibt keine Musik in Figuig«, sagte er kurzerhand. »Sie können dorthin fahren. Aber Musik bekommen Sie dort keine zu hören. Das kann ich Ihnen garantieren.« Ich verstand, dass er schon dafür sorgen würde, dass wir dort keine zu hören bekämen. Langsam kochte der Ärger in mir hoch, und ich hielt es für klüger, sein Büro möglichst rasch zu verlassen. Ich bedankte mich und legte mich wieder ins Bett.

Er ist kein ganz ungewöhnlicher Typus, der halb gebildete junge Marokkaner, für den materieller Fortschritt ein so wichtiges Symbol geworden ist, dass er bereit wäre, die Religion, die Kultur, das menschliche Glück und sogar das Leben seiner Landsleute zu opfern, nur um ein paar Krümel davon abzubekommen. Und wenige dieser Menschen sprechen ihre Überzeugungen so offen aus wie jener Beamte in Fès, der mir sagte: »Ich hasse alle Volksmusik, und vor allem unsere hier in Marokko. Das hört sich alles an wie Lärm von Wilden. Warum sollte ich Ihnen dabei helfen, etwas zu verbreiten, das wir hier ausmerzen wollen? Sie suchen nach Stammesmusik – aber es gibt keine Stämme mehr. Wir haben sie zerschlagen. Das Wort an sich hat also schon gar keinen Sinn mehr. Und ohnehin hat es nie so etwas wie Stammesmusik gegeben, nur Lärm. Nein, *Monsieur,* ich bin nicht einverstanden mit Ihrem Projekt.« In Wirklichkeit ist die Politik des derzeitigen Staates viel weniger extremistisch als die Überzeugungen dieses Mannes. An der Musik selbst ist kaum herumgepfuscht worden – nur an den Texten, die jetzt mit viel patriotischem Pathos durchsetzt sind. Zu fast jeder größeren offiziellen Feierlichkeit kommen Volksmusikgruppen aus dem ganzen Land, ihre Reise- und Aufenthaltskosten werden von der Regierung übernommen, und sie treten vor großem Publikum auf. Das Ergebnis ist, dass der Vortragsstil stromlinienförmig wird und die langen Formen zugunsten von abgekürzten Versionen verschwinden, die musikalisch keinen Sinn mehr ergeben.

Oujda, 20. September

Die letzten drei Tage habe ich im Bett gelegen, fiebrig und niedergeschlagen, weil mir die Beni Snassen und die anderen durch die Lappen gegangen sind. Jetzt sind die Gzennaia meine letzte Hoffnung, was Musik aus dem Rif angeht. Sie leben in der Provinz Taza, und wegen der Straßenverhältnisse wird es wahrscheinlich schwierig werden, zu ihnen zu gelangen.

Tagsüber scheint kein Geräusch von der Front zu kommen, aber abends, kurz nach Sonnenuntergang, setzen die Bombardements ein und dauern dann drei, vier Stunden an. Mohammed Larbi weigert sich, das Hotel zu verlassen; er behauptet, Oujda sei zurzeit ein gefährlicher Ort. Seiner

Ansicht nach gibt es täglich Hinterhalte und Erschießungen. Ich glaube, dass die meisten Explosionen, die wir tagsüber hören, Feuerwerke sind, die den Beginn des Mouloud feiern, aber ich gebe auch zu, dass einigen der Geräusche mit dieser Erklärung nicht so recht beizukommen ist. Wie auch immer, jedenfalls steht die Stadt zu nahe an der Grenze, um wirklich friedlich zu sein. Ich wünsche mir nur noch, dass es mir wieder gut genug geht, damit wir nach Taza abreisen können.

Taza, 22. September

Gestern Morgen hatte ich kein Fieber mehr, also bin ich, obwohl ich noch ein wenig schwach auf den Beinen war, aufgestanden und habe gepackt, und dann brachen wir wieder einmal auf. Es war ein kühler, sonniger Morgen, als wir losfuhren. Aber als wir hinter El Ajun in die Wüste kamen, begannen die Hitzeschleier am Horizont zu tanzen. Wir aßen in einem Weizenfeld außerhalb von Taourirt. Vorüberkommende blieben unter den Tamariskenbäumen stehen und hockten sich hin, um uns zuzusehen. Als wir wieder ins Auto einstiegen, entbrannte zwischen mehreren von ihnen ein Gerangel um die leeren Dosen und Flaschen, die wir zurückgelassen hatten.

Als wir endlich in Taza eintrafen, ging die Sonne schon fast wieder unter, und ich hätte wieder ins Bett gehört. Aber da die Regierungsgebäude noch nicht geschlossen waren, wollte ich einen Versuch wagen, den Gouverneur zu sehen, solange ich noch fähig war zu stehen und zu gehen. Ich spürte, dass das Fieber wieder im Anmarsch war. Von dort aus ging ich direkt ins Hotel, um mich ins Bett zu legen, und seither bin ich noch nicht wieder rausgekommen, also war es umso besser, dass ich vorher noch eine Stunde länger aufgeblieben bin und den *katib* getroffen habe. Der Gouverneur selbst war, nicht weiter überraschend, in Meknès beim Sultan.

Dieser *katib* war ein junger Intellektueller mit dicken Brillengläsern. Er machte deutlich, dass er mein Projekt für absurd hielt, aber er missbilligte es nicht offen. Er telefonierte sogar ganz demonstrativ nach Aknoul, um dort oben in den Bergen mit einem Untergebenen zu sprechen.

»Verstehe, verstehe«, sagte er nach einer Weile. »Letztes Jahr verstorben. Ah ja. Zu schade. Und in Tizi Ouzli?« fügte er dann noch hinzu, weil ich herumgestikulierte und es ihm einflüsterte. »Auch da nicht, verstehe.« Dann hörte er eine Weile zu, gab von Zeit zu Zeit einsilbige Kommentare ab, dankte schließlich seinem Informanten und hängte ein.

»Der letzte *chikh* in Aknoul ist im vergangenen Sommer gestorben. Er war ein alter Mann. Jetzt gibt es keine Musik mehr in der Gegend. Und in Tizi Ouzli kommen die Leute nicht aus ihren Häusern. Als der Sultan durchkam, haben sich die Frauen geweigert, ihre Häuser zu verlassen und für ihn zu singen. Sie sehen …« – er lächelte und breitete die Hände mit den Handflächen nach oben aus – »es wird nichts werden mit den Gzennaia.«

Ich saß da und sah ihn an, während er redete. Und da mir schon klar war, was er mir sagen würde, ließ ich alle möglichen Gedankensplitter durch meinen müden Kopf flitzen. Wie sehr sie den Rifbewohnern misstrauen und sie fürchten! Aber wie naiv muss der hier sein, auch noch zuzugeben, wie groß die Entfremdung ist! Ob die Frauen wohl bestraft wurden? Und da fiel mir die Bemerkung eines Rifbewohners ein: »Ihr in Amerika habt eure Neger, und Marokko hat uns.«

»Das Ende vom Rif«, sagte ich traurig zu Christopher.

Der junge *katib* deutete auf die Landkarte an der Wand hinter seinem Schreibtisch. »Im Antiatlas allerdings, da könnte ich Ihnen etwas arrangieren. In wenigen Tagen schon, wenn Sie mögen. Die Ait Ouaraine.«

»Ja, das würde mich sehr freuen«, sagte ich zu ihm.

»Dann kommen Sie doch bitte morgen früh um zehn.«

»Danke schön«, sagten wir.

Ich kam zurück hierher ins Hotel Wilhelm Tell und legte mich ins Bett. Auch hier wird das Zimmer nicht sauber gemacht, aber es ist groß, und meine Mahlzeiten werden mir auf einem Tablett hochgebracht, also spielt das keine große Rolle. Gestern haben Christopher und Mohammed Larbi auf der Straße die Bekanntschaft einer Gruppe professioneller Musiker gemacht, die sich bereit erklärt haben, heute aufzunehmen. Ihr Ensemble bestand aus drei *rhaitas*, vier *tbola* (die mit Stöcken geschlagen werden) und acht Gewehren. Die erste Forderung war sehr hoch, dann erklärten sie, dass die Kosten halbiert werden könnten, wenn während der Musik die Gewehre nicht abgeschossen würden. Unsere Vereinbarung sah dann vor, dass nur die *rhaitas* und die *tbola* spielen würden.

Mohammed Larbis exzessiver Konsum von Kif hat ihm einen ernst zu nehmenden chronischen Leberschaden beschert, die meiste Zeit fühlt er sich krank. Gestern Abend hat er sich nach dem Essen zu einem Spaziergang aufgemacht. Nach einer Stunde kehrte er mit wild entschlossenem Gesichtsausdruck zurück und erklärte uns:

»Ich habe mit dem Kif Schluss gemacht.« Christopher lachte spöttisch. Um seine Worte zu unterstreichen, warf Mohammed Larbi sowohl seine *naboula*, die vor lauter Kif fast platzte, als auch seine geliebte Pfeife auf mein Bett und sagte: »Behalt das Zeug. Du kannst es haben. Ich will nichts davon je wiedersehen.« Aber heute Morgen ist er vor dem Frühstück ausgegangen und hat eine Dreiviertelliterflasche Scotch gekauft, von der er schon vor dem Morgenkaffee gekostet hat. Als er später auf mein Zimmer kam, um die Aufnahmegeräte einzupacken, trug er die Flasche mit sich, und Christopher machte sich lautstark über ihn lustig.

»O chnou brhitsi?« schrie er verbittert. »Ich rauche kein Kif mehr. Erwartest du vielleicht von mir, dass ich meinen armen Kopf völlig leer lasse?« Das amüsierte Christopher und bedrückte mich. Ich ahne, dass es Schwierigkeiten geben wird mit einem aggressiven Mohammed Larbi. Kif macht die Leute ruhig und mürbe, mit Alkohol im Blut dagegen gehen sie raus und schlagen Schaufenster ein. In Mohammed Larbis Fall bedeutet das oft Streit mit der Polizei. Ich sah mit Sorge, dass er sich zum Ausgehen fertig machte.

Dies war das erste Mal, dass eine Aufnahme ohne mein Beisein stattfand. Aber alles sei gut gegangen, sagte Christopher bei ihrer Rückkehr. Es gab eine kurze Unstimmigkeit, als es ans Zahlen ging. Trotz der Abmachung, laut der die Männer ihre Gewehre nicht abfeuern sollten, hatten sie der Verlockung nicht widerstehen können und an drei Stellen der Musik geschossen, alle acht und im selben Moment. Also präsentierten sie am Ende eine Rechnung über die 24 Patronen, die sich Mohammed Larbi, der zu diesem Zeitpunkt schon sehr von seinem White Label gekräftigt war, standhaft zu bezahlen weigerte. »Na gut, dann auf Wiedersehen«, sagten die Männer und verschwanden vergnügt, um in einem nahe gelegenen Dorf auf einer Hochzeit zu spielen.

22. September

Der Whisky hat sein Werk getan, aber auf eine Art, die ich nicht erwartet hätte. Abends, als die Flasche fast leer war, hat Mohammed Larbi zwei Stunden mit dem Versuch zugebracht, am Telefon seine Frau in Tanger zu erreichen. Irgendwann überredete er den Besitzer eines Lebensmittelladens in der Nähe seines Hauses, sie holen zu gehen, und hatte danach ein stürmisches fünfminütiges Gespräch mit ihr. Ich konnte ihn brüllen hören von dort, wo ich lag, am anderen Ende des Hotels. Als er mein Zimmer betrat, sah er aus wie ein Wahnsinniger.

»Ich habe die Stimme meiner Frau gehört!« rief er. »Jetzt muss ich sie sehen. Sie hat womöglich einen andern. Ich fahre heute Nacht. Morgen Abend bin ich dort.«

»Du willst deine Arbeit im Stich lassen?«

»Ich will meine Frau sehen!« rief er noch lauter als zuvor, als hätte ich ihn nicht verstanden. »Das muss ich doch machen, oder nicht?«

»Du willst mich hier also krank im Bett zurücklassen?«

Er zögerte nur einen Augenblick lang. »Christopher kann sich um dich kümmern. Außerdem bist du gar nicht krank. Du hast nur etwas Fieber. Ich gebe dir die Nummer des Lebensmittelladens, und wenn du nach Fès kommst, rufst du mich an. Ich sehe dich dann in einer Woche oder zehn Tagen. In Fès.«

»Na schön«, sagte ich ohne die geringste Absicht, ihn tatsächlich anzurufen. Wenn er jetzt mit Whisky anfängt, war es ohnehin besser, ihn nicht mehr dabeizuhaben.

Und so kommt es, dass ich jetzt wenigstens ein Pfund sehr kräftigen Kif in meinem Besitz habe. In zwei oder drei Tagen müsste ich eigentlich so weit wiederhergestellt sein, dass ich oben in Tahala die Ait Ouaraine aufnehmen kann. Mit dem Rif sind wir fertig, und ich habe nur an zwei Orten aufnehmen können.

Paul Bowles in Tanger, 1980

MADEIRA
Holiday, September 1960

Als ich anfänglich mit dem Gedanken spielte, Madeira zu besuchen, rieten mir meine englischen Freunde, mir das noch einmal zu überlegen: »Du wirst es hassen«, sagten sie. »Es ist überhaupt nichts dran.«

»Ein trostloses, langweiliges Fleckchen Erde.«

»Madeira! Wozu das denn um Himmels willen?«

»Ich hatte eine Großtante, die ist da immer hingepilgert. Ich glaube, das arme alte Wesen ist dort irgendwann gestorben.«

»Das ist wirklich das Ende der Welt!«

Diese einmütige Ablehnung hätte mich womöglich von meinen Plänen abgebracht, hätte ich mich nicht bereits dazu entschlossen gehabt, auf jeden Fall dorthin zu fahren; außerdem kam dann jedes Mal ans Tageslicht, dass der jeweilige Ratgeber gar nicht selbst dort gewesen war, sondern lediglich eine Meinung kundtat, die heutzutage im literarischen London vorherrschend ist.

Ich hatte immer das Gefühl gehabt, Madeira würde mir gefallen, also kam ich her und war froh, dass ich es getan habe. All die Beschreibungen kommen mir heute vollkommen unwirklich vor; eine Beurteilung der Insel nach den Kriterien britischer Touristen ist in etwa so, als behaupteten sie, die Straßen New Yorks seien leer bis auf die Chinesen, oder ganz Kalifornien bestehe ausschließlich aus Filmstudios. Es ist eine Menge dran an Madeira, wenn auch nicht eben das, was touristische Broschüren so an der Insel loben: »Traumhaftes Klima das ganze Jahr hindurch.« »Madeira erhebt sich aus dem Atlantik wie ein funkelnder Smaragd aus einer weiten Ebene von Lapislazuli.« (Ich glaube, das Narkotikum Meskalin verursacht gemeinhin ähnliche Visionen, aber ich bezweifle, dass es irgendeine Pille gibt, die einem das winterliche Klima dort traumhaft erscheinen lassen könnte.)

Es stimmt, dass die Klippen spektakulär aus den Tiefen des Atlantiks emporsteigen. Madeira ist eine Insel von etwa 800 Quadratkilometern, die tatsächlich aus einem einzigen riesigen Vulkanmassiv besteht, das vom Meer umgeben ist. Die Seeluft dringt überallhin, selbst in den kleinen Tälern im Landesinneren riecht man oft das Salzwasser. Die Insel ist ausschließlich per Schiff zu erreichen, sie liegt 900 Kilometer südwestlich von Lissabon und 500 Kilometer westlich der marokkanischen Küste. Es gibt keinen Flughafen, und die Verbindung mit Wasserflugzeugen wurde 1958 eingestellt.

Vor 400 Jahren beschrieb Camões, der portugiesische Dichter, den Ort als *»do mundo a derradeira«* (am Ende der Welt liegend), und auch heute noch gibt es Momente, wo die Insel genau diesen Eindruck vermittelt, vor allem an Tagen, wenn die Sonne nicht scheint und der Atlantik gegen die Küste donnert und die Spitzen der senkrechten Klippen in tief hängenden Wolken verschwinden. Es ist ein raues und unbehagliches Land mit relativ mildem Klima und einem kraftvollen, gemischten Volk. Die ursprüngliche portugiesische Bevölkerung ist rasch durch den Zuzug italienischer, spanischer und niederländischer Siedler verstärkt worden, später kamen moslemische und jüdische Flüchtlinge aus dem christlichen Spanien hinzu und schließlich Neger vom afrikanischen Festland, die als Sklaven ins Land gebracht wurden, um auf den Zuckerrohrplantagen zu arbeiten. Die heutige Bevölkerung ist ein undifferenzierbares Amalgam all dieser unterschiedlichen Abstammungen. Eine zähe Rasse Menschen, daran gewöhnt, Wind und Wellen zu trotzen, aber nicht in der Lage, die dem 20. Jahrhundert verpflichtete Denkweise von Besuchern zu verstehen, die eine solche Rasse als bewundernswertes Phänomen betrachten. Sie selbst können nicht erkennen, worin der Vorteil ihrer außergewöhnlichen Robustheit liegen sollte, sie sehen nur das Unglück der Lebensumstände, die es notwendig gemacht haben, sie zu entwickeln.

Ein kurzes Gespräch, das ich während meines ersten Besuches führte, ist mir im Gedächtnis geblieben. Ich schwärmte einem Madeirer gegenüber vom Zauber seines Landes. Ich sagte, er wisse gar nicht, wie glücklich er sein könne, an einem so herrlichen Fleckchen Erde zu leben, da antwortete er ganz ruhig: »Ja. Ein Vogel kann in einem Gefängnishof landen und wieder davonfliegen, ohne überhaupt zu bemerken, wo er sich da befand.«

Im Park der Quinta Vigia von Funchal steht auf kleinen Schildern: Respektieren Sie die Pflanzen. Alles andere wäre auch schwierig. Madeira ist ein Land, in dem einem die Flora rundum sehr bewusst ist. In der milden, feuchten Luft wächst alles schnell. Wenn man durch die Landschaft fährt, hat man den Eindruck, dass jeder Hektar

Land irgendwann mühevoll von menschlicher Hand gestaltet worden ist: Man kann nicht glauben, dass dieser riesige Steingarten ohne Planung entstanden sein soll.

Wo das Land kultiviert wird, hat man ganze Berghänge durch Terrassierung verwandelt. Oft hat jede einzelne Ebene ihre eigene kleine Wasserrinne, die von der nächsten *levada* gespeist wird. Die *levadas* sind ein komplexes Netzwerk von Bewässerungskanälen, die das wertvolle Regenwasser von den Gipfeln hinab zum Meer leiten. Eine *levada* ist durchschnittlich nicht mehr als einen Meter breit und einen halben tief, aber das Wasser darin ist so klar und kalt, dass man versucht ist, davon zu trinken. Das Kanalisierungsprojekt wurde 1836 begonnen und wird noch immer weitergebaut, derzeit gibt es 700 Kilometer Kanäle, und jeder einzelne Stein ist von Hand gehauen und verlegt worden.

Aber wenn der Arbeitstag zu Ende ist und der Arbeiter nach Hause geht, dann liest er nicht die Zeitung, sondern fängt an, in seinem eigenen Garten herumzugraben. Kein Häuschen kann so elend sein, dass es nicht ein paar kleine Blumenbeete, Spaliere und Pergolen hätte. In jedem Fenster steht ein Blumenkasten, noch der kleinste Hof ist voller Palmen und Philodendren, die erbärmlichste Hütte steht inmitten von blühenden Weinreben und Bananenstauden. Im Hinterland sind die Straßenränder oft mit Efeu oder Lilien oder Farnen bepflanzt. An manchen Stellen wird Wein in Pergolen quer über die Straße gezogen, sodass der Wanderer bequem im Schatten gehen kann. Im Zentrum von Funchal gibt es drei tiefe Schluchten, durch die in der Regenzeit Wildwasser von den Bergen zum Meer hinabdonnert. Diese Bäche sind zu Tunneln verwandelt worden, indem man Bougainvillea und andere blühende Sträucher angepflanzt und sie von Ufer zu Ufer gezogen hat, sodass man, wenn man auf einer Brücke steht und die Schlucht hinauf- oder hinabblickt, nichts von ihr sehen kann, nur das Dach des Tunnels – ein lang gezogenes Zelt wuchernder Blumen. Sieben Meter darunter rauscht das Wasser entlang.

Als die Portugiesen Madeira vor mehr als 600 Jahren entdeckten, waren seine Hänge zur Gänze von unberührtem Wald bedeckt. Nichts ließ darauf schließen, dass je ein Mensch einen Fuß auf die Insel gesetzt hatte. Die Vegetation war so dicht, dass die Kolonisatoren beschlossen, alles abzubrennen. Das war eine dumme Idee, da das Inferno sie zwang, wieder in See zu stechen. Es heißt, es habe sieben Jahre gedauert, bis das Feuer schließlich ausgebrannt sei, und der Urwald war danach fast vollkommen zerstört (ein paar Flecken davon existieren noch am nördlichen Ende der Insel). Aber in den folgenden Jahrhunderten entstand dank der fruchtbaren Erde und der besonderen klimatischen Bedingungen ein eindrucksvoller Neubewuchs.

Obwohl die ursprüngliche Flora der Insel nicht eigentlich tropisch gewesen ist, gedeihen sehr viele exotische Bäume und Blumen aus Portugals afrikanischen Kolonien hier gut, nicht weil die Temperatur jemals so hoch würde, sondern weil sie nie sehr tief sinkt.

Dort wo der Urwald nicht ausgelöscht worden ist, gibt es solche ursprünglichen Kombinationen wie Farne und Ahornbäume oder Kastanien und Bambus, in den Städten wachsen die eingeführten Champakas, Jacaranda und Kapokbäume.

In einem hatten meine Londoner Freunde recht gehabt: Die meisten Besucher der Insel sind Briten. Sie kommen auf britischen Schiffen in Funchal an und ziehen von dort direkt in die großen, britisch geführten Hotels in den Vororten, wo sie eine oder zwei Wochen bleiben – manchmal sogar drei –, aber kaum je mehr, und wo sie theoretisch ihre Zeit damit verbringen, Tennis oder Golf zu spielen oder in einem der großen Schwimmbecken zu schwimmen (denn Strände gibt es keine). Aber all das nur, wenn sie Glück mit dem Wetter haben, was im Allgemeinen nicht der Fall ist, denn die meisten kommen im Winter, wenn es regnet. Mein Rat an Amerikaner ist, Madeira in der trockenen Jahreszeit zu besuchen, also im Sommer. Sonst werden sie bitter enttäuscht sein.

Andererseits sind Menschen der britischen Inseln dankbar, wenn ab und an einmal eine halbe Stunde die Sonne scheint oder auch, wenn es bewölkt ist, ohne zu regnen, und das erklärt, warum sie die Insel weiterhin als Winterressort benutzen.

Das erste Mal, als ich in Funchal anlandete, ging ich, da es mir vorher nicht möglich gewesen war, Informationen über andere Unterkünfte zu beschaffen, mit den Engländern in eines dieser riesigen Etablissements. Es war dort so ruhig, bequem und deprimierend wie in einem Sanatorium. Zugegeben, ich musste im Schlafzimmer meinen Mantel tragen, weil es keine Heizung gab. (Andererseits müssen Amerikaner im Winter auch in England drinnen zusätzliche Kleidung tragen, wenn sie es warm genug haben wollen.) Durch die engen Maschen im Fliegengitter meines Fensters hatte ich eine undeutliche Sicht auf terrassierte Gärten mit Palmen, Bananen und Papayas, die sich über vereinzelten Häusern mit roten Ziegeldächern erhoben, und dahinter die gewaltige graue Mauer der nahen Berge, deren Gipfel permanent in den Wolken verborgen lagen. Jeden Tag senkte sich mehrmals ein dünner Regenvorhang aus dem Himmel über den Bergen herab und wehte langsam auf mich zu. Wenn er das Hotel erreicht hatte, konnte man bereits wieder irgendwo über einer fernen Klippe einen blassen Streifen Sonnenlicht sehen, und die englischen Gäste in ihren nassen Trenchcoats schwirrten unten aufgeregt durch den pitschnassen Garten.

»Ich glaube wirklich, wir werden ein wenig Sonne bekommen.«

»Ist das nicht herrlich?«

»*Sehr* viel besser als gestern.« Jedes Mal staunte ich wieder darüber, wie sehr sie sich an dem Wetter freuen konnten, das man nicht anders als miserabel nennen kann.

Es war die Monotonie der »englischen« Mahlzeiten, die mich schließlich eine andere Bleibe suchen ließ. Ich zog in ein portugiesisches Hotel in der Stadt, das schamlos eine ausschließlich portugiesische Speisekarte hatte, und blickte auch nicht einen Augenblick lang mit Wehmut auf die Roastbeefs und Yorkshire-Puddings zurück. Auch hier wurden die Zimmer nicht geheizt, aber wenn man ein Zimmer und drei gute Mahlzeiten für zweieinhalb Dollar am Tag bekommt, erwartet man auch keinen *grand-luxe*.

Die Moden, was Getränke betrifft, kommen und gehen wie die Moden anderswo auch; in den letzten Jahrzehnten sind Süßweine nicht gerade sehr begehrt gewesen. Ich zum Beispiel hatte nur sehr wenig Portwein getrunken, bevor ich in Portugal lebte, und kaum je Madeira gekostet, ehe ich hierher kam. Zu meiner großen Überraschung ist guter Sercial, den man in jeder Cantina Funchals findet, fast genauso trocken wie trockener Sherry. Ich kann mich nicht entsinnen, in den Vereinigten Staaten jemals Sercial getrunken zu haben, aber ich glaube, er könnte dort ziemlich gut ankommen. Seine Konsistenz verschafft einem ein unerklärliches Gefühl von Luxus.

Diese Eigenschaft besitzen alle Madeira-Weine bis zu einem gewissen Grade, aber Malmsey, Boal und sogar der Verdelho sind zu süß, um meinen amerikanischen Geschmack zu treffen. Sercial dagegen ist in den Cafés und Cantinas von Funchal mein Codewort geworden. Später in Lissabon war ich empört, dass ich ihn in einer normalen Bar nicht bekommen konnte und mich mit einem *Vinho verde* begnügen musste. Nun bin ich wieder zurück in Funchal, und diesmal genieße ich den Luxus, den Wein noch in der bescheidensten Taverne zu finden.

Der einfachste Weg für den Besucher, einen genauen Überblick über die Vielfalt der Bouquets und Körper von Madeira-Weinen zu bekommen, ist ein Besuch in der *armazem,* einer der großen Exporteure in Funchal. Dort kann man eine vergnügliche Stunde an der Bar in einem Raum voller alter Fässer verbringen, in denen ein Jahrhundert alte Jahrgänge aufbewahrt werden, und sich über die verschiedenen Herstellungstechniken von einem Barmann unterrichten lassen, der nicht anschreiben muss, denn alle Drinks gehen aufs Haus.

Es war Nachmittag, und ich lehnte mich gegen einen Heuhaufen und blickte gen Westen. Egal in welche Richtung man schaut, die Landschaft bei Santana ist kaum zu glauben. Es ist, als hätte ein Maler des 19. Jahrhunderts mit einem Faible für barocke Formen eine Landschaft ganz nach seinem persönlichen Geschmack erfunden. In die Leinwand eingearbeitet sind alle möglichen »poetischen« Details, die so ein Maler als dort hingehörig empfunden hätte. Ein alpiner Hintergrund mit hohem Wasserfall, Wiesen von unwirklichem Grün, hier und da mit unnötig leuchtenden Blumen und neckischen kleinen, strohgedeckten Häuschen befleckt, deren steile Dächer bis zum Boden herunterreichen und die von wuchernden Kletterrosen geradezu erwürgt werden. Es ist die Art von Gemälde, wie man sie auf den Wandkalendern beim Bäcker finden kann. Ich musste es so hinnehmen, denn ich stand mittendrin.

Zu meiner Rechten erstreckte sich in endloser Weite das Meer, so blau wie auf einer Reklametafel und vollkommen still und reglos, da es etwa 400 Meter unter mir lag. Aus der Landkarte hatte ich geschlossen, dass Santana an der Küste lag, und das stimmt auch, aber auf einer Klippe, die niemand je hinauf- oder hinabzuklettern versucht. Die gepflasterte Straße zurück ins Dorf war vielleicht einen halben Meter breit, und Moos und kleine Blümchen wuchsen zwischen den Steinen. Bald tauchte ein barfüßiger Bauer auf, der eine handgemachte, archaisch wirkende Tracht trug, die sehr gut in die Landschaft passte. Ich rief ihm zu, um ihn nach einem Streichholz zu fragen. Er blickte auf, lächelte und sagte: »Ich habe keine dabei, aber ich gehe zurück und hole welche.« Dann drehte er sich um und ging denselben Weg zurück, den er gekommen war. Das geschah so schnell, dass meine Reaktion eine Sekunde zu spät kam. »Nein, nein, nein. Machen Sie sich keine

Umstände!« rief ich ihm hinterher. Aber er ging weiter Richtung Dorf.

Nach zehn oder fünfzehn Minuten tauchte er wieder auf dem Hügel auf. Er rannte. Ich ging ihm entgegen. Atemlos und noch immer lächelnd hielt er mir die Streichholzschachtel entgegen, die er soeben gekauft hatte, und überreichte sie mir dann mit einer kuriosen Mischung aus Stolz und Zurückhaltung, als sei sie ein wertvolles Geschenk. Ich nahm sie im selben Geist entgegen. Wir zündeten uns Zigaretten an, und ich sah ihn mir genauer an. Er musste in seinen Dreißigern sein, hatte struppiges Haar und weit auseinanderstehende Augen. Zwischen diesem Gesicht und den Gesichtern, die ich sonst zu sehen bekam, lag ein erheblicher Unterschied. Es wirkte, als sei dieses hier in Handarbeit entstanden, die anderen dagegen Massenware. Im selben Moment, als mir dieser Gedanke kam, wurde ich mir meiner Schwäche bewusst, immer romantische Theorien über unterentwickelte Völker anzustellen. Diesmal jedoch kam ich rasch zu dem Schluss, dass ich mich nicht täuschte: Er war der erste madeirische Bauer, mit dem ich sprach, und noch vor dem ersten Wort hatte er sich riesige Umstände gemacht, um freundlich zu mir zu sein. Das sah nach einem guten Anfang aus.

Funchal, wo ich seit einem Monat wohnte, war mit dem Bus vier Stunden entfernt. Ich fragte ihn, ob er die Stadt kenne, und bereute meine Frage sofort. Ich hätte genauso gut fragen können, ob er schon einmal in New York war. Funchal sei sehr weit weg, erklärte er, und er habe nie eine Gelegenheit gehabt, die Reise zu machen. Allerdings, fügte er hinzu, gebe es viele Leute im Dorf, die schon einmal dort gewesen seien. Dann wollte er wissen, ob ich aus Lissabon komme. Nein, sagte ich, aus Amerika. Ah, seufzte er und zog nachdenklich an seiner Zigarette. Er hatte einen Cousin, der Asyl in Amerika gesucht hatte – in Venezuela, genauer gesagt. (Es gibt viel Auswanderung von Madeira nach Brasilien, Venezuela und Mexiko, auch in geringerem Maße in die Vereinigten Staaten, und diese Suche nach einer neuen Heimat wird häufig als »Asylsuche« bezeichnet. Das Asyl ist ein rein wirtschaftliches, aber das wird nicht genauer ausgeführt.) Offenbar war früher im Jahr schon einmal eine Dame aus Amerika in Santana gewesen. Sie war zu Besuch in ihre alte Heimat gekommen und hatte natürlich sehr viel Geld mitgebracht.

»So?« sagte ich.

»Natürlich. Hätte sie nicht all das Geld gehabt, hätte sie nicht den ganzen Weg bis nach Madeira zurückkommen können.« Er stand sehr breitbeinig da und grub die nackten Zehen in die weiche schwarze Erde neben dem Pfad. »Sagen Sie mir«, sagte er plötzlich, »wie kommt es, dass es so einfach ist, in Amerika Geld zu machen?«

»Das ist es nicht«, versicherte ich ihm. »Es ist sehr schwierig.«

Er schüttelte den Kopf. »Aber wenn man jedes Jahr eine gewisse Summe Geld beiseitelegt, dann hat man irgendwann genug, um die Schiffspassage zu bezahlen. Wenn man aber in Madeira 2.000, 5.000 oder sogar 10.000 Escudos zusammenspart, dann reicht das immer noch nicht, um eine Reise nach Amerika und zurück zu bezahlen. Wie kann das sein?«

Der Gesang zahlreicher Vögel erfüllte die Luft. Nahebei murmelte ein unsichtbarer Bach. Es war unmöglich, ihm eine befriedigende Erklärung zu geben. Ich zuckte die

Achseln und sagte: »Die Umtauschrate«, bezweifelte aber, dass ihn das zufriedenstellen würde.

Sein Gesichtsausdruck wurde noch ernster: »Die Umtauschrate. Natürlich.« Wir hatten begonnen, langsam den Weg entlangzugehen, und vor dem ersten Häuschen blieben wir stehen. Ich fragte ihn, wie lange das Dachstroh hielt. Drei oder vier Jahre, antwortete er mir und fügte hinzu, dass der Besitzer, wenn es zu lecken begann, seine Nachbarn zusammentrommelte, damit sie ihm beim Reparieren halfen. »Und, kommen sie immer?« forschte ich nach.

Seine Augen weiteten sich vor Verblüffung. »Natürlich kommen sie immer!« rief er aus.

Dass sich jemand weigern könnte, ist offensichtlich undenkbar. In der Nähe war das Muhen einer Kuh zu hören, aber es war keine Kuh zu sehen. Ich hielt ihm meine Schachtel State Express hin, und er nahm sich noch eine Zigarette.

»Die werden nicht in Madeira gemacht. Die kommen aus Portugal, stimmt's?«

»Nein, aus England. Ich hab sie auf dem Schiff von Lissabon gekauft.«

»Lebt Ihr Vater in Lissabon?«

»Nein, nein. Mein Vater ist in Amerika.«

»Aber es ist doch Ihr Vater gewesen, der Ihnen beigebracht hat, Portugiesisch zu sprechen?«

Es wäre zu viel Mühe gewesen, ihm zu erklären, dass nicht nur mein Vater kein Portugiese ist, sondern dass ich auch keineswegs Portugiesisch sprach. Also sagte ich: »Ja.« (Ich hatte diese Konversationen über die Sprache schon mehrmals geführt. Ich hatte nämlich entdeckt, dass die meisten Portugiesisch sprechenden Leute Spanisch perfekt verstanden. Und ich hatte ebenfalls entdeckt, dass ich, wenn ich nur genau genug zuhörte, auch Portugiesisch verstehen konnte. Die Gespräche wurden also immer in zwei Sprachen geführt, ohne dass irgendjemand Verständnisschwierigkeiten hatte. Gebildeten Menschen war das bewusst, aber die Landbevölkerung, die oft aus Analphabeten besteht, glaubte, ich spräche einen portugiesischen Dialekt.)

Wieder muhte die Kuh. Es hörte sich an, als stehe sie direkt neben uns, aber zu sehen war sie immer noch nicht. »Wo ist denn diese Kuh?« fragte ich. Er lachte. »In ihrem Haus«, antwortete er und deutete auf eine kleine Hütte auf der anderen Straßenseite. Und dort drin war sie tatsächlich. Es ist eine der Kuriositäten dieses Landes – dass die Madeirer ihr Vieh in individuellen, auf die Größe der Tiere zugeschnittenen Behausungen halten, anstatt sie frei auf den Weiden an den gefährlichen Abhängen grasen zu lassen. Jedes Tier verbringt sein Leben in seinem eigenen kleinen Häuschen, das es umgibt wie eine Glocke die Käseplatte. Man kann sie hören und riechen, aber sie zu sehen ist eher unwahrscheinlich.

»Sie haben recht«, sagte ich und nahm damit wieder einen Gesprächsfaden auf, von dem wir abgekommen waren, aber den weiterzuspinnen mir ganz interessant schien. »Niemand kann so viel Geld sparen, dass es für eine Retour-Fahrkarte nach Amerika reicht.« Das stimmte zwar nicht ganz, war aber nah genug an der Wahrheit, denn den meisten, die Madeira verlassen, wird die Passage entweder von ihrem zukünftigen Arbeitgeber bezahlt, oder sie bekommen Unterstützung von Verwandten, die bereits in der Neuen Welt etabliert sind.

»Nein, es ist nicht möglich«, seufzte er. Dann hielt er inne und stellte sich kerzengerade auf.

»Willkommen in Santana«, sagte er mir.

»Auf Wiedersehen.« Wir schüttelten uns die Hand, und dann ging er weiter die gepflasterte Straße hinab.

Im Winter gibt es in Funchal viele regnerische Nächte. Selbst bei gutem Wetter ist die Stadt um Mitternacht wie ausgestorben. Das heißt, man kann sich eine Stunde lang an die Hauptstraße stellen, ohne dass ein einziges Auto vorüberfährt. Wenn der feine Regen vom Meer hereinweht und der nasse Wind um die Ecken fegt, wird jegliche Aktivität im Freien auf ein Minimum zurückgefahren. Ich gehe gern um Mitternacht durch die Straßen. Es ist, als würde man auf einem Schiff im Sturm einmal rund ums Deck laufen, nachdem alle anderen Passagiere bereits zu Bett gegangen sind. Niemand steht auf den Bogenbrücken über den *ribeiras*, selbst die Avenida Arriaga ist leer bis auf die Jacaranda-Bäume, die das mittlere Trottoir säumen, und blickt man links und rechts in die krummen Seitensträßchen, sieht man nichts als das Kopfsteinpflaster glänzen, wo der Widerschein der Straßenlaternen es trifft. Jedermann ist zu Hause und hat die Fensterläden geschlossen.

In einer kleinen Stadt auf einer kleinen Insel verhalten die Menschen sich korrekt. Es wäre schwierig, eine weniger kriminelle Einwohnerschaft zu finden als in Funchal. Vielleicht hat die Anzahl der Polizisten auch etwas damit zu tun, eine ganze Armee von ihnen wird jeden Abend auf die Stadt losgelassen. Ihre Silhouetten zeichnen sich in den Toreingängen ab, schwarz gekleidete Gestalten mit finsterer Miene, sie stehen einfach nur da und starren auf die leeren Straßen. Ich begegne ihnen, wie sie pflichtvergessen ihre Runden durch dunkle Gassen in Vorstädten drehen, im Angesicht der Bergwände. Ich sehe sie vor kleinen Kapellen in Seitenstraßen stehen oder in der Dunkelheit auf steinernen Bänken sitzen und über die Dächer hinwegblicken. Kein Gesetzesbrecher schleicht durch die Straßen Funchals. Außer den Polizisten schleicht überhaupt niemand umher.

Ich lege meine Spazierwege so, dass ich wenigstens einmal auf dem Praça do Municipio herauskomme. Leer und nur von Laternen beleuchtet, ist er ganz gewiss einer der elegantesten kleinen Plätze der Welt. Die herrlichen, asymmetrischen Gebäude sind kalkweiß und mit schwarzen Steinen gerahmt, und das Pflaster des Platzes selbst bildet ein abstraktes Mosaik aus schwarzen und weißen Lavasteinen. Wenn er spätabends im Regen glänzt, besitzt dieser Platz eine dramatische und unorthodoxe Schönheit. Langsam überquere ich ihn und tauche dann in die Düsternis einer Seitengasse ein. Aus der Kathedrale erklingt alle fünfzehn Minuten ein komplexes Glockenspiel. Manchmal, wenn ich an einem der *ribeiras* entlanggehe, übertönt das auf den Felsen rauschende Wasser dort unten das Glockenspiel zum Teil, aber nie vollständig.

Oder ich gehe hinunter zum Cais, dem einzigen Landepier der Stadt, das weit ins tiefe Wasser hinausreicht. Der Cais ist der Ort, wo die Landungsboote der Passagierschiffe festmachen, um die Besucher an Land zu lassen, und ein beliebter Treffpunkt. Natürlich nicht in regnerischen Nächten, wenn das einzige Geräusch, das mir Gesellschaft leistet, das wütende Tosen der hohen Ozeanwellen ist, die gegen den schmalen Strand aus schwarzen Steinen branden, umherrollen und gegeneinanderschlagen. Selbst wenn ich ganz am Ende des langen Cais bin, kann ich das dumpfe Rumpeln hören, mit dem die schweren Steine aufeinanderprallen, jedes Mal wenn eine Welle ans Land brandet.

Der Meeresboden fällt rund um diese Küste sehr schnell ab. Nicht weit weg vom Hafen ist das Wasser bereits 4.500 Meter tief. Oder wie es ein Reiseführer formuliert: »Die Insel ist in Wirklichkeit der Gipfel eines steilen Berges.« Dieser nicht wirklich beruhigende Gedanke ist mir manchmal kurz vor dem Einschlafen gekommen (und dann musste ich an das Schicksal von Port Royal in Jamaika denken, wo ein Erdbeben eines Nachts einen Teil der Stadt im Meer versinken ließ). Dann aber erweckte ein krähender Hahn irgendwo heimelige Assoziationen vom Leben auf einem Bauernhof, oder das wohlbekannte Glockenspiel ertönte und erinnerte mich daran, dass der Bau der Kathedrale im späten 15. Jahrhundert begonnen wurde und dass die Insel Madeira, wenn sie sich in all diesen Jahren nicht bewegt hat, es auch nicht gerade heute Nacht tun wird.

Heute Morgen: Im Delegação de Turismo wandte sich ein sehr rotgesichtiger Engländer mittleren Alters an mich: »Verzeihen Sie«, begann er, »sprechen Sie Englisch?« Als ich bejahte, fuhr er fort: »Ich wünschte, Sie könnten dieser charmanten jungen Dame hier klarmachen, dass wir Briten nicht hierherkommen, um auf dieser Insel herumzuspazieren. Wir kommen hierher, um Sport zu treiben. Ich persönlich interessiere mich für Bowling, und ich habe mir sagen lassen, es gebe hier einen Klub mit einer Bahn. Würde es Ihnen wohl etwas ausmachen, sie danach zu fragen? Meinen besten Dank.« Das Englisch der jungen Dame war ganz ausgezeichnet, aber er traute ihm nicht. Ich brachte sie bei dem gewünschten Thema zusammen und ging dann schnell hinaus.

Wenige Engländer, die Madeira besuchen, interessieren sich für die Insel selbst. Genauso gut könnten die Einwohner, abgesehen von Dienstboten und Verkäufern, überhaupt nicht anwesend sein. Die britischen Urlauber stehen so außerhalb des wirklichen Lebens hier wie die Blumenmädchen in »traditioneller« Tracht, die vor der Kathedrale Orchideen verkaufen. Abgesehen von einigen materiellen Vorteilen, die ihre Anwesenheit dem Land gebracht hat, haben sie keinerlei Wirkung auf die Madeirer gehabt.

Wie anders wäre das Land wohl heute, wenn die ständigen Touristen Amerikaner gewesen wären? Denn Amerikaner stellen Fragen. Wie viel? Warum dies? Was ist das? Die Gedankengänge, die von ihrer permanenten Fragerei in Bewegung gebracht worden wären, hätten vermutlich schon vor langer Zeit eine soziale Revolution in Gang gesetzt.

So aber finden alte Habitués die Insel so wieder, wie sie immer gewesen ist. Selbst die verschiedenen antiquierten Transportmittel wurden bewahrt. Geschmückte Ochsenschlitten holpern über die Straßen von Funchal, handgeführte Rodel gleiten die Hänge hinab, ja es gibt sogar Sänften, von denen aus der Tourist die Landschaft betrachten kann, während seine zwei kräftigen Träger über das schwierige Terrain steuern müssen. Gehen Sie einmal hinauf nach Monte und mieten Sie dort am oberen Ende der langen, steilen, kopfsteingepflasterten Straße einen Schlitten. Die beiden Männer rennen neben ihm her, wenden all ihre Kraft auf, um das Gefährt festzuhalten, sobald es Tempo aufnimmt, und spannen ihre Muskeln wie Biergäule, um es auf den flacheren Stücken voranzuziehen.

Und wenn die beiden dann schweißüberströmt dastehen, fragen Sie sie einmal, ob sie ihre Arbeit mögen. Wahrscheinlich werden sie ganz erstaunt darüber sein, dass das einen Ausländer interessiert. Diejenigen, die ich fragte, waren es, aber sie antworteten lediglich: »Es ist eine Arbeit wie jede andere ehrliche Arbeit auch, nur dass sie anstrengender ist als die meisten, aber nicht besser bezahlt. Allerdings besteht immer die Möglichkeit eines kleinen Trinkgelds von einer halben Krone, wenn der *Senhor* zufrieden war.«

Als »angrenzende Provinz« Portugals ist Madeira genau wie dem Mutterland das beschleunigte Leben erspart geblieben, das alle europäischen Länder so verändert hat, die am Zweiten Weltkrieg beteiligt waren. Ebenso wenig hat es in Portugal irgendwelche sozialen Umbrüche gegeben, die die ruhige Fortführung eines Lebensstils aus dem 19. Jahrhundert irgendwie aufgestört hätten. Die einfache Bevölkerung hat lediglich einen simplen Wunsch: Das gleiche Leben zu leben wie das, welches sie bei ihren Zeitgenossen als normal empfinden. Daher ein gewisses Ungenügen am Status quo.

Kürzlich blickte ich während des Mittagessens im Hotel Voga auf und entdeckte einen Mann, den ich zehn Jahre zuvor in Ceylon kennengelernt hatte, kurz nachdem er aufgehört hatte, dort Tee anzupflanzen. »Was machst du denn hier?« fragte ich. Wäre ich in Singapur auf ihn gestoßen oder in Hongkong, oder meinetwegen sogar in Nairobi, wäre ich nicht weiter überrascht gewesen, aber hier war ich es, und das sagte ich ihm auch.

»Ich lebe hier«, sagte er, »und ich habe auch vor, hier zu bleiben. Ich muss nur noch das richtige Haus finden. Ich bin jetzt siebzig, und ich will an einen ruhigen Ort.« Und Madeira ist ganz bestimmt ein ruhiger Ort. Es ist zu abgelegen, als dass man hier die emotionalen Auswirkungen der Weltereignisse spüren würde, und zu klein, um aus sich heraus viel Aufregung zu kreieren. Auf einer solchen Insel ist das Leben zwangsläufig beschaulich. Aber irgendwie schaffen es die Madeirer, sehr viel Freude aus dieser Art Leben zu ziehen, auch trotz der Isolation, über die sie sich beschweren.

Dann kam ein religiöser Feiertag, und ganz Funchal stieg den Berg hinauf, um ihn zu begehen. Auf den waldigen Hängen, fast tausend Meter über der Stadt, liegen immer wieder mehrere Parks. Einer davon ist ein ehemals privates Anwesen, das der Öffentlichkeit zu bestimmten Anlässen zugänglich gemacht wird. Hier versammelt sich die größte Menge. Um die Mittagszeit schlängelt sich eine Prozession vollgepackter Busse durch die Hauptstraße von Funchal. Ich stieg in einen ein und schloss mich dem Pilgerzug an, der die Kurven zum Höhenzug hinauffuhr. Die letzte Meile war zu steil, und wir mussten zu Fuß gehen. An den Straßenrändern reihte sich Stand an Stand, wo man etwas zu essen, zu trinken und Blumen kaufen konnte. Die Menschenmenge zog bergauf, kaufte ein bisschen von allem, manche spielten Tamburin und Akkordeon. Der Park selbst war herrlich – eine weite, strahlende Anlage von Treppen, Gärten und Balustraden, die sich im Schoß des Hanges ausdehnte. Ich hatte den Eindruck, überall seien Blumen: auf der Erde, in den Bäumen, in den Armen der Vorübergehenden. Im Park versammelten sich vielleicht 30.000 Menschen in gehobenster Stimmung, alle mit der festen Absicht, sich wohlzufühlen. Jedes Gesicht sah glücklich aus, und alle, einschließlich der kleinen Kinder und derjenigen, die auf dem Weg herauf ein wenig zu oft an den rustikalen Weinständen haltgemacht hatten, benahmen sich vorbildlich.

Augenscheinlich hat es keinen Sinn, auf Madeira ein Auto zu besitzen. Die wenigen Straßen sind eng und kurvenreich, und man überlässt das Fahren lieber Männern, die das ihr ganzes Leben lang gemacht haben. Die meisten Taxis sind moderne Kleinwagen, aber der Genießer wird den einen oder anderen alten Packard Tourenwagen entdecken, Relikte aus den Mittzwanzigern, die, wenn man das Verdeck herunterklappt, ideal für eine Tour in die Berge sind. Ich hatte zunächst vorgehabt, so einen Wagen für meine Fahrt nach Santana zu benutzen, aber nachdem ich für mehrere kurze Touren bereits Bus gefahren war, beschloss ich, dass eine Busreise das war, was ich eigentlich wollte. Busse sind bequem und verkehren in regelmäßigem Takt in alle Ecken des Landes. Jedes dieser Fahrzeuge ist mit frischen Blumen geschmückt, meistens Rosen und Jasmin, überall im Bus verteilt. Wenn eine Dame aus Madeira sich auf eine Reise begibt, ist es praktisch unvermeidlich, dass sie im Moment der Abfahrt mindestens einen Blumenstrauß bekommt (häufig mehrere Dutzend Orchideen), den sie dann bei der Ankunft denjenigen überreicht, die sie abholen kommen.

Die Madeirer sind Frischluftfanatiker. Das Einzige, was sie regelmäßig an den Temperaturen ihrer Insel auszusetzen haben, ist, dass es zu heiß sei. Diese Kritik kann jederzeit kommen, selbst mitten im Winter, wenn es hier kein einziges Fleckchen gibt, das man als heiß bezeichnen könnte. Aber da sie Naturkinder sind, wollen sie spüren, wie ihnen die Luft um die Nase weht, und deshalb öffnen sie alle Fenster, und der Wind fegt durch den Bus.

Sie fahren also quer über die Insel zur Nordküste, nach Faial oder Santana. Drei Minuten nach der Abfahrt von der Haltestelle beginnt ein Anstieg, der fast zwei Stunden lang nicht mehr aufhört. Vom Stadtkern abgesehen, ist Funchal ein einziger Berg voller kleiner terrassierter Gärten mit je einem kleinen Häuschen darin. Die wenigen Straßen schlängeln sich den steilen Hang hinauf, und jede Kehre gibt einen kurzen Blick frei auf die endlose Fußgängertreppe, die bis zur nächsten Serpentine führt. Zunächst kann man in mehreren Kurven noch einen Blick hinab auf Funchal werfen, wie es dort unten am Meer liegt; mit jeder neuen Aussicht werden seine Häuser ein wenig kleiner, und die Passagierschiffe im Hafen sehen immer mehr wie Jachten aus, während der Atlantik immer größer, stiller und blauer wird.

Unterdessen ist die Luft immer kühler geworden, jetzt schon mischt sich der düstere Duft der Wälder dort oben hinein – Wälder, deren hohe Bäume das Tageslicht nicht durchlassen, eine feuchte nächtliche Kälte bewahren. Mit einem Schlag weicht alle Farbe aus der Landschaft. Der Bus ist in den Schatten der Wolkendecke geraten, die üblicherweise die Berggipfel verdeckt. Sie würden jetzt gerne das Fenster neben Ihnen schließen, aber die übrigen Passagiere genießen die kalte Luft und den nassen Pflanzengeruch so offensichtlich, dass Sie es bleiben lassen.

Als der Bus sich um eine der Haarnadelkurven dreht, blicken Sie nach vorn und sehen weiße Nebelschleier in den Bäumen hängen. Dicke Schwaden fliegen vorüber, der Bus ist in die unteren Wolkenschichten eingetaucht. Sie versuchen einen Blick in den Wald zu werfen, der ja, wie Sie wissen, hinter dem Fenster vorübergleitet, aber Sie können nicht weiter sehen als bis zum Straßengraben, der voll schnell fließendem Wasser ist, und den Lilien und Farnen an seinem Rand. Was immer dahinter liegen mag, ist weit entfernt. Und dann plötzlich sind Sie in der blinden grauen Innenwelt der Wolke. Der bergauf kriechende Bus hat die Scheinwerfer angeschaltet, aber die helfen nicht. Die sporadischen Gespräche versiegen jetzt völlig, und eine Weile hört man nichts als den Lärm des alten Motors, der sich im kleinen Gang voranmüht. Und plötzlich, als hätten sich alle abgesprochen, fängt jeder zu reden an. Es wäre einfach zu trist, still zu sein, während man durch diese Düsternis fährt, in der alles unsichtbar geworden ist. Und weiter und weiter fährt der Bus, hinauf und durch Kehren, und die Luft wird immer kälter, bis dann sogar einige der Madeirer sich entschließen, die Fenster zuzumachen.

Erst wenn Sie über die Baumgrenze hinaus sind und der Wind brüllend über die nackten Bergrücken fegt, erstrahlt plötzlich blendendes Sonnenlicht. Unheimliche Wolken steigen hinter Felsen hoch, nehmen vor Ihren Augen in Windeseile Form an und stürzen sich dann in den Abgrund hinter Ihnen. Einen Moment lang wirkt das Ganze wie eine extrem kostspielige Aufführung der *Götter-*

dämmerung. Ab hier ist die Weiterfahrt ein ständiges Auf und Ab durch Täler und an Felswänden entlang. Sie kommen aus einer Kurve und balancieren direkt 600 Meter oberhalb eines Dorfes. Eine halbe Stunde später holpert der Bus durch dessen Hauptstraße, und die Glocken läuten im Kirchturm, während Sie die sonnenbeschienene *praça* überqueren. An manchen Haltestellen ist es so still, dass Sie von Ihrem Sitz aus das Wasser in der *levada* neben der Straße murmeln hören können. Und wenn Sie dann schließlich ankommen, haben Sie ein ganz klares Gefühl dafür, anderswo zu sein – gar nicht so sehr an einem anderen Ort als in einer anderen Zeit. Für Ihre 62 amerikanischen Cents haben Sie eine lange Zeitreise zurück in die Vergangenheit machen dürfen. Die Vögel singen, Menschen sitzen in Grüppchen an den Ufern eines Bachs und flechten Körbe aus Weidenzweigen, Kühe muhen aus ihren kleinen Häuschen heraus, und es wird Ihnen klar, dass gar kein Zweifel daran bestehen kann, dass auch Sie dazugehören: zu dem Gemälde im Kalender.

Ja, Sie werden gewiss bald wieder nach Funchal zurückkehren, aber das spielt gar keine Rolle. Sie wissen jetzt, dass ein solcher Ort existiert, und dass Sie, wenn Sie möchten, eines Tages wieder dorthin können, und es tut gut, diese Gewissheit zu haben.

Paul Bowles in seinem Haus auf Taprobane, 1955

DIE IRRSINNIGE COSTA DEL SOL
Holiday, April 1965

Ich konnte das Glück kaum fassen, das ich hier in La Línea hatte. Die Spanier betreiben hier an der Grenze zwischen Gibraltar und Spanien ein offizielles Programm zum Schikanieren von Autofahrern. Indem sie jedes Auto mutwillig eine Viertelstunde lang an der Schranke warten lassen, gelingt es ihnen, ein eindrucksvolles Nadelöhr zu schaffen; der Sinn ist es, die Leute davon abzuhalten, zwischen den beiden Territorien mit dem Auto zu verkehren. Gibt es auch nur ein wenig Verkehr, kann die Wartezeit endlos werden. Es ist nicht ungewöhnlich, dass man sechs oder sieben Stunden lang in La Línea steht. Auf Anraten meines Fahrers fuhren wir sehr früh am Morgen los und hatten nur zwei Wagen vor uns. Binnen 35 Minuten hatten wir die Grenzschranke passiert.

Es war sehr angenehm, in der strahlenden Morgensonne durch die klar umrissene andalusische Landschaft zu fahren. Zu meiner Rechten breitete sich das Mittelmeer aus wie eine immense Glasplatte, ohne einen einzigen Kräusel auf seiner Oberfläche, und vor uns konnte man entlang der gewundenen Küstenlinie die kleinen weißen Städtchen am Fuß der nackten braunen und violetten Berge ausmachen.

Das erste Mal hatte ich diese Gegend, die heute als Costa del Sol bekannt ist, 1934 gesehen. Damals hatte sie noch keinen Namen, und niemand schien sie als einheitlichen Landstrich zu sehen. Ich fuhr von Granada direkt hinunter nach Motril am Meer, und von da aus die Küste entlang nach Gibraltar. Die Landschaft besaß keine auffallenden Merkmale. Große, öde Berge im Norden, zwischen ihrem Fuß und dem Mittelmeer eine leicht abfallende Ebene, wo Feigen- und Olivenbäume, Zuckerrohr, Korkeichen und kleine Schirmtannen wuchsen. Ab und zu führte eine von Dattelpalmen gesäumte, lange Allee zu einem einsamen Bauernhof. Hier und da zog ein mit einem Maultier zusammengespanntes Kamel einen Pflug. Das Beeindruckende an der Fahrt war die Tatsache, dass hier mehr als 200 Kilometer Mittelmeerküste lagen, deren graubrauner Sand nie zu etwas anderem gedient hatte, als Fischernetze zu trocknen und Fischerboote an Land zu ziehen. Die Dörfer waren sehr weiß, wie alle Dörfer Andalusiens, und wahrscheinlich noch ein wenig ärmer als die anderen.

Seither ist dieser Landstrich der Schauplatz von Europas spektakulärstem Grundstücksboom geworden. Wenn eine Region so schnell wächst, kann es sein, dass sie alle paar Monate anders aussieht; bei mir war es drei Jahre her, dass ich sie zuletzt besucht hatte. Schon 1961 war das Gebrüll der Esel vom Gedonner des Verkehrs übertönt und der Klang der Gitarre von dem der Jukebox abgelöst worden. Heute ist die Verwandlung noch viel weiter fortgeschritten, an bestimmten Ballungspunkten herrscht ein wahres kleines Chaos aus Lastwagen, Kränen, Zementmischern und Kanalisationsrohren. Abhänge werden planiert, Senken aufgefüllt, Straßen verbreitert. Und überall wachsen Betonwürfel empor. Die kleinen werden »authentische andalusische Villen« genannt, die großen »Super-Luxus-Apartment-Häuser«. Das 20. Jahrhundert hat Wurzeln geschlagen.

Was neu ist, ist auch gut. Im Zentrum von Torremolinos außerhalb Málagas bestieg ich ein Taxi und bat darum, zum Hotel Carihuela Palace gebracht zu werden. Ich fügte hinzu: »Das ist doch das beste Haus am Platz, oder?«

»Aber nein, *Señor*!« rief der Fahrer aus und genoss meine Ahnungslosigkeit. »Das Carihuelas gibt es doch schon seit 1960. Seitdem sind eine ganze Reihe neue gebaut worden.« Er zählte die neueren und daher auch besseren Hotels auf, zusammen mit ihren jeweiligen Vorteilen, und hätte mich am liebsten jedes einzelne selbst besichtigen lassen. Als ich mich weigerte, das zu tun, gab er immerhin zu, dass das Carihuela ein sehr gutes Hotel sei, aber es führe eben auch kein Weg an der Tatsache vorbei, dass es schon vier Jahre alt sei. Er hätte eben geglaubt, der Señor würde sich in einem der besseren vielleicht wohler fühlen.

Bei meinem ersten Spaziergang durch Torremolinos hatte ich den Eindruck, die Stadt sei nach einem Bombenangriff neu aufgebaut worden. Er war einmal ein stiller kleiner Ort auf einer nicht allzu hohen Klippe über dem Meer gewesen, auf die ein paar Stadtmenschen in den ersten Jahrzehnten des Jahrhunderts scheußliche Villen gestellt hatten. Es besaß viel Ähnlichkeit mit Praia da Rocha an der portugiesischen Algarve-Küste, aber immerhin gab es ein paar hohe Bäume, die Schatten spendeten. (Die gibt es nicht mehr.) Oben auf der Klippe befanden sich zwei *pensiónes* mit Aussicht aufs Meer. Ich hatte in beiden wochenlang logiert, aber nun konnte ich sie nicht einmal mehr finden. Von der Pension Santa Clara konnte man auf La Carihuela hinabblicken, eine Reihe von Fischerkaten am Strand, vor denen die Netze zum Trocknen ausgelegt waren und nackte Kinder herumrannten. La Carihuela gibt es immer noch, es ist zu einem dicht bebauten kleinen Touristenzentrum voller Bars und Jugendherbergen geworden, wo die ursprünglichen Einwohner in ihren teilmodernisierten Häuschen Wand an Wand mit urlaubenden Partygirls aus Stockholm oder Hamburg wohnen.

Die Ausländer, die schon zehn Jahre oder länger in der Gegend leben, empfinden sich selbst als Alteingesessene; sie empören sich darüber, dass aus Torremolinos eher etwas wie Las Vegas geworden ist als Santa Barbara. Kommt hinzu, dass Torremolinos stilbildend für die gesamte Küste gewirkt hat. Hier hat der Boom begonnen, und hier hat die planlose Bauwut, da sie am längsten praktiziert wird, monströse Ausmaße angenommen. »Sehen Sie sich an, was sie daraus gemacht haben! Es war so hübsch, und sehen Sie es sich jetzt an!«

Jedenfalls sieht es nicht spanisch aus, falls es das ist, was diese Leute meinen. Viel erschütternder aber ist, dass die großen andalusischen Städte, Sevilla, Córdoba und Granada, von derselben Krankheit heimgesucht und entstellt worden sind. Wie kann man sich angesichts dessen darüber aufregen, was aus einem kitschigen, kleinen Vorort von Málaga geworden ist? Ich hoffe beinahe, dass das Fieber in Torremolinos noch schlimmer wütet. Denn wenn es Extreme erreicht, deren Absurdität den Spaniern selbst bewusst wird, ergreifen sie vielleicht Schritte, um andere Teile ihres Landes vor einer ähnlichen architektonischen Vernichtungswelle zu schützen. Mit einiger Wahrscheinlichkeit wird eines Tages die gesamte Costa del Sol denselben anarchischen Anblick bieten wie heute die zwei Meilen Küstenstreifen von Torremolinos; an diesem Punkt kann auch keine Planung mehr etwas retten.

Man sagt mir, diese Prognose sei zu düster, es gebe jetzt seit Kurzem einen Verein von Grundbesitzern, dessen Ziel es sei, eine Maximalhöhe für Neubauten außerhalb der Stadtgrenzen einer Gemeinde gesetzlich festschreiben zu lassen. Sollte ein derartiges Gesetz tatsächlich durchkommen, hätte es immerhin den Vorteil, dass, würde Señor Contreras es sich in den Kopf setzen, ein Hotel in der Form eines Schlachtschiffes zu bauen, oder Señor Peralta beschließen, einen neuen Apartment-Komplex hinzustellen, dessen Häuser wie Iglus oder Pagoden aussehen, solche Fehlgriffe aus einer Entfernung von fünfzehn Kilometern nicht mehr sichtbar wären. Wenn sie das durchsetzen könnten, hoffen sie, wäre es immerhin ein Anfang.

Wie ist Torremolinos eigentlich? Ein kurzer Brief eines Einwohners, der in *Lookout* abgedruckt ist, der englischsprachigen Zeitung, die in der Hauptstraße des Orts herausgegeben wird, gibt uns ein prägnantes Porträt seiner Seele: »Als ich heute Morgen aus dem Fenster blickte, sah ich zwei große Gegenstände im Wasser auf und ab hüpfen. Bei genauerem Hinsehen entpuppten sie sich als riesige Nachbildungen einer Pepsi- und einer Miranda-Flasche, die dort zu Reklamezwecken verankert waren.« Torremolinos ist durch und durch Pop-Art. Seine Einwohner verteidigen es mit Zähnen und Klauen. Als Antwort auf Kenneth Tynans Artikel »Spaßdämmerung« in *Esquire* brachte

Lookout eine mit »Schreckliches, schreckliches Torremolinos« überschriebene Ausgabe. Darin erklärt der Redakteur stellvertretend die lokale Meinung: »Ein kleines, provokantes, sündiges, wildes und lautes Strandbad wie Torremolinos ist genau das, was auf der Landkarte noch gefehlt hat.«

In einem 238-seitigen Bericht mit dem Titel »Die Costa del Sol und ihre Probleme«, der vor Kurzem vom Amt für technische Koordination und Entwicklung in Málaga herausgegeben worden ist, findet sich eine große, aufklappbare Grafik, die die Autounfälle zeigt, mit und ohne tödlichem Ausgang, die im vergangenen Jahr auf der Durchgangsstraße zwischen den Küstenorten geschehen sind. Wenn man all die Ferraris, Mercedes 300, Jaguars und Aston Martins über die verkehrsreiche, gerade einmal sechs Meter breite Straße fliegen sieht, fragt man sich, wie es kommt, dass so viele Menschen noch am Leben sind. Aber genau dort, wo die Straße verbreitert wurde wie in Torremolinos, liegt die Unfallrate sehr viel höher.

Ich nehme ein Taxi nach Málaga und komme logischerweise fast zu Tode. Wie üblich besteht ein Viertel der Fahrzeuge auf der Straße aus Zehntonner-Lastwagen voller zerkleinerter Steine und Baumaterialien. Ohne Vorwarnung tritt einer von ihnen auf die Bremse und stoppt. Zwischen uns und dem Lastwagen befinden sich drei Autos, wir fahren alle ziemlich flott. Jeder Fahrer reißt das Steuer nach links, und die Autos berühren sich beinahe, als wir zum Stehen kommen. Zufälligerweise gibt es in diesem Augenblick keinen Gegenverkehr, so bleiben wir am Leben.

Ein Amerikaner, der in Torremolinos lebt, sagt mir dazu: »Die Autounfälle hier sind legendär.«

»Ja, ich habe überall an der Küste davon gehört.«

»Ja, aber unsere hier sind spektakulär. Da landet der Kopf eines Mannes auf der einen Straßenseite und sein Körper auf der anderen.«

Aber ganz gleich, wo die Stücke landen: Torremolinos ist definitiv kein Ort für Fußgänger. Jedes Mal, wenn ich in den Ort gehen wollte, musste ich ein Stück weit an der Hauptstraße entlang, es gab einfach keinen anderen Weg. Vielleicht wird man später dort, wo sich jetzt Schutthaufen türmen, Bürgersteige bauen.

Miss Honor Tracy, die Romanschriftstellerin, hat offenbar einen traumatischen Schock erlitten, als sie nach mehreren Jahren nach Torremolinos zurückkehrte. »Den Ort heute anzusehen«, schrieb sie, »ist, wie in das Gesicht eines Freundes zu blicken, der nicht eine, sondern alle existierenden Hautkrankheiten zugleich hat: Warzen, Talgzysten, Eiterbeulen, Pocken, Lepra und Lupus.« Natürlich fühle ich mit ihr, aber die Vehemenz ihres Ausdrucks erstaunt mich doch, weil das Gesicht ihres Freundes auch schon vorher nichts Besonderes war.

Lookout warnt seine Leser vor Journalisten, denn die seien »gefährlich«. Die Zeitung ist über jede Zeile in der ausländischen Presse empört, die auf die Trunkenheit, den Drogenkonsum oder die merkwürdigen sexuellen Praktiken der Küstenbewohner anspielt. Das ist nur natürlich. Jedermann weiß selbstverständlich, dass journalistische Berichte über verbreitetes Fehlverhalten, ob sie nun aus Torremolinos, Tanger, Neapel oder Macao kommen, zwangsweise erfunden oder im objektivsten Falle sehr stark übertrieben sind.

Die örtliche Obrigkeit zeigt gegenüber extravagantem Verhalten eine erstaunliche Toleranz, aber nur, wenn es von Fremden kommt. Ein örtlicher Bohemien bringt es auf den Nenner: »Ausländer werden hier nie hochgenommen. Nur die Spanier.« Zweifellos werden die Bewohner dieses Landes streng überwacht. Dennoch glaube ich nicht, dass dies der Grund für die geringe Kriminalität in Spanien ist. Viel ehcr scheinen mir die Gründe dafür in der Struktur der spanischen Kultur zu liegen: Und dort mehr als irgendwo sonst, habe ich den Eindruck, in der Bedeutung von Familienloyalität, deren Grundlage die Liebe ist. Es gibt wenige Neurotiker in Spanien, wenige Menschen, die sich ungewollt fühlen und dadurch als Außenstehende.

Die roten Neonschriftzeichen buchstabieren es: BAR, *Bar*, B*A*R*S, und der Lärm rollt hinaus in die engen Straßen. Ein jeder spielt den Spanier, klatscht in die Hände und schreit »Olé!«. Bei der Namensgebung der Etablissements herrscht das tropische Element vor: Tahiti, Aloha, Tabu, Acapulco, Las Antillas, Ecuador, La Tropicana. Wie ein Kellner stolz bemerkt: »Jetzt haben wir Miami Beach in Espanien.«

Wenn Torremolinos Miami Beach ist, dann ist Marbella, die Küste in Richtung Westen runter, Palm Beach. Die Liste seiner Grundeigentümer strahlt vor Adelstiteln und Reichtum mit Namen wie Los Duques de Alba, Prinz und Prinzessin von Bismarck, Los Marquesas de Villaverde, Herzog und Herzogin von Windsor. Es rühmt sich des besten Winterklimas von Europa und gilt derzeit an der Costa del Sol als der eleganteste Ort zum Leben. Das spiegelt sich in den Preisen wider: Selbst in den Supermärkten

Jane und Paul Bowles in New York, 1944

liegen sie um zehn bis zwanzig Prozent höher als in anderen Städten der Gegend. Der Besucher sollte das Gefühl haben, er zahle eine Art Luxussteuer für das Privileg, an einem Ort zu sein, der ein wenig von seinem andalusischen Flair behalten hat.

Das Wetter ist perfekt, aber die Sonne geht früh unter im November. Nachmittags sitze ich in einem Café gegenüber der Plaza. Der Wind frischt böig auf, die Blätter fallen und bedecken die Gehwege rund um die Pavillons und Bänke. Ich bleibe so lange, bis ich vor Kälte nicht mehr sitzen bleiben kann, und dann gehe ich hinunter zum Strand. Hier ist der Wind bitterkalt. Gerade watet ein großer Schwede in das dunkelnde Wasser, um sein Spätnachmittagsbad zu nehmen.

Es ist schwer, am Nachmittag in Marbella irgendetwas zu unternehmen. Einige der Geschäfte schließen um eins, andere um zwei, noch andere um halb drei. Etwa drei Stunden später machen sie wieder auf. Francos Kampagne, die Bevölkerung davon zu überzeugen, ihren Tagesablauf ein wenig früher zu beginnen, scheint an der Costa del Sol keinerlei Erfolg gehabt zu haben. Eines Abends gab es in Málaga im Teatro Cervantes eine Aufführung von Fallas *La Vida Breve* vom Ensemble des Teatro de la Zarzuela; eine Galavorstellung, bei der ich mir auffällig vorkam, weil ich keinen Frack trug. Genau um Mitternacht erfüllten die ersten Noten der Oper den Saal, und um zehn vor zwei traten wir aus dem Theater. Alles war genauso, wie es immer gewesen ist.

Prinz Alfonso von Hohenlohe, der das Marbella Club Hotel erbaut hat und besitzt, erzählt von einer Wette, die er mit einem Schweizer Bankier abgeschlossen hat. Er wettete um tausend Peseten, dass der in drei Versuchen nicht erraten würde, welche Gewinnmarge er beim Verkauf eines Stücks Land erzielt hatte. Der Bankier muss gewusst haben, dass er verlieren würde, aber da er Hotelgast war, akzeptierte er die Wette. »Ich warne Sie, sie war extrem hoch«, sagte der Prinz.

»2.000 Prozent«, schlug der Bankier vor.

»Viel höher.«

»Na gut, 5.000 Prozent.«

»Viel, viel höher, ich habe Sie doch gewarnt.«

»25.000 Prozent?«

»Sie haben verloren«, sagte der Prinz. »Ich habe das Land gekauft, als es für 50 Centimos den Quadratmeter angeboten wurde, und es für 2.000 Pesetas den Quadratmeter wiederverkauft. Macht 400.000 Prozent.«

In den Schaufenstern und Bars hängen Anschläge, die zu einem Erntedankfest und Tanz einladen. (Es gibt nur 300 Eintrittskarten zu fünf Dollar pro Person, inklusive einem kompletten Truthahndiner, Champagner, Tanz und Showeinlagen.) Allerdings muss man seinen amerikanischen Pass mitbringen. Man sagte mir, in der ganzen Gegend gebe es keine 300 amerikanischen Anwohner. Die Leiter des Tourismusbüros von Málaga meinten, es existierten keine Statistiken über die Nationalität der ausländischen Einwohner und Touristen, sie glauben, dass noch nicht einmal die Polizei eine solche Liste besitzt. Man nimmt aber an, dass die Deutschen an vorderster Spitze stehen, dicht gefolgt von den Schweden und danach den Dänen und Engländern.

Die Costa del Sol ist auf der spanischen Landkarte

nicht breiter als ein Bindfaden, dahinter erstreckt sich das weite, schöne Andalusien. Jede Straße, die von der Hauptstraße abzweigt, führt direkt in die Berge hinauf, wo die Dörfer auf den Kuppen voller Granatäpfel- und Mandelbäume noch immer so aussehen wie vor Jahrhunderten. Drei oder vier davon, die zu nah an der Küste liegen, sind von den Ausländern gefressen worden. Das angenehmste der derart besetzten Dörfer ist Churriana, das in knapp vier Kilometern Entfernung hoch über Torremolinos liegt und wo Hemingway bei Bill Davies logierte. Ein Stück die Straße hinab von den Davies leben die Brenans. Ist irgendeine literarische oder künstlerische Berühmtheit in der Gegend, so kann man sicher sein, sie im Garten der Brenans im Schatten des Bambusgehölzes sitzen zu sehen.

Als ich Gerald Brenans Haus zum ersten Mal betrat, kam mir der Gedanke, dass jeder Architekt, Innenarchitekt oder Landschaftsarchitekt, der in dieser Region seinem Gewerbe nachgeht, zunächst einmal dieses Anwesen gründlich in Augenschein nehmen sollte, bevor er die Erlaubnis bekommt, seinen Beruf auszuüben. Ich sagte meinen Gastgebern, es müsse wohl dem Ideal des Lebens ziemlich nahe kommen, in diesem herrlichen, weitläufigen alten Haus voller Bücher zu leben, vor der Tür den überwältigenden Garten voller Früchte und Blumen, und umgeben von der immer gleichen ruhigen und zufriedenen Dienerschaft, die einem das Leben so angenehm wie möglich macht. Nicht wirklich, antworteten sie mir, und dann erzählten sie mir eine merkwürdige Geschichte.

Während des Spanischen Bürgerkriegs verließen die Brenans Churriana und gingen nach England. Wie nicht anders erwartet, beschlagnahmten die Behörden das Haus und brachten mehrere spanische Familien darin unter. Der Gärtner, daran gewöhnt, für englische Herrschaften zu arbeiten, fand die neue Lage unerträglich, und als er von einem exzentrischen Engländer in der Gegend hörte, der nach einem Anwesen zum Leben suchte, empfahl er ihm das Brenan'sche. Irgendwann wurde den illegalen Bewohnern gekündigt, und der Engländer und seine französische Frau übernahmen das Haus für eine monatliche Miete von 135 Peseten. Als die Brenans schließlich wieder nach Churriana zurückkehren konnten, lebten die neuen Bewohner schon eine Zeit lang glücklich im Erdgeschoss in den Haupträumen des Hauses – so glücklich, dass sie keine Lust hatten, wieder auszuziehen.

»Aber natürlich müssen wir unser Haus zurückbekommen – und zwar das ganze Haus«, erklärten die Brenans ihnen.

»Dann versuchen Sie's mal«, antwortete der Engländer.

Beide Parteien besorgten sich Anwälte, wobei der Mieter entweder das Glück oder das Geschick hatte, einen sehr jungen Mann zu engagieren, der sich gerade eben erst selbstständig gemacht hatte. Es gibt in der spanischen Rechtsprechung ein Gewohnheitsrecht, das einem jungen Anwalt bei seinem ersten Fall das Recht zuspricht, vor der ersten Anhörung mit dem Richter zu sprechen und ein persönliches Gesuch zugunsten seines Mandanten einzubringen. Im Allgemeinen gibt der Richter dem auch statt. Genau dies passierte, und so blieben die Mieter im Haus. Daraufhin bot Brenan ihnen tausend Pfund, wenn sie ausziehen würden. Sie waren nicht interessiert.

»Sehen Sie?« Er deutete über das Treppengeländer auf den unteren Absatz eines Treppenaufgangs, wo eine Barrikade aus alten Wandschirmen und Büchern vor den Türen stand.

Ich konnte es nicht glauben: »Wollen Sie etwa sagen, dass die da immer noch wohnen?«

»Noch immer in unseren besten Zimmern und in unseren besten Möbeln.« (Und noch immer, erfuhr ich, für eine monatliche Miete von 125 Peseten, was in etwa 2,25 Dollar entspricht.)

»Aber was ist das denn für ein Mensch?« fragte ich empört.

»Oh, ich habe seit dem ersten Tag kein Wort mehr mit ihm gewechselt. Und ich habe ihn auch nur zweimal flüchtig gesehen«, sagte er.

»Sie meinen, *insgesamt?* In all dieser Zeit? In 27 Jahren?«

»Stimmt, es müssen jetzt etwa 27 Jahre sein«, bestätigte er.

Spanische Hotelzimmer lassen, was Temperatur und Helligkeit angeht, eine Menge zu wünschen übrig. Im Sommer war das Zimmer, wenn man abends eintrat, manchmal so unglaublich heiß, dass man sich lieber flach auf den gefliesten Boden legte, als dem Bett zu nahe zu kommen; im Winter tat man besser daran, tagsüber einen Mantel zu tragen. Heute muss ein Hotel, damit es in die Luxus-Kategorie aufgenommen wird, eine Klimaanlage haben, damit ist dieses Problem erledigt. Was die Beleuchtung angeht, so genügt sie noch immer ausschließlich den Bedürfnissen von Eulen. Man hat mir mitgeteilt, dass die Nacht nicht der Zeitpunkt und das Bett nicht der Ort sei, um zu lesen und zu schreiben.

Die Andalusier sind wie ihre Ahnen, die Marokkaner, ein extrem geselliges Volk, das den Wunsch nach Alleinsein und Privatsphäre als abnormal ansieht, wenn nicht gar als regelrecht verdächtig. Für diese Menschen bedeutet bewusstes Alleinsein Einsamkeit. Es ist an der Costa del Sol so gut wie unmöglich, ein Einzelzimmer zu finden, und im Allgemeinen gibt es auch keinen Preisnachlass, wenn nur ein Gast das Zimmer belegt. Der Alleinreisende wird bestraft.

Wenn man darüber diskutiert, was in diesen Breiten ein gutes Hotel ausmacht, ist natürlich viel Raum für Meinungsverschiedenheiten. Da ein Hotel für mich in erster Linie Schlaf bedeutet, ist mein Kriterium schlicht und einfach Komfort, was so viel bedeutet wie maximale Stille und ein gutes Bett. Die Qualität der Heizung, der Installationen und des Service sind zweitrangig. Gemeinschaftsräume, die Läden eines Hotels, das Grundstück, seine Schwimmbecken, Tennis- und Golfplätze spielen in meinen Überlegungen überhaupt keine Rolle. Da die Hotelgastronomie auf der ganzen Welt nicht viel taugt, ist ein essbares Mahl eine freudige und unerwartete Überraschung, aber keineswegs eine *conditio sine qua non*.

Service ist in spanischen Hotels immer schon eher eine Frage des guten Willens gewesen. Ich nehme an, das liegt daran, dass die Spanier Service eigentlich weder verlangen noch erwarten; woran ihnen gelegen ist, das ist eine gute Show: Wenn ihnen ein Heer aus Männern und Jungs in schick geschnittenen Uniformen zur Verfügung steht, das perfekt geschult ist in der Kunst, sich zu verneigen, zu lächeln und »Si señor« zu sagen, scheinen sie nicht mehr zu ihrem Glück zu brauchen.

Die ganze Costa del Sol entlang gibt es viel Gerede über das neueste große Hotel, das Don Pepe. (Wie irgendwer auf den Gedanken kommen kann, ein riesiges Luxushotel zu bauen und es dann »Mister Joe« zu nennen, darüber kann man nur mutmaßen, wobei die Einheimischen es völlig normal finden; sie sagen, es sei der Name des Eigentümers.) Das Hotel steht mitten in der Natur, direkt an der Küste, eine Meile westlich von Marbella, und prahlt mit »drei beleuchteten Swimmingpools und einer Sauna«. Es ist das teuerste Etablissement an der Küste, aber leider nicht das beste. Moderne Bautechniken mögen akzeptabel für städtische Wohnhäuser sein, wo die Millionen Umweltgeräusche den Lärm aus den Zimmern über, unter und neben Ihnen übertönen, aber für eine ruhige Umgebung sind sie ganz eindeutig nicht geeignet.

Ich rasierte mich gerade im Badezimmer fürs Abendessen. Plötzlich erklang eine Männerstimme aus meinem Schlafzimmer, die »Hey, Anna!« rief. Dann rief sie noch einmal, lauter. Ich rannte, den Rasierer in der Hand, hinüber. Es war überraschend, aber nicht wirklich tröstlich, festzustellen, dass die Stimme von jenseits der angrenzenden Zimmerwand kam. »Ich zieh mir ein Polohemd an«, erklärte sie jetzt.

Es folgte eine Pause. Dann wollte die Stimme wissen: »Was ist denn nicht in Ordnung mit einem Polohemd?«

Ein unverständliches Gemurmel antwortete aus dem Badezimmer.

»Oh.« Die Stimme war jetzt wie abgestorben, bar aller Hoffnung.

Die Stimme verbrachte keine ruhige Nacht. Auch Anna konnte meiner Ansicht nach keine solche gehabt haben, aber mit einiger Wahrscheinlichkeit war sie das orchestrale Schnarchen gewohnt. Ich stopfte mir Wachskugeln in die Ohren und brachte die Nacht mit dem Rauschen der Klimaanlage leidlich hinter mich. Das Erste, was ich am folgenden Morgen hörte, war Anna, die sagte: »Du hast unrecht, Harry, und ich werde dir auch sagen, warum.« In diesem Augenblick warf jemand eine Münze in den Musikautomaten, der in der Bar am Rande des Gartens unter dem Balkon stand, und er fing an zu gurgeln und zu klimpern. (Offenbar hatte man Jukeboxen getestet und war zu dem Schluss gekommen, dass ihre Lautstärke für eine Nutzung unter freiem Himmel nicht ausreiche.)

Ich bestellte Frühstück. Ein wenig später saß ich auf dem Balkon im Geschrei der Möwen und dem Zischen der auslaufenden Brandung auf dem Strand (der Musikautomat hatte kurz aufgehört zu spielen) und trank meinen lauwarmen Kaffee. »Hallo, Liebes«, sagte Anna zu einer Frau auf einem Balkon ein Stück weiter die Fassade entlang. (Sie müssen sich beide über das Geländer gebeugt haben, um einander zu sehen.) »Weißt du, was Harry heute Nacht gemacht hat? Er ist direkt ins Bett und hat zehn Stunden lang geschlafen wie ein Baby.«

Eine Besonderheit in spanischen Hotels ist die Schnur, die neben der Badewanne herabhängt und die man ziehen kann, um Hilfe zu holen, falls diese Tortur sich für den Badenden als unerträglich erweist. Im Don Pepe ist diese Schnur durch ein Telefon ersetzt. Eines Abends vor dem Dinner saß ich in der Badewanne, als das Telefon neben meinem Ohr wütend zu läuten begann. Ich zögerte zunächst, dann dachte ich, dass der Tod durch einen elektrischen Schlag zumindest ein rascher ist, und ergriff den Hörer.

»Hola!« sagte eine melodische weibliche Stimme. »Manolo?«

»No. No soy Manolo.« Ich dachte, das würde reichen. Aber sie redete einfach weiter.

»Ah, Manolo ist ausgegangen?«

»Welches Zimmer möchten Sie denn?« Seifenschaum geriet mir in die Augen.

»Sechs-fünfzehn.«

»Das ist hier zwar Zimmer sechs-fünfzehn, aber hier gibt es keinen Manolo. Sie müssen sich getäuscht haben.«

Sie lachte nur. »Wir sind unten in der Lobby. Paco und Antonio sind auch hier. Wir kommen jetzt hoch.«

Es schien höchste Zeit, ins Englische zu wechseln, was ich auch tat, in etwas lauterer Stimme. Sie entschuldigte sich.

Abgesehen von kleineren Schönheitsfehlern wie dem Don Pepe könnte es fast scheinen, als sei ein Besuch an der Costa del Sol eine wahre Erholungskur für den Reisenden, der durch andere Gegenden Europas gekommen ist, wo ständig hilflos die Schultern hochgezogen werden und man gut daran tut, die Servicegebühren nicht mit dem Trinkgeld zu verwechseln. Wenn man am Tresen um seine Rechnung bittet, dann stimmt sie immer genau, es gibt keine Liste klein gedruckter Sonderposten am unteren Ende des Blattes, die den Betrag um zwanzig oder dreißig Prozent aufstocken. Nirgendwo findet man den klassischen beleidigten Gesichtsausdruck, mit dem das Trinkgeld in die Tasche gesteckt wird. Es ist fast wie in den Jahren der Republik, als auf jedem Caféhaustisch ein Schildchen darauf hinwies, dass Trinkgelder verboten seien, und wenn man dann den Fehler doch beging, wurden einem die Münzen höflich, aber bestimmt zurückgegeben.

Der rasch ansteigende Lebensstandard hat die Bewohner der Küste bereits verwandelt. Die jüngere Generation ist größer gewachsen und nicht einmal mehr auf den ersten Blick als »spanisch« erkennbar. Langsam dämmert einem, dass viel von dem, was man früher einmal für den Landescharakter hielt, einfach die Folge extremer Armut war. Die eingezogenen Schultern, die hängenden Köpfe und die staubige, schwarze Kleidung, die das Erkennungszeichen Andalusiens waren, sind verschwunden. Der Wohlstand hat die alte französische Anekdote, wonach Europa im Süden am Mittelmeer und den Pyrenäen ende, ad absurdum geführt. Fortwährender Wechsel ist die Essenz des Lebens, und ganz gleich ob die Dinge sich in die richtige oder falsche Richtung entwickeln, kommentieren die Menschen in dieser Gegend sie mit einer stoischen, kurzen Bemerkung, die alles auf den Punkt bringt:

Arriba la vida!

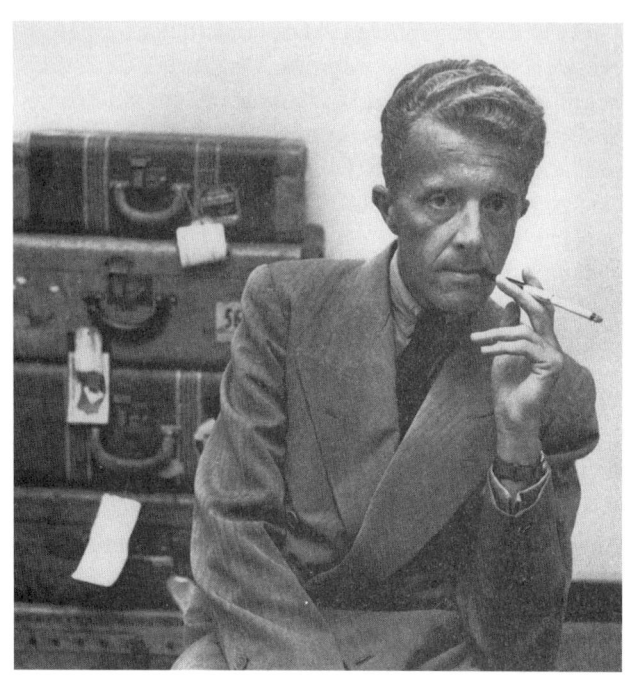

Paul Bowles in Tanger, 1952

CASABLANCA
Holiday, September 1966

Wenn der amerikanische Besucher zum ersten Mal in Marokko ankommt, ist oft die einzige Stadt, über deren Namen er sich sicher ist und die er unter allen Umständen besuchen will, Casablanca. Jemandem, der dieses Land bewohnt, muss man einen solchen Wunsch erklären. Er wird nämlich fragen: »Warum ausgerechnet Casablanca?« Dann kommt heraus, dass allein der Name einen besonders geheimnisvollen und aufregenden Ort erwarten lässt. Fragt der Einwohner weiter, kann er im Allgemeinen das Interesse des Besuchers auf die Tatsache zurückführen, dass es einmal einen Film mit diesem Titel gegeben hat und dass die Stadt seither den Ruf genießt, ein glamourös-schäbiges orientalisches Labyrinth zu sein. (*Casablanca*, während des Zweiten Weltkriegs in den USA entstanden, hätte ebenso gut *Kairo* oder *Damaskus* heißen können, ginge es nach dem Wiedererkennungswert der im Titel genannten atlantischen Hafenstadt in den Szenen des Films. Bloß geht es darum nicht: Der Glanz ist unauflöslich mit dem Namen der Stadt verbunden.) Also reist der Besucher an und findet weder krumme Gassen noch turbanbehütete Scheichs, die internationale Spionageintrigen anzetteln. Stattdessen sieht er sich einer modernen Metropole gegenüber, die wirkt wie ein etwas aufgefrischtes Havanna mit breiten, kilometerlangen Boulevards, und nur mit viel Zufall wird er je eine Gasse oder einen Turban entdecken. Natürlich hat die Stadt auch ihre Intrigen und ihre Kriminalität, aber nichts daran ist sonderlich geheimnisvoll oder orientalisch. Casablanca ist nicht Marokko, es ist eine ausländische Enklave, ein fremdländischer Nagel in der Flanke Marokkos. Kann man den Besucher also nicht von seinem Vorhaben abbringen, so kann man ihm doch immerhin den Rat geben, zuvor andere Teile des Landes zu besichtigen.

Die Stadt ist eine große Muschel, vor allem nachts, wenn die langen Durchgangsstraßen unter ihren fluoreszierenden Bogenlampen vollständig leer sind und man den Eindruck hat, sich an einem Ort zu befinden, der soeben von Truppen auf dem Rückzug geräumt worden ist. Tagsüber wird die Stadt noch immer von einer schattenhaften *présence française* heimgesucht, einem Dämon, der sich weigert, ausgetrieben zu werden. Ja, im Laufe der Zeit wird sie uns nur immer bewusster werden, bis hin zu dem Moment, an dem überhaupt keine unterscheidbare Differenz mehr zwischen französischer und marokkanischer Kultur besteht. Die Marokkaner waren verständlicherweise versessen darauf, die französischen Kolonisatoren loszuwerden, aber es wurde nicht sofort deutlich, dass ihr Hauptanliegen war, deren Platz einzunehmen und noch französischer zu werden als die Franzosen selbst.

Sie hat etwas Beängstigendes, diese europäische Stadt, die von Moslems bevölkert ist. Für die ausländischen Bewohner anderer marokkanischer Städte fungiert Casablanca als eine Art Sündenbock. Dort ist immer alles noch schlimmer. Man tröstet sich gern damit, dass all die Dinge, die man an Marokko verabscheut, dort in noch größerer Konzentration vorhanden sind. Oft genug ist Casablanca der Ort gewesen, bei dem man ungeheuer dankbar war, dass er weit entfernt lag. Seit dem ersten Morgen im Jahr 1931, als ich in einem Hotelzimmer erwachte und das Getöse draußen auf der Straße hörte, habe ich eine heftige Abneigung gegen diese Stadt empfunden. Ich kenne Marokko, aber nicht Casablanca, und das liegt daran, dass ich es, wann immer es ging, gemieden habe; oft habe ich sogar ein, zwei zusätzliche Tage und einen Umweg über die Berge in Kauf genommen, nur um auch die kleinste Berührung mit der großen Stadt zu umgehen. In den Jahren des französischen Protektorats war es ein Gemeinplatz zu sagen, dass Casablanca das Schlimmste beider Welten vereinigte: seine Franzosen waren die arrogantesten und unangenehmsten und seine Marokkaner die dekadentesten, was so viel heißt wie: die europäisiertesten.

Natürlich kam der Tag, an dem ich aus irgendeinem Grund trotzdem hinmusste. Aus einem Besuch wurden mehrere, und im Laufe der Zeit fand ich heraus, dass die Stadt dessen nicht ganz entbehrte, was die Franzosen *agréments* nennen. Die vorbehaltlose Bastardisierung der Stadt geht mir noch immer auf die Nerven. Die Japaner und sogar die Inder haben es zu brauchbaren Formen kultureller Vermischungen gebracht, und vielleicht wird es ja auch hier irgendwann einmal mehr selektiert werden, welche Facetten europäischer Lebensart akzeptiert und welche als Gefährdung für die hiesige Kultur zurückgewiesen werden sollten.

Sie verlassen also morgens Ihr Hotel und winken eines

der spielzeugartigen Taxis heran, die die Boulevards entlangrasen, und ob Sie es glauben oder nicht, Sie werden direkt in die Welt von Lewis Carroll versetzt. Quasi jedes Gespräch mit einem Taxifahrer kann das erreichen. Präzise Unlogik, einstudierte sinnlose Schlussfolgerungen, schamlose Widersprüche, die beiläufige Einführung völlig abseitiger Themen, dazu eine verdruckste Miene prinzipieller Missbilligung – alle Zutaten sind vorhanden, um die Illusion zu vermitteln, man sei plötzlich in den Kaninchenbau gefallen oder durch den Spiegel getreten. Zunächst versuchen Sie, sich davon zu überzeugen, dass der Fahrer lediglich ein gut einstudiertes Spielchen mit Ihnen spielt, in der falschen Hoffnung, dass ihm das am Ende ein paar zusätzliche Francs einbringt, aber nach einigen weiteren ähnlichen Erfahrungen sind Sie gezwungen, diese Theorie widerwillig aufzugeben, denn sie erklärt weder die beständige Mischung aus Streitlust und Verachtung, die die Fahrer Ihnen gegenüber an den Tag legen, noch den scheinbar durchgängig geistesgestörten Lauf ihrer Gedanken.

Einmal nahm ich ein Taxi hinaus zum Aquarium. Sobald ich die Adresse gesagt hatte, wandte der Fahrer sich um und bemerkte: »Ich weiß, warum Sie da hin wollen.«

»Soso«, sagte ich, ohne weiter Notiz von ihm zu nehmen.

»Ja, ich war da nämlich mal. Ich habe gesehen, was die da haben, und es ist Beschiss. Ich habe diese Katze gesehen, die jedem weismachen will, sie wäre ein Hund. Aber ich hab sie auch essen sehen, und sie isst nichts außer Fisch. Haben Sie das je bei einem Hund gesehen?« An diesem Punkt begann ich anzunehmen, er sei betrunken, und achtete auf den Verkehr aus den Seitenstraßen. Aber wir gelangten ohne Unglück ans Ziel. Ich kaufte meine Eintrittskarte und ging hinein. Sofort entdeckte ich seine Katze: In dem Wasserbecken direkt im Eingangsbereich befand sich, bellend und Clownereien machend, ein brauner Seehund.

Ein anderer Fahrer drehte sich bei einer roten Ampel zu mir um und sagte, als führe er ein begonnenes Gespräch fort: »Die Handschuhe, die Sie da tragen. Wie viel haben die gekostet?« Ich war überrumpelt. Es war klar, dass er diese Handschuhe haben wollte, am liebsten als Geschenk, aber sollte das nicht gehen, würde er sie auch kaufen. Sie waren einige Jahre alt, und ich hatte keine Ahnung, wie teuer sie gewesen waren. Nichts stempelt einen in den Augen eines Marokkaners so schnell zum Trottel ab wie nicht zu wissen, wie viel man für etwas bezahlt hat.

Ich fantasierte also: »2.000 Francs.«

Er wartete bis zur nächsten roten Ampel. »Ich gebe Ihnen 1.000.«

Ich lachte. Wir fuhren weiter. Dann sagte er: »Oder ich fahre Sie morgen nach Ain Diab und warte dort, solange Sie schwimmen. Das ist mehr wert als 1.000 Francs.«

»Ich will aber morgen nicht nach Ain Diab.«

Er sagte nichts mehr, bis ich ausstieg und zahlte. Da blickte er mich vorwurfsvoll an: »Ich hatte gedacht, Sie wären ein freundlicher Mensch«, sagte er traurig.

In jedem Taxi gibt es einen Taxameter, aber die Fahrer schalten sie nicht an, sondern setzen am Ende der Fahrt lieber einen willkürlichen Preis fest. Eines Tages beschloss ich, einen von ihnen dazu zu kriegen, den Taxameter einzuschalten. Beim Betreten des Wagens sagte ich:

»Wie kommt es, dass ihr Taxichauffeure nie eure Taxameter anstellt?«

»Die funktionieren nicht«, sagte er.

»Sie wollen sagen, *alle* Taxameter sind kaputt?«

»Sie arbeiten nicht schnell genug. Außerdem weiß jeder, wie viel es kostet, von einem Ort zum andern zu fahren. Wenn Sie den Taxameter anstellen, geraten die Leute durcheinander und wissen nicht mehr, wie viel sie zahlen müssen.«

»Na, sie würden bezahlen, was auf dem Taxameter steht, meinen Sie nicht?«

Kurz wirkte er vollkommen empört, dann lachte er: »Das würde nichts bringen. Dafür ist heutzutage alles zu teuer.« Er begann eine Liste von Lebensmitteln aufzuzählen und ihre früheren und heutigen Preise zu nennen. Ich unterbrach ihn.

»Wie viel wollen Sie denn *mir* berechnen?«

»Oh, jedermann weiß, dass der Preis 250 Francs beträgt«, antwortete er leichthin und fuhr dann mit seinen Lebensmittelpreisen fort, bis wir ankamen. Er hielt an, drehte sich auf seinem Sitz um und sagte: »Das macht dann 300 Francs.«

»Eben haben Sie mir 250 gesagt.«

»Ja, Monsieur«, stimmte er zu. »Der Preis beträgt 250. Aber genau das ist es ja mit den Preisen.« Und er tat so, als müsse er aus Leibeskräften lachen, wobei seine Augen mich aus der Mitte der Grimasse ganz genau beobachteten. »Man weiß nie, wann sie steigen.«

Es stimmt, dass der ständige Anstieg der Lebenshaltungskosten in Casablanca deutlicher zu spüren ist als in den Kleinstädten und auf dem Land. Zunächst einmal ist die Arbeiterklasse hier aus ihrer Heimat verdrängt und daher auch kulturell entwurzelt. Die Stadt ist eine Insel ohne Verbindung zum Festland der Heimatkultur. Ihre Mitglieder, halb alphabetisiert und nach Europa hin orientiert, wissen im wahrsten Sinne des Wortes nicht mehr, wie sie in der Art ihrer Vorfahren funktionieren sollen, noch nicht einmal, wie es die heutige marokkanische Landbevölkerung tut. Darunter leidet auch die Küche: Die Mädchen wachsen auf, ohne zu wissen, wie man die traditionellen Gerichte aus den normalen Grundnahrungsmitteln zubereitet. Daher müssen sie sich mit abgepackten und industriell hergestellten Lebensmitteln behelfen, die sie mit Fertigsoße würzen und mit Coca-Cola oder Orangenlimonade runterspülen. Und es sind genau diese Industrieprodukte, die, meist importiert und also hoch besteuert, am teuersten sind und deren regelmäßiger Konsum das Budget eines durchschnittlichen Arbeiters schnell sprengt.

Die Stadt hat sich noch nicht von dem ökonomischen Schlag der marokkanischen Unabhängigkeit erholt, die sie von Frankreich abschnitt. Der daraus resultierende Exodus von europäischem Kapital und Know-how hat zu einem Konjunkturrückgang und zu Arbeitslosigkeit geführt. Beides wurde seither durch keinerlei Initiative vonseiten marokkanischer Geschäftsleute bekämpft oder verringert. In den letzten fünf Jahren hat sich sogar die Bevölkerung verringert. (Der *Guide Bleu* sagte in seiner Ausgabe von 1952 der Stadt für das Jahr 1960 zuversichtlich eine Einwohnerzahl von anderthalb Millionen voraus. Hätten seine Herausgeber ein wenig mehr politische Hellsicht besessen, hätten sie solch eine voreilige Vorhersage unterlassen, denn schon damals hatten die Missverständnisse zwischen den Franzosen und dem Sultan begonnen, die dann im folgenden Jahr zu dessen Exil führten und von dort direkt zur Unabhängigkeit.) Die Gesamtbevölkerung des Jahres 1965 beträgt 965.000, davon sind 817.000 Moslems, 76.000 Europäer und 54.000 marokkanische Juden, und liegt damit niedriger als 1960. Die Verringerung in den letzten beiden Kategorien wurde durch den Zuwachs bei der ersten nicht aufgefangen.

Einhergehend mit der derzeitigen Mode, die europäische Schuld an den ökonomischen Problemen des Landes kleinzureden, gibt es eine Tendenz unter marokkanischen Geschäftsleuten, den eigenen Mangel an Initiative verantwortlich zu machen. Aber damit die Dinge hätten anders kommen können, hätte die gesamte Geschichte vollständig anders ablaufen müssen. Unter der französischen Herrschaft war das Feld, das die Marokkaner beackern durften, extrem eng abgesteckt und umfasste lediglich Textilien, Zucker, Tee und Immobilien. Keiner dieser Bereiche verlangte eine Veränderung traditioneller Geschäftsmethoden. Es ist nicht nachzuvollziehen, dass man solche Gruppen beschuldigt, die naturgemäß jeglicher Entwicklung widerstehen mussten und in keinster Weise mit dem Handwerkszeug ausgerüstet waren, um nach Maßstäben des 20. Jahrhunderts zu funktionieren. »Es mag anders erscheinen«, sagt Driss Charaf, einer der jüngeren, analytischer veranlagten Beobachter der Wirtschaft Casablancas, »aber der marokkanische Geschäftsmann ist noch immer ein Krämer. Er hat noch immer keine Ahnung von langfristigen Investitionen, von Unternehmergeist oder von kalkuliertem Risiko. Mit einem Wort, es fehlt ihm jedes grundlegende wirtschaftliche Wissen.«

Das ist zweifellos richtig, aber die Aneignung solchen Wissens ist ein langfristiges Projekt, und die derzeitige Lage verlangt nach raschen Taten. Die Lösung heißt *Etatisation* (ein akzeptabler Euphemismus für Sozialisierung). Und das bedeutet: Zur Strafe dafür, dass sie ihre Geschäfte nicht selbst in die Hand genommen haben, solange dazu Gelegenheit war, werden die marokkanischen Bürger womöglich schon bald die Möglichkeit verlieren, es überhaupt je zu tun.

Dank der Zeit, die vergeht, und der ökonomischen Situation, die sich verschlimmert hat, scheint es zwischen Marokkanern und Europäern zu einem temporären Waffenstillstand gekommen zu sein. Es gibt auf beiden Seiten keine sichtbaren Zeichen einer unfreundlichen Haltung. Bei den letzten Krawallen in der Stadt, im März 1965, bei denen es zahlreiche Tote und viel Zerstörung zu beklagen gab, wurde – erstaunliches Detail – kein einziger Europäer verletzt, und kein einziger europäisch geführter Laden kam zu Schaden. Die wirklich ekligen Franzosen, die ganz hartgesottenen, rassistischen Kolonialisten sind fort und durch Moslems ersetzt worden, die nun ihrerseits als Objekte der allgemeinen Unzufriedenheit herhalten müssen.

Normalerweise behält ein Marokkaner, selbst wenn er nur ein einziges altes lumpiges Gewand besitzt, eine Haltung von Unabhängigkeit, ja sogar von natürlichem Adel. Es käme einem nicht in den Sinn, einen von ihnen einer bestimmten Vermögenslage zuzuordnen, und ebenso wenig scheint das Wort *Armut* irgendeine Verbindung mit ihrem Leben zu haben. Simplizität, Enthaltsamkeit, ja sogar Stoizismus, aber nicht Armut. Heute aber bedeutet marokkanisch auszusehen in Casablanca, arm auszusehen. Es ist nicht weiter überraschend, dass die große Mehrheit der Einwohner das Zentrum der Stadt gar nicht mehr betritt, sondern lieber draußen in den riesigen heruntergekommenen Vierteln bleibt, die für die Armen bestimmt sind. Dort hinauszuwandern ist ein wenig, wie in Indien zu sein: Es gibt dort die gleichen endlosen Massen schäbig gekleideter Leute, die sich in unaufhörlichen Strömen durch die langen, tristen Straßen bewegen. Nachts dagegen zögern die Notleidenden nicht, die Stadt zu besetzen; da sie nicht in den Parks schlafen dürfen, liegen sie abseits der Hauptdurchgangsstraßen in Türeingängen und Gassen. Das Einzige, was man sagen kann, ist, dass es weniger von ihnen gibt als zu Zeiten der französischen Besetzung. Aber wo sind die anderen? Tot oder im Gefängnis.

Die Armut, eindrücklich wie sie sein mag, ist trotz allem nur das zweite Gesprächsthema auf einem Kreuzfahrtschiff, wenn die Touristen abends nach einem Tag Freigang in Casablanca wieder an Bord kommen. Platz eins nehmen die komplizierten finanziellen Abenteuer ein, die jeder an Land erlebt hat. Jeder Tourist hat seinen eigenen kleinen pikaresken Roman zu erzählen, die Geschichten reichen von klaren und dramatischen Niederlagen bis zu vermeintlichen Siegen. (Ich sage *vermeintlich*, weil ich nicht glaube, dass jemals jemand beim Handeln mit einem Bazar-Verkäufer in Casablanca einen wahrhaft siegreichen Coup gelandet hat; andererseits mag ich natürlich auch einen übertriebenen Respekt vor der Geschäftstüchtigkeit und verkäuferischen Raffinesse dieser Leute hegen.)

Aber es sind nicht nur Touristen, die Teppiche, Sitzkissen und Tabletts kaufen und sich mit Schwierigkeiten konfrontiert sehen; das kann jedermann bei jedem Kauf passieren. Zwei völlig banale Beispiele, eins von gestern, eins von heute Morgen, mögen die unterschiedlichen Komplikationen illustrieren, die zu jeder Geschäftsabwicklung gehören.

Ich betrete einen kleinen Schreibwarenladen, der Bücher aus zweiter Hand verkauft, und fange gierig an, die ausliegenden Titel zu studieren. Zu meinem Erstaunen entdecke ich ein Buch von Borges, das schon mehrere Jahre lang nicht mehr lieferbar ist, seine Seiten sind noch nicht aufgeschnitten. Wie bei jedem Buch steht der Preis auf der Rückseite. Ich reiche dem Ladenbesitzer das Buch zusammen mit 500 Francs, nur um mir sagen zu lassen, dass zuzüglich zu dem angegebenen Preis, der, wie er betont, nur der Ausleihpreis sei, noch eine Pfandgebühr von 1.000 Francs zu begleichen sei. »Einige der Bücher stehen zum Verkauf, andere sind nur auszuleihen«, erklärt er.

»Aber woran sehe ich, welches was ist?« frage ich.

»Das kann nur ich Ihnen sagen«, meint er. Also verlasse ich den Laden, ohne etwas zu kaufen. Heute habe ich auf dem Weg zurück zum Hotel in einem großen Lebensmittelgeschäft mit Selbstbedienung haltgemacht. Der Dubonnet ist mit 1.050 Francs ausgezeichnet, das Vichy Célestins mit 125 Francs. Ich nehme eine Flasche Dubonnet und drei Flaschen Vichy. Der Kassenbon lautet auf 1.625 Francs, und ich stelle fest, dass sie mir für den Dubonnet 1.250 berechnet haben. Wir diskutieren darüber, und ich zeige den Leuten das Regal, wo der Preis markiert ist. Sie machen einen neuen Bon, auf dem sie eine Pfandgebühr von 35 Francs für die Dubonnet-Flasche hinzufügen – eine freihändige Erfindung – und den Preis für das Vichy kurzerhand auf 130 erhöhen. Da es ihnen nicht gelungen ist,

Operation 200 durchzubringen, finden sie sich mit einer rasch erfundenen Preiserhöhung von 50 Francs ab. Ich zahle und blicke mit spöttischem Lächeln auf den Bon und dann auf sie. Das bringt sie durcheinander; es ist nicht vorgesehen, dass ich verstehe, was sie da treiben. Christen wie ich stellen gemeinhin keine Fragen zur Rechnung; man geht davon aus, dass sie prinzipiell keine Ahnung haben, weder vom Wert noch vom Preis. Da ich aber deutlich gemacht habe, dass mir ihre zu hohen Forderungen bewusst sind, macht mich meine Absicht, dennoch zu zahlen, zu einem unangenehmen und verdächtigen Charakter. Sie funkeln mich böse an und flüstern untereinander, als ich den Laden verlasse.

Die Polizisten sind höflich und freundlich und wären auch gerne hilfreich. Fragt man sie nach dem Weg, sind sie bereit, einen Gutteil ihrer Zeit und Aufmerksamkeit zu opfern, bloß ist es unwahrscheinlich, dass sie einem die Information geben werden, nach der man gefragt hat. Ihre Verbindung zu ihrer Stadt scheint sehr fragil zu sein, eher wirken sie, als hätten sie alle Hände voll mit ihrem intensiven inneren Leben zu tun. Ein englischer Einwohner von Tanger wurde einmal in Casablanca auf der Straße rechts herangewunken. »Ihre Scheinwerfer sind nicht in Ordnung, Monsieur«, sagte der junge Beamte, als er herangeschlendert war. Da hellstes Tageslicht herrschte, war der Engländer recht erstaunt. »Sie haben weißes Glas«, erklärte ihm der junge Mann, »und sie sollten gelbes Glas haben. Sie werden sich neue Scheinwerfer besorgen müssen.«

»Können Sie mir auch nur einen einzigen guten Grund nennen, warum ich die Kosten und die Mühe auf mich nehmen sollte, mir neue Scheinwerfer zu beschaffen?«

Der Polizist zuckte die Achseln. »Ich weiß nicht«, sagte er. »Das ist jetzt halt so Mode.«

Samstags ist das Stadtzentrum trist, denn alle Läden haben geschlossen, und die langen, arkadengesäumten Straßen sind menschenleer. Wochentags weht ein Echo aus Paris durch die Arbeiterrestaurants nahe dem zentralen Marktplatz; es ist ein Vorkriegsparis mit Sägemehl auf dem Boden, großen Papiertischdecken, dem Gesumm der Unterhaltungen in der rauchigen Luft und der *patronne*, die in ihrer kleinen Loge in der Ecke hockt und von dort alles im Auge hat, die ab und zu ihr Strickzeug hinlegt, um einen *café express* zu machen oder einem der Kellner eine Weinflasche zu reichen. Diese Restaurants sind gute Orte für die Mittagszeit, aber leider sind sie samstags und sonntags geschlossen. Also kommt mir der Gedanke, nach Ain Diab hinauszufahren und am Meer zu essen. Während ich auf ein Taxi warte, kann ich den feuchten Atem des Ozeans riechen, der vom Hafen her den Boulevard heraufweht, und muss an die altbekannte Klage über die ewige Feuchtigkeit in Casablanca denken. Im Winter ist der Wind, der durch die Stadt bläst, nass, im Sommer lediglich feucht, und das Klima ist nicht über die Maßen heiß. Doch bleibt das Moos unter den Palmen im Parc Lyautey das ganze Jahr über leuchtend grün.

An der Küste wechseln sich auf dem Weg nach Ain Diab sandige und felsige Abschnitte ab, das Meer ist aufgewühlt, und weißer Gischtnebel bläst die flache Erde hin, die überall großflächig bebaut wird. Offenbar haben einige Leute die gleiche Idee gehabt wie ich: Mehrere der Restaurants sind voll. Ich wähle eines, dessen Terrasse leer ist, was vermutlich bedeutet, dass das Essen durchschnittlich ist, und setze mich. Der Wind schlägt das Tischtuch immer wieder über die Wasserkaraffe. Der Kellner bringt die Speisekarte. Ich studiere sie einen Moment lang und fange dann an zu lachen. Es ist eine gefaltete Karte in Schreibmaschinenschrift, auf der linken Seite in Französisch, auf der rechten in Englisch. Das erste Gericht, *Paté Maison*, wird dem englischsprachigen Gast als *Hauspaste* vorgestellt. Jetzt bin ich mir sicher, dass das Essen schrecklich sein wird. Aber mithilfe einer Flasche Gris de Boulaouane, dem guten marokkanischen Rosé, stellt die Mahlzeit sich als akzeptabel heraus, wenn auch nicht gerade köstlich, und ich sitze eine ganze Weile über ihr und sehe den Leuten zu, die vorübergehen.

Als ich fast fertig bin, trifft in zwei Wagen eine große marokkanische Gruppe ein und verteilt sich auf der Terrasse in meiner Nähe. Ihre Mitglieder sind dabei, das wohlbekannte Spielchen der neuen Oberklasse zu spielen, das darin besteht, die lauteren Sätze und Ausrufe auf Französisch ertönen zu lassen, während man die Konversation *sotto voce* auf Arabisch führt. Ich sage »auf Französisch«, denn so soll es klingen, aber in Wahrheit ist es nur ein erfolgloser Versuch, den Akzent der früheren Kolonialherren aus Marseille oder Korsika nachzuahmen, die selbst in ihren besten Stunden ein erbärmliches Französisch sprachen. Der Klang der Vokale ist nicht wiederzuerkennen und der Tonfall völlig verzerrt. Die falschen Silben werden betont und die Konsonanten durch ihre arabischen Äquivalente ersetzt. Je flüssiger einer redet, desto verzerrter kommen die Laute seines Französisch. Einer der Männer ruft aufgeregt: »Chpépalvoikkhkh, chpépalvoikkhkh!«, und mir ist klar, dass das heißen soll: »Ich ertrage ihn nicht!« (»Je ne peux pas le voir.«) Aber wüsste ich das auch, wenn ich nicht schon jahrelang hier leben würde? Ich glaube nicht. Dieses Neo-Französisch ist eine völlig andere Sprache.

Nach einer Viertelstunde oder so haben sich alle zu ihrer eigenen Sprache hin beruhigt, und ich beschließe nachzusehen, was der *Guide Bleu du Maroc* von Hachette über Casablanca zu sagen hat. Ein Reiseführer ist wie ein Telefonbuch: Man schlägt eher nach, als darin zu lesen. Aber manchmal kann man in dem Wust faktischer Informationen eine bislang unbemerkte Struktur erkennen, die den Aufwand lohnt. In diesem Falle allerdings geschieht nichts weiter, als dass ich den Text lese, mich vom Verkehr und den großen Wellen, die sich am Ufer brechen, ablenken lasse und danach im Geiste die Achseln zucke.

Der ursprüngliche Standort der Stadt ist ein flacher Hügel am Meer, etwa eine Meile von dem Restaurant entfernt, in dem ich sitze, der Anfa genannt wurde. Er heißt immer noch Anfa, und heute stehen eine Menge teurer Häuser dort. Aber niemand weiß, ob es die Phönizier, die Römer oder die Berber selbst waren, die hier die erste Stadt errichteten. Keinerlei Zweifel besteht allerdings darüber, was die Araber taten, nachdem sie aus dem mittleren Osten gekommen waren und die Gegend in Besitz genommen hatten. Sie machten sie zum Stützpunkt einer gut organisierten Piratenbande, die für gewöhnlich nach Portugal segelte, sich an der Mündung des Tejo auf die Lauer legte und auf ein- und auslaufende Schiffe wartete. Als die Portugiesen genug von diesem Treiben hatten, folgten sie den Plünderern bis Anfa und brandschatzten die Stadt. Später, im 16. Jahrhundert, besetzten sie sie und bauten sie wieder auf, um sie Casa Branca zu nennen. Es kostete die Marokkaner 200 Jahre, um in ihre Stadt zurück zu gelangen, und als es so weit war, hatte jedermann sich derart daran gewöhnt, den Ort Weißes Haus zu nennen, dass der Name nicht geändert, sondern nur übersetzt wurde, und zwar zu Dar el Beida, und so wird er auch heute noch von der gesamten arabischsprachigen Welt genannt.

Ich nehme an, dass die Frühgeschichte Casablancas auch deswegen im Dunkeln liegt, weil der Ort keinerlei Bedeutung besaß, bis die Franzosen dorthin kamen. Sie planten ihren Coup akribisch und hatten schon im Vorfeld dafür gesorgt, Zustände zu schaffen, die als Vorwand für einen Angriff dienen konnten. (Europäer brauchen immer eine moralische Rechtfertigung für ihre Untaten.) Sie schickten General Drude an der Spitze einer Streitmacht von 3000 Mann dorthin. Es gibt im Garten der Place Lyautey eine vielsagende Inschrift, die folgendermaßen beginnt:

An diesem Ort fand am 7. August 1907 die erste französische Landung auf marokkanischem Territorium statt, wo General Drude seinen Befehlsstand errichtete, seine Flagge hisste und sein Zelt aufschlug.

Ich gieße mir das letzte halbe Glas Gris de Boulaouane ein und stelle mir den General vor, wie er dort in jener Nacht unter dem weiten Himmel des neuen Landes stand, dem Gebell der Hunde lauschte und vielleicht wie Camus bemerkte, dass der Schall in Nordafrika zehn Mal so weit trägt wie in Europa. Ob ihm klar war, dass dieser Ort nie wieder so sein würde, wie er gewesen war, jetzt, da er hier eingetroffen war? Nein, entscheide ich. Er machte sich Sorgen um seine Leber und fragte sich verdrießlich, ob man auch genügend Vittel und Vichy mitgenommen hatte.

Ich blättere zu einer ausklappbaren Karte weiter, blicke beiläufig darauf, und ganz plötzlich sehe ich etwas, das mich erstaunt. Die Küste bei Casablanca verläuft von Westen nach Osten, und ich hatte immer geglaubt, sie verliefe von Südwesten nach Nordosten. So habe ich denn doch etwas aus dem *Guide Bleu* gelernt. Dann studiere ich den Stadtplan und entdecke, dass er Ähnlichkeiten mit dem Grundriss eines Theaters hat, wobei der Hafen die Rolle einer geschwungenen Vorbühne einnimmt, von der aus die wichtigsten Avenuen wie Gangreihen hinaufführen.

Jemand schaltet ein Transistorradio ein, ich bezahle meine Rechnung und gehe, wobei ich meine Schritte zum Park hinablenke, der auf halbem Weg zwischen dem Boulevard oben und dem Strand unten liegt. Die Luft ist klamm und der Park leer. Nein, doch nicht – ein Mann im grauen Geschäftsanzug ist hier, er könnte ebenso gut Europäer wie Marokkaner sein und geht rastlos hin und her. Ich habe das Gefühl, er sucht nach etwas. Plötzlich steigt er über den niedrigen Zaun um den Gehweg und überquert den Rasen bis zu einer Palme. Eine Sekunde später küsst er das Gras und beginnt mit seinen rituellen Verbeugungen, seine Krawatte flattert im Wind. Warum hat das Ganze hier etwas Absurdes, das es eigentlich nicht haben sollte? Den größten Teil meines Lebens habe ich Moslems auf der Straße beten sehen. Wenn der Ort hier irgendwie nach Marokko aussehen würde, wenn der Mann auch nur ein einziges Kleidungsstück trüge, das ihn als Moslem auswiese, wäre alles ganz anders. Es liegt nur daran, dass die Gesten eines moslemischen Lebens im Widerspruch stehen zu der banalen europäischen Kulisse Casablancas und daher so unerwartet wie auffällig sind. Zwischen dem Aussehen der Stadt und dem, was in ihren Straßen vor sich geht, herrscht ein permanenter Widerspruch.

Ich nehme ein Taxi zurück zur Place de France, dem Herzen der Stadt, wo die beiden Zivilisationen einander auf dem großen, lichtüberfluteten Platz gegenüberstehen; auf der einen Seite die klotzigen Banken und die Lebensversicherungs-Gebäude mit ihren höhlenartigen Cafés im Erdgeschoß, wo die Männer aufgereiht sitzen und fernsehen, und auf der anderen Seite, wie die Fassade eines schäbigen Kleinstadtrummels, die wimmelnden und dreckigen Eingänge der Alten Medina. Ein paar der kleinen Gassen nahe dem Tor beherbergen ausschließlich Restaurants. Hier wandere ich eine Weile umher, atme den Zimt- und Kümmelduft ein. In mehreren der größeren Etablissements gibt es das gleiche *plat du jour*: ein Eintopf aus Kalbsfuß und Artischocke. Von dort aus kehre ich in den Hauptdurchgang zurück und lasse mich von der Menge durchs Labyrinth schieben. Angeblich ist das hier kein Ort, den ein Europäer alleine aufsuchen sollte, aber niemand hat je die geringste Aufmerksamkeit auf mich verschwendet. Anarchie in der Kleidung ist die Norm. Tischdecken, Blue Jeans, *Djellabas*, Geschäftsanzüge, Pyjamas, Streifen von Plastik-Ölzeug, Laken, Sportjacken, Burnusse, Handtücher, *Haiks* und Tagesdecken – all das wird hier in Dienst genommen, um den menschlichen Körper zu bedecken.

Jeden Morgen tragen die Ladenbesitzer ihre Waren auf die Gassen heraus, wo sie sie stapeln, ausbreiten oder aufhängen, die Durchgänge werden geschmückt wie für einen Feiertag, nur dass die Fahnen und Flaggen Kleidungsstücke und Haushaltswaren sind, die zum Verkauf stehen. Die Fahrräder, die aus allen Richtungen durch die Menschenmenge schneiden, schaffen es schließlich, so etwas wie eine leichte Panik auszulösen. Während ich einem von vorne ausweiche, verheddere ich mich in zwei andere, die von den Seiten kommen. Dann gerate ich in eine Sackgasse und muss wieder umkehren. Oberhalb des formlosen Wirrwarrs der nahe stehenden Konstruktionen erheben sich die zehn oder zwölf obersten Stockwerke eines weißen Bürogebäudes. Im Gewimmel sieht man hier und da einen Hindu, es gibt auch überraschend viele Juden und Spanier. Die Alte Medina nimmt keine sonderlich große Fläche ein, mir kommt das Bild eines Wasserlochs in den Sinn, ein kleiner Teich alten Marokkos, umgeben von Beton, unaufhaltsam eintrocknend, immer kleiner, immer seichter werdend. Im Süden grenzt eine weite *joteya* an, ein Flohmarkt, auf dem man, sollte es in der Region noch irgendwelche marokkanischen Artikel geben, die den Kauf wert sind, sie finden kann, eher jedenfalls als in den Basaren, die nur für die Touristen da sind. Die Marokkaner stellen nicht mehr sehr viel her, das es wert wäre, erworben zu werden. Mit Ausnahme von Teppichen hat es wenig Sinn, marokkanische Produkte zu kaufen. Die Handwerkskunst hat nachgelassen, und der Geschmack bei der Gestaltung, der so lange intakt geblieben ist, wie man sich strikt an den Traditionen ausrichtete, ist komplett verschwunden. Aber wie gesagt: Gegenstände aus zweiter Hand, die vielleicht zehn oder fünfzehn Jahre alt sind, kann man häufig fast umsonst in der *joteya* finden.

Beobachten Sie einmal einen Marokkaner auf einem geschäftigen Boulevard, wie er völlig unberührt ist von dem an ihm vorüberrasenden Verkehr. Er bewegt sich nicht, wie man das aus modernen Städten gewöhnt ist. Er hat immer Zeit, einem unbekannten Passanten zur Hand zu gehen. Er mag einer Frau ihr Baby halten, dabei helfen, einen Esel wieder zu beladen, dessen Last heruntergerutscht ist, einem Kind einen Ball unter einem Lastwagen hervorholen, ein abgewürgtes Auto anschieben, die Früchte eines umgekippten Obststandes einsammeln – und alles, ohne Dank dafür zu erwarten oder auch nur bemerkt zu werden, denn alle gehen davon aus, dass ein jeder solche Dinge für jeden anderen tut.

Als Bewohner Tangers beneide ich die Einwohner Casablancas um zwei Dinge: ihre öffentlichen Parks und ihre Restaurants. Noch immer leben genügend Franzosen in der Stadt, um die Existenz guter Speiselokale in allen Preiskategorien zu ermöglichen. Die Stadt ist der einzige Ort in ganz Nordafrika, wo es noch gastronomische Exzellenz und Vielfalt gibt.

Man sagt mir, ich könne, wenn ich wolle, nächsten Samstag in einer kleinen Synagoge nahe dem Boulevard d'Anfa interessante Musik hören. Dieser Tipp von einem jüdischen Freund enthält auch die Information, dass ein besonders guter Kantor aus Marrakesch anwesend sein werde. Es gibt achtzig Synagogen in Casablanca, von denen gegenwärtig fünfzig benutzt werden. Die marokkanischen Juden, alles Sepharden, haben, obwohl es ihnen insgesamt finanziell nicht besser geht als ihren moslemischen Landsleuten, ein durchorganisiertes und kulturell reiches Gemeindeleben. Dank eigener Initiative als auch durch finanzielle Hilfen von bestimmten wohltätigen Organisationen in den Vereinigten Staaten haben sie ihr Los erheblich verbessert. So etwas wie einen jüdischen Bettler oder einen jüdischen Analphabeten würde man vergeblich suchen.

Ich mache mich früh auf den Weg und finde die Synagoge dann schließlich auch. Im Innenhof ist ein großer Hund neben einem trockenen Brunnen angekettet. Drei kleine Jungen spielen unter einem Baum. Ich gehe zu ihnen und frage, ob sie wissen, wo ich eine Kippa, wie sie sie tragen, auftreiben kann, damit ich die Synagoge betreten kann. Sie beraten sich einen Moment lang. »Warten Sie hier«, sagt dann der Größte. »Wir sind gleich zurück.« Ich stehe da und betrachte den Hund, und im Gebäude beginnt der Gesang.

Nach etwa einer Viertelstunde kehren die Jungs zurück, rotgesichtig und außer Atem. »Sie haben kein Glück«, sagen sie mir. »Wir können nirgends *toques* finden. Und Sie können noch nicht mal eine kaufen, weil Samstag ist.« Ein vierter Junge taucht auf. Sie besprechen sich mit ihm, und er geht nach drinnen. »Sein Vater ist der Rabbi«, erklären die anderen. Der Junge kommt auf der Stelle wieder heraus und hält mir eine winzige schwarze *yarmulke* hin.

Ich drücke sie mir auf den Hinterkopf. »Sie ist ziemlich klein«, sage ich unsicher.

Der Junge, ein völlig Erwachsener im Miniaturformat,

sagt streng: »Das ist nicht wichtig. Gehen Sie hinein.« Ich trete durch die Tür und setze mich hinten hin.

Das gefällige, in Weiß und Gold gehaltene Auditorium ist leer bis auf eine Gruppe von vielleicht zwanzig Männern und Jugendlichen, die einander zu beiden Seiten des mittleren Gangs gegenübersitzen. Die meisten von ihnen tragen Geschäftsanzüge, einige der älteren Männer haben fließende, weiße Bärte und sind in Kaftane gehüllt, sie sehen aus wie direkt einem Gemälde Chagalls entsprungen. Alle sitzen sie vorgebeugt auf ihren Stühlen, mit freudigen Gesichtern, und ich habe den Eindruck, sie singen einander zu. Jeder der Männer hält ein Buch in der linken Hand, einige beugen sich heftig vor und zurück, andere betonen lediglich bestimmte Kadenzen, indem sie den Zeigefinger heben oder den Rhythmus mit den Füßen klopfen. Der Vorsinger flicht ab und zu gesprochene Nebenbemerkungen ein. Mehr als alles andere erinnert mich die Szene an einen altmodischen *cuadro flamenco*, wie man ihn im provinziellen Spanien in den Tagen vor dem Bürgerkrieg sehen konnte. Und außerdem swingen sie. Der Takt kommt immer ganz akkurat, ebenso wie die Körper- und Halsbewegungen. Von Zeit zu Zeit halten zwei oder drei Männer mitten im Gesang eine leise Unterredung ab.

Jetzt dreht sich ein Mann mittleren Alters, der eine Brille trägt, um und bemerkt mich. Er hält sein Buch erwartungsvoll hoch und bedeutet mir dann, mich neben ihn zu setzen. Sobald ich mich niedergelassen habe, beugt er sich zur Seite und hält das Buch vor mich, wobei er flüstert: »Damit Sie die Poesie mitlesen können.« Es gibt keine musikalischen Notationen auf der Seite, nur einen Text in hebräischen Buchstaben. Ich flüstere zurück, dass ich leider kein Hebräisch lesen kann. In seinem Blick liegt Mitleid, aber mein Geständnis kann ihn nicht beirren. In der Annahme, dass ich wenigstens die Buchstaben zu entziffern vermag, lässt er seinen Zeigefinger langsam von rechts nach links über die Zeilen gleiten und unterstreicht so jedes Wort für mich, während es gesungen wird. Ab und zu flüstert er: »Das sind zusätzliche Silben, die nicht im Text stehen«, und ich nicke. Das Ganze geht etwas mehr als eine Stunde. Jemand bringt ein Tablett voller Teegläser herein. Der Duft nach Minze füllt die Luft. Ich war in Marokko schon in Synagogen, wo die Männer ihre Flachmänner mit Rum oder *mahia* aus der Tasche zogen, aber offenbar begnügt sich diese Gemeinde mit Tee.

Alle paar Minuten habe ich verstohlen einen Blick auf den Balkon geworfen. Dort sitzt eine dicke blonde Frau in der ersten Reihe, die der Musik offenbar mit intensivstem Interesse folgt, obwohl sie keine Sekunde lang aufhört, etwas aus einer Tasche auf ihrem Schoß zu essen. Während der Tee getrunken wird, geht die Musik weiter. Noch mehr Tee wird gebracht; ich trinke drei Gläser und esse einen großen Kuchen. Das vierte Glas lehne ich ab. Ich blicke hoch zum Balkon: Auch die Frau hat ein Glas Tee bekommen.

Anderthalb Stunden lang verharrte die Musik in einem behäbigen Viervierteltakt, plötzlich springt sie in einen immer rascheren Dreiachteltakt. »Es wird lebhafter«, sagt mein Mentor.

»Ja, das habe ich bemerkt.«

»Sie haben ein musikalisches Gehör«, meint er. Dann fügt er hinzu: »All diese Gedichte dienen der Vorbereitung auf Purim.«

»Sind sie nicht das, was bei Ihnen *pyotim* genannt wird?« flüstere ich.

»Das ist richtig.« Er sieht erfreut aus. »Sie kennen natürlich die Geschichte Esthers?«

»Ja«, lüge ich.

»Mordechai, Mordechai« – er sticht mit dem Finger auf die Seite, damit ich wieder anfange, dem Text zu folgen – »... und mein Glaube an Gott ist wie ein feiner Gurt um meinen Leib.« Er übersetzt frei, zwischen den gesungenen Strophen.

»Sie sind nicht von hier?« fragt er nach ein paar Minuten vorsichtig.

»Nein, aus New York.«

Das scheint ihn offenbar zu interessieren. Nach einem Augenblick sagt er: »Wenn Sie mögen, steht es Ihnen frei, in meinem Haus zu leben.«

Ich danke ihm überschwänglich und erkläre, dass ich in einem Hotel wohne. Er fragt, ob ich damit zufrieden sei, und ich sage Ja. »Gut. Dann kommen Sie morgen zum Mittagessen zu mir. Wäre das in Ordnung? Seien Sie um zwei draußen auf der Straße vor der Synagoge. *Sans faute.*« Ich willige ein. Danach stehe ich auf, verbeuge mich und gehe hinaus.

Am nächsten Tag komme ich zur verabredeten Zeit in der tristen kleinen Straße an. Während ich meinen Taxifahrer bezahle, tritt ein schickes, höchst attraktives Mädchen auf mich zu und sagt: »Ich bin Madame Castiel. Monsieur Castiel ist Sie in den Cafés auf dem Boulevard suchen gegangen. Da kommt er gerade.«

Wir begrüßen einander und besteigen ein am Straßenrand geparktes Auto. Meine Gastgeber sitzen vorne und weisen mir entschuldigend einen Platz auf der Rückbank zwischen Stapeln von Gemüse, Obst und Konservendosen zu. »Wir waren auf dem Markt«, erklärt Monsieur Castiel. »Ich bin Lehrer. Sonntags haben wir nichts zu tun, also nutzen wir den Vormittag, um Lebensmittel einzukaufen.«

Die Castiels leben allein, aber es herrscht ein ständiges Kommen und Gehen von Familienmitgliedern. Alle sind herzlich, freundlich und intelligent. Monsieur Castiel spielt andalusische Musik auf dem Plattenspieler, ein moslemisches Dienstmädchen bringt sechs verschiedene Sorten Süßwein herein. Ich habe den angenehmen und durch nichts zu belegenden Eindruck, dass, sollte einer dieser Menschen eine Enttäuschung oder den Beginn einer Neurose erleiden, die Gruppe all solche Probleme mit Zartgefühl und Effizienz lösen würde; es wirkt, als seien sie alle durch unsichtbare Drähte miteinander verbunden.

Als dann schließlich alle gegangen sind, setzen meine beiden Gastgeber und ich uns zum Mittagessen nieder. »Was die Religion angeht, sind wir in meiner Familie sehr streng. Das ist die einzige Art zu leben«, erklärt Monsieur Castiel mir. Ich bemerke, dass sich das in Amerika nicht so verhält, dass die meisten Juden dort nicht orthodox leben, und dass viele Menschen, die zum Teil jüdisch sind, sich überhaupt nicht für das Judentum interessieren, ja das ganze Thema am liebsten vergessen würden. Monsieur Castiel zieht ein schmerzliches Gesicht.

Das Mahl ist komplex und zieht sich hin. Das Dienstmädchen taucht mit immer neuen Gerichten aus der Küche auf. »Sie müssen nach Casablanca kommen und mich Ihnen Hebräisch beibringen lassen«, sagt Monsieur Castiel. »Ich bin ein guter Lehrer. Ich kann es Ihnen rasch beibringen. Es ist eine schöne Sprache. Sie sollten sie kennenlernen.«

»Das ist sehr freundlich von Ihnen. Wenn ich aus Amerika zurückkomme, werde ich es mir ernsthaft durch den Kopf gehen lassen«, antworte ich ihm.

»Vielleicht wird es mir bei der Gelegenheit dann auch gelingen«, fügt er, sich auf eine frühere Unterhaltung beziehend, trocken hinzu, »Sie davon zu überzeugen, dass der Judaismus einem atheistischen Existenzialismus überlegen ist.«

Ich sage, es sei ein Irrtum zu denken, dass irgendjemand die Freiheit habe zu glauben, woran er gerne glauben möchte.

»Da spricht nur der intellektuelle Stolz«, sagt er traurig.

Ich sehe ihn an und muss ein wenig staunen: Es ist so schwierig, diesen Mann, der hier am Kopf des Tisches sitzt, mit dem zaghaften, ein wenig linkischen Individuum von gestern in Einklang zu bringen. Bevor ich mich verabschiede, sage ich den Castiels, dass ich nicht geglaubt hätte, man könne in Casablanca drei derart reizende Stunden verbringen. »Wir hoffen, es werden noch sehr viel mehr werden«, antworten sie. Dann besteht Monsieur Castiel darauf, mich zum Hotel zurückzufahren, und bevor ich aussteige, sitzen wir noch eine weitere Stunde im Auto und diskutieren über Religion.

Ein paar Tage später beschließe ich, der Kathedrale, einem sehr großen Betongebäude nahe des Parc Lyautey, einen Besuch abzustatten. Als ich gerade durch das Portal treten will, springen mehrere Moslems auf, die in der Nähe unter einem Baum gelegen haben, und kommen laut rufend auf mich zugerannt: »Warten Sie! Wir arbeiten hier! Wir zeigen Ihnen den Innenraum!« Dieser Überfall entrüstet mich dermaßen, dass ich auf dem Absatz kehrtmache und durch den Garten davongehe. Ihr Geschrei verfolgt mich noch eine Weile. Ich bin ein wenig enttäuscht, dass ich nicht sehen konnte, ob das Innere so grässlich ist wie die Außenmauern. Die Franzosen sind für einige ausgezeichnete moderne Gebäude in Casablanca verantwortlich, aber die befinden sich alle rund um die Place Lyautey und den Sultanspalast in der Neuen Medina und sind neo-maurisch, eine im Großen und Ganzen erfolgreiche Adaption des portugiesisch-maurischen Stils, der die gesamte Atlantikküste von Rabat bis Essaouira kennzeichnet. Die Kathedrale sieht aus wie etwas, das ein schlaues Kind sich mithilfe eines Kastens teurer deutscher Bauklötze ausgedacht hat; sie besitzt überhaupt keinen Stil.

Zwei idiotische kleine Szenen bleiben mit verdächtiger Deutlichkeit in meinem Gedächtnis. Ein Jugendlicher vom Land liegt in abgerissener Kleidung auf einer der Bänke in der Grünanlage nahe dem Justizpalast schlafend in der Sonne. Vorüber kommt eine Gruppe moderner junger Moslems, Männer und Frauen, europäisch herausgeputzt. Jeden Tag ihres Lebens erblicken sie haufenweise solche Obdachlosen, aber jetzt gerade haben sie offenbar das Bedürfnis, sich zu amüsieren. Die Männer beginnen zu rufen: »Aufstehen! Los doch! Hoch mit dir!« Die Mädchen verbiegen sich vor schadenfrohem Gekicher. Zum Glück schläft der Hinterwäldler weiter. Immer noch von Lachanfällen geschüttelt, setzen die Spaziergänger ihren Weg fort. Ich sehe sie davongehen, zu verblüfft, um etwas anderes zu tun, als ihnen hinterherzustarren. Es liegt etwas Groteskes in dem selbstgerechten Ernst, mit dem sie ihre hässlichen Seelen offenbaren; es ist widerwärtig und gefährlich, dieses gedankenlose Gelächter derer, die auf der sicheren Seite sind.

Die andere Begebenheit kommt mir mysteriöser vor, wenn auch ebenso bezeichnend. Die Mittagspause ist um, und mehrere Hundert moslemische Mädchen warten auf der Straße darauf, ins Schulgebäude zurückzukehren. Das zumindest ist mein Eindruck, als ich die Kreuzung erreiche, wo sie alle stehen. Dann jedoch erkenne ich, dass sie alle reglos in einem großen Kreis stehen und teilnahmslos auf den Asphalt hinunterstarren. In der Mitte des Kreises liegt ein umgestürztes Motorrad, daneben eine riesige Lache trocknenden Bluts. Nichts geschieht, niemand kommt, niemand spricht. Sie halten ihre Bücher vor die Brust und starren zu Boden, unfähig, ihre Augen von dem großen, roten Fleck abzuwenden, der da in der Sonne leuchtet.

Es ist schon schwer genug, Casablanca zu verstehen, jetzt, während man es betrachtet, und noch schwerer, wollte man versuchen sich vorzustellen, was es in fünf, zehn oder zwanzig Jahren sein wird. So viel von dem, was man sieht, ist tragisch, aber zugleich auch wieder lächerlich; es liegt eine vage Feindseligkeit in der Luft, aber der Möglichkeit, dass sie irgendwann virulent wird, steht auch eine scheinbar unerschöpfliche Geduld entgegen. Die derzeitige Trägheit der einfachen Bevölkerung muss und wird sich irgendwann ändern, aber ganz gleich, was diesen Wandel hervorruft, das Land wird dann doch mit der mächtigen volkstümlichen Weisheit zurande kommen müssen, deren Credo lautet, dass das Schicksal stärker ist als alle Kausalität. Wie will man Vorhersagen über eine Stadt treffen, in der es gärt? Man könnte ebenso gut ein Baby hochhalten und verkünden, wie es aussehen wird, sobald (und falls) ein Mann aus ihm geworden ist.

Paul Bowles in einem ehemaligen Bordell, Südmarokko

AUS THAILÄNDISCHEN AUFZEICHNUNGEN
Prose, Frühjahr 1972

Ich lernte rasch, mich nicht den Fenstern zu nähern oder die doppelten Vorhänge aufzuziehen, um auf den Fluss hinabzublicken. Das Panorama war weit und lebhaft, mit Fabriken und Lagerhäusern auf der anderen Seite des Chao Phraya und aneinandergeketteten Barken, die von hier nach dort und zurück durch das schmutzige Wasser gezogen wurden. Der neue Flügel des Hotels wächst wie eine aufrecht stehende Betonplatte in die Luft, sodass mein Zimmer weit oben lag und keine Bäume da waren, die es vor dem beißenden Angriff der Nachmittagssonne hätten schützen können. Das Tagesende brachte keine Erleichterung, es intensivierte die Hitze vielmehr noch, denn dann bestand der gesamte Fluss aus Sonnenlicht. Mit der roten Dämmerung nahm alles dort draußen eine melodramatische und abschreckende Qualität an, und noch immer kroch die Ofenhitze von draußen durch die Fenster.

Brooks, der an der Chulalongkorn-Universität lehrte, war als Fulbright Fellow aufgerufen, Sprachkurse in Thai zu belegen; zusätzlich dazu richtete er es so ein, möglichst viel Zeit mit Thailändern zu verbringen. Einmal brachte er drei junge Männer mit, die die leuchtend gelb-orangefarbenen Roben buddhistischer Mönche trugen. Sie betraten das Hotelzimmer schweigend und im Gänsemarsch und stellten sich in einer Reihe auf, als sie mir vorgestellt wurden, wobei jeder auf die Begrüßung antwortete, indem er die Hände aneinanderlegte, wobei die Daumen die Brust berührten.

Im Gespräch erklärte Yamyong, der mit Ende zwanzig der Älteste war, er sei ein geweihter Mönch, die beiden anderen Novizen. Daraufhin fragte Brooks Prasert und Vichai, ob sie bald ordiniert würden, aber der Mönch antwortete an ihrer Stelle.

»Ich glaube nicht, dass sie erwarten, geweiht zu werden«, sagte er ruhig und sah dabei auf den Boden, als sei das ein wunder Punkt, über den sie schon viel zu oft geredet hätten. Dann blickte er zu mir auf und fuhr mit unserem Gespräch fort. »Ihr Zimmer ist schön. Wir sind an solchen Luxus nicht gewöhnt.« Seine Stimme war tonlos, er bemühte sich, seine Missbilligung zu verhehlen. Die drei verständigten sich mit kurzem Murmeln. »Meine Freunde sagen, sie haben ein so luxuriöses Zimmer noch nie gesehen«, erklärte er dann und beobachtete mich dabei genau durch seine Nickelbrille, um meine Reaktion zu sehen. Ich hatte unglücklicherweise nichts gehört.

Sie legten ihre braunen Papierschirme und ihre Tragnetze ab, die voller Bücher und Obst steckten. Dann brachten sie sich auf der Couch in einer Reihe zwischen den Kissen in Positur. Eine Weile hatten sie damit zu tun, die Falten ihrer Gewänder um Schultern und Beine zu drapieren.

»Sie machen ihre Kleider selbst«, versuchte Brooks die Stille zu durchbrechen. »Alle Mönche tun das.«

Ich erzählte von Ceylon, dort kauften die Mönche die zugeschnittenen Teile ihrer Gewänder, die nur noch zusammengenäht werden mussten. Yamyong lächelte zustimmend und sagte: »Wir haben hier dasselbe System.«

Am einen Ende des Zimmers röhrte die Klimaanlage, am anderen kroch der Lärm der Bootsmotoren vom Fluss durch die Fenster. Ich betrachtete die drei, die mir da gegenübersaßen. Sie waren sehr ruhig und beherrscht, aber sie schienen nicht gerade bei guter Gesundheit zu sein. Ich bemerkte die Gesichtsknochen unter der Haut. Ob der Eindruck von Fahlheit auch zum Teil von ihren rasierten Augenbrauen und Haaren herrührte?

Jetzt sprach Yamyong: »Wir sind dankbar für die Gelegenheit, Englisch zu benutzen. Aus diesem Grund haben wir es gern, ausländische Freunde zu haben. Engländer, Amerikaner, darauf kommt es nicht an. Wir können verstehen.« Prasert und Vichai nickten.

Die Zeit verging, und da saßen wir und weiteten unser Gespräch zwar aus, wechselten aber nicht das Thema. Von Zeit zu Zeit blickte ich im Zimmer umher. Bevor sie es betreten hatten, war es nur ein Hotelzimmer gewesen, dessen Vorhänge zugezogen bleiben mussten. Ihre Anwesenheit und ihre Bemerkungen darüber hatten es mit einer leicht verstörenden Atmosphäre erfüllt; ich spürte, dass sie es für einen großen Fehler von mir hielten, mir eine solche Unterkunft gesucht zu haben.

»Sehen Sie sich seine Tätowierung an«, sagte Brooks. »Zeigen Sie sie ihm.«

Yamyong zog sein Gewand ein Stückchen von der Schulter herab, und ich sah die beiden indigoblauen Linien fein gezeichneter Thai-Buchstaben. »Das ist für gute

Gesundheit«, sagte er und blickte zu mir auf. Sein Lächeln wirkte seltsam, andererseits gab es nichts in seinem Gesichtsausdruck, was seinen Worten widersprochen hätte.

»Sind Buddhisten nicht gegen Tätowierungen?« fragte ich.

»Manche Leute sagen, es ist rückwärtsgewandt.« Wieder lächelte er. »Worte für gute Gesundheit gelten als Aberglauben. Das hier hat mein Abt gemacht, als ich ein Junge war und im *wat* gelernt habe. Vielleicht wusste er nicht, dass es Aberglaube ist.«

Dann wollten wir zusammen losgehen und den *wat* besuchen, in dem sie lebten. Ich zog eine Krawatte aus dem Schrank und stellte mich vor den Spiegel, um sie zu binden.

»Sir«, fing Yamyong an. »Würden Sie mir bitte etwas erklären? Was ist die Bedeutung der Krawatte?«

»Die Bedeutung der Krawatte?« Ich drehte mich zu ihm um. »Sie meinen, warum tragen Männer Krawatten?«

»Nein, das weiß ich. Der Zweck ist es, wie ein Gentleman auszusehen.«

Ich lachte. Yamyong war überhaupt nicht beleidigt. »Ich habe bemerkt, dass manche Männer beide Enden gleich lang tragen und manche das breite Ende länger als das schmale oder das schmale Ende länger als das breite. Und auch die Krawatten selbst, sie haben nicht alle die gleiche Länge, nicht wahr? Manche reichen sogar, wenn beide Enden gleich lang gelassen werden, bis über die Taille. Was sind die unterschiedlichen Bedeutungen?«

»Es gibt keine Bedeutung«, sagte ich. »Nicht die geringste.«

Er blickte zu Brooks, um das bestätigt zu bekommen, doch der probierte gerade sein Thai an Prasert und Vichai aus, und daher schwieg er eine Weile nachdenklich. »Ich glaube Ihnen, natürlich«, sagte er liebenswürdig. »Aber wir haben alle gedacht, dass jede Bindung ihre eigene Bedeutung hat.«

Als wir das Hotel verließen, verbeugte sich der Portier respektvoll. Bis jetzt hatte er noch durch nichts zu erkennen gegeben, dass er meine Existenz bemerkt hatte. Die Träger der gelben Roben aber haben Gewicht in Thailand.

Ein paar Sonntage später erklärte ich mich bereit, mit Brooks und unseren Freunden nach Ayudhaya zu fahren. Der Gedanke eines Sonntagsausflugs ist so abschreckend für mich, dass der Entschluss, an diesem hier teilzunehmen, schon etwas Zwanghaftes hatte. Ayudhaya liegt weniger als achtzig Kilometer von Bangkok den Chao Phraya flussaufwärts. Für Historiker und Kunstsammler ist es mehr als eine Provinzstadt – nämlich eine Epoche und ein Stil. Es war mehr als vier Jahrhunderte lang die Hauptstadt Thailands. Und sehr wahrscheinlich wäre es das noch, hätten die Burmesen es nicht im 18. Jahrhundert in Schutt und Asche gelegt.

Brooks kam früh, um mich abzuholen. Unten auf der Straße standen die drei *bhikkus* mit ihren Büchertaschen und Sonnenschirmen. Sie winkten ein Taxi heran, und ohne vorherige Preisabsprache (der normale Bürger versucht vor Fahrtantritt, eine Summe festzulegen) stiegen wir ein und fuhren zwanzig Minuten oder eine halbe Stunde, bis wir in den nördlichen Ausläufern der Stadt an einen Busbahnhof gelangten.

Es war ein hübscher, altmodischer, offener Bus. Jedes Einzelteil davon klapperte, und die frische Luft aus den

Reisfeldern wehte über uns, während wir die Bausteine unserer künstlichen Konversation zusammenstückelten. Brooks rief mir in bester Laune andauernd zu: »Schauen Sie! Wasserbüffel!« Je weiter wir uns von Bangkok entfernten, desto zahlreicher wurden die Tiere und desto häufiger seine Rufe. Yamyong, der neben mir saß, flüsterte: »Professor Brooks hat Büffel lieb?« Ich lachte und sagte, ich glaubte, nicht übermäßig.

»Ja aber warum dann?«

Ich erklärte, in Amerika gebe es keine Büffel auf den Feldern, und daher freue es Brooks, welche zu sehen. Es gebe auch keine Tempel mitten in der Landschaft, fuhr ich fort und fügte noch hinzu, was vielleicht nicht ganz klug war: »Er sieht sich Büffel an. Ich sehe mir Tempel an.« Das amüsierte Yamyong köstlich, und den ganzen Tag über kam er in kleinen Andeutungen darauf zurück.

Die Straße zog sich vor uns entlang, schnurgerade wie eine geometrische Linie, mitten durch das grüne flache Land. Im Osten verlief parallel dazu ein ziemlich breiter Kanal, der da und dort von Teppichen riesiger pinkfarbener Lotosblumen bedeckt war. An manchen Stellen waren die Blütenblätter abgefallen, und nur die Samenstände waren übrig, dicke grüne Scheiben, in deren Fleisch die runden Samen eingebettet waren. Beim ersten Halt stiegen die *bhikkus* aus. Sie kamen mit Mangostanen und Lotosfrüchten zurück und bestanden darauf, uns möglichst viel von beidem zu überreichen. Die großen Samen sprangen aus den faserigen Knoten der Lotosfrüchte heraus wie aus einem Stechbrett, sie schmeckten beinahe wie grüne Mandeln. »Etwas Neues heute für Sie, glaube ich«, sagte Yamyong mit zufriedener Miene.

Ayudhaya war heiß, staubig, weitläufig, die umliegende Landschaft mit Ruinen übersät, die man durch die dichte Vegetation kaum erkennen konnte. In einiger Entfernung zur Stadt begann ein breiter Boulevard, der von einzelnen bedeutend aussehenden Gebäuden gesäumt war. Er zog sich ein Stück weit hin und endete dann ebenso abrupt, wie er begonnen hatte. Die halb verfallenen Tempel, die aus dem Unterholz emporragten und aus kleinen rostroten Ziegeln erbaut waren, wirkten eher unfertig als von der Zeit beschädigt. Kleine Reparaturen, in verschmiertem Zement ausgeführt, marmorierten ihre Fassaden.

Die Endstation des Busses lag vier oder fünf Kilometer vom Zentrum Ayudhayas entfernt. Wir betraten den staubigen Boden, und Brooks proklamierte: »Als Erstes müssen wir etwas zu essen finden. Wissen Sie, die dürfen nach der Mittagszeit nichts Festes mehr zu sich nehmen.«

»Nicht genau Mittag«, sagte Yamyong. »Vielleicht ein Uhr oder ein bisschen später.«

»Aber auch das lässt uns nicht mehr viel Zeit«, sagte ich zu ihm. »Jetzt ist es Viertel vor zwölf.«

Doch die *bhikkus* waren nicht hungrig. Keiner von ihnen hatte Ayudhaya zuvor besucht, und daher hatten sie eine Liste der Dinge, die sie am meisten sehen wollten. Sie sprachen mit einem Mann, der in der Nähe seinen Kombi geparkt hatte, und wir fuhren zu einer verfallenen *stupa*, die einige Meilen südwestlich lag. Sie war oben auf einem hohen Hügel erbaut, den wir mit einigen Schwierigkeiten erklommen, und Brooks konnte Fotos von uns schießen, wie wir in einem Spalt der verfallenen Außenmauer standen. Die Luft stank nach den Fledermäusen, die drinnen lebten.

Als wir zur Bushaltestelle zurückkehrten, kam erneut das Thema Essen auf, doch hatte der Ausflug die *bhikkus* in derartige Begeisterung versetzt, dass sie den Gedanken nicht ertrugen, Zeit für irgendetwas anderes als Besichtigungen zu verschwenden. Wir gingen ins Museum. Dort war es ruhig, es gab Khmer-Köpfe und auf Pali beschriebene Dokumente. Der Tag wurde langsam quälend. Ich sagte mir, dass ich von vornherein gewusst hatte, dass es so kommen würde.

Danach gingen wir zu einem Tempel. Ich war beeindruckt, nicht so sehr von dem gigantischen Buddha, der den Innenraum so gut wie ausfüllte, sondern von der Tatsache, dass beim Eingang ein Mann auf dem Boden saß und eine *ranad* spielte (die man *lanat* ausspricht). Obwohl ich den Klang von Aufnahmen siamesischer Musik her kannte, hatte ich das Instrument selbst noch nie zu Gesicht bekommen. Es bestand aus einer Reihe hölzerner Stäbe, in verschiedenen Größen nebeneinander aufgezogen, das Ganze in einer Art Hängematte über einen bootsförmigen Resonanzkörper gespannt. Die Töne perlten rasch hintereinander wie schnell fallende Wassertropfen. Nach der peinigenden Hitze draußen kam mir alles in dem Tempel plötzlich wie ein Symbol von Kühle vor – der Steinboden unter meinen nackten Füßen, der Lufthauch, der durch den dämmrigen Innenraum strich, die Wahrsage-Stöckchen aus Bambus in ihrem langen Kästchen, mit denen die Betenden am Altar rasselten, und die körperlosen, glasartigen Klänge, die die *ranad* hervorbrachte. Ich dachte: Wenn ich jetzt bloß etwas zu essen bekommen könnte, dann würde mich die Hitze nicht so sehr stören.

Ein wenig nach drei Uhr kamen wir ins Zentrum von

Ayudhaya. Es war heiß und lärmig, die *bhikkus* hatten keine Ahnung, wo sie nach einem Restaurant suchen sollten, und auf den Gedanken, jemanden zu fragen, kamen sie nicht. Alle fünf irrten wir ziellos durch die Gegend. Ich war zu dem Schluss gelangt, dass weder Prasert noch Vichai gesprochenes Englisch verstand und wandte mich daher mit ernster Miene an Yamyong: »*Wir müssen etwas essen.*« Er starrte mich streng an. »Wir suchen danach«, sagte er mir.

Schließlich fanden wir ein chinesisches Restaurant an einer Ecke der Hauptstraße. Ein Tisch war von übermütigen Thais besetzt, die *mekong* tranken (der hier als Whiskey geführt wird, aber eher den Geschmack von billigem Rum hat), ein anderer von einer kompletten chinesischen Familie. Diese Leute waren ernsthaft mit Essen beschäftigt und hatten die Gesichter in ihren Reisschalen vergraben. Ihr Anblick munterte mich auf. Ich war einer Ohnmacht nahe und hatte schon halb erwartet, dass es kein warmes Essen mehr gebe.

Die große englische Speisekarte, die man uns brachte, musste vor mehreren Jahrzehnten getippt und seither einmal die Woche mit einem feuchten Tuch abgewischt worden sein. Unter der Überschrift »Spezialitäten« gab es einige Gerichte, die mir auffielen, und als ich die Liste durchging, begann ich zu lachen. Dann las ich sie Brooks laut vor.

Frittierte Haifischflossen mit Bohnensprossen
Hühnerkinn gefüllt mit Garnelen
Frittierte Reisvögel
Garnelenbälle mit grünem Kürbis

Schweinelunge mit Essiggurken
Gebadeter Reisvogel in Portwein
Fischkopf mit Sojaquark

Obwohl es normal war, dass unsere Freunde nicht in das Gelächter mit einstimmten, spürte ich, dass ihr Schweigen nicht ausschließlich der Unfähigkeit entsprang, sich mit zu amüsieren. Es war schwer und entschlossen.

Einen Moment darauf wurden drei Flaschen Pepsi-Cola gebracht und auf den Tisch gestellt. »Was nehmt ihr?« fragte Brooks Yamyong.

»Nichts, danke schön«, sagte er leichthin. »Das hier wird uns für heute reichen.«

»Aber das ist doch verrückt! Soll das heißen, keiner von euch will etwas essen?«

»Sie und Mr. Brooks werden Ihr Essen essen«, sagte Yamyong. (Er hätte ebenso gut sagen können: »Ihr Futter fressen.«) Dann standen er, Prasert und Vichai auf, nahmen ihre Pepsi-Cola mit und setzten sich an einen Tisch am anderen Ende des Raumes. Ab und zu lächelte Yamyong mit eisigen Augen zu uns herüber.

»Ich wollte, sie würden aufhören, uns anzustarren«, sagte Brooks leise.

»Sie waren schließlich diejenigen, die es die ganze Zeit aufgeschoben haben«, erinnerte ich ihn. Aber ich fühlte mich selbst auch schuldig und ärgerte mich zugleich darüber, mich in die Rolle des zügellosen Ungläubigen gedrängt zu sehen. Es war fast so unangenehm, wie während des Ramadans einem Moslem gegenüberzusitzen und zu essen.

Wir beendeten unser Mahl und machten uns sogleich

wieder auf den Weg, Yamyongs Entschluss zu folgen und einen bestimmten Tempel zu besuchen. Die Taxifahrt führte uns durch eine dornige Buschlandschaft. Hier und da lagen im Schatten der ausladenden Bäume Wasserlöcher mit schwarzem Wasser und voller Büffel; man sah nur die nassen Mäuler und Hörner. Schon schrie Brooks: »Büffel! Hunderte von Büffeln!« Er bat den Taxifahrer anzuhalten, damit er Fotos von den Tieren machen konnte.

»Sie werden Ihre Büffel am Tempel bekommen«, sagte Yamyong. Und er hatte recht, dort gab es ein schlammiges Wasserloch voller Tiere nur etwa hundert Meter vom Gebäude entfernt. Brooks ging hinüber und schoss seine Bilder, während die *bhikkus* dem Schrein ihren obligatorischen Besuch abstatteten. Ich schlenderte in einen Innenhof, in dem eine lange Reihe steinerner Buddhas stand. Unter den Tempelbesuchern ist es Sitte, in den *wats* kleine Karos Blattgold auf die Statuen zu kleben. Sind Tausende davon auf dieselbe Stelle aufgetragen, lösen sich kleine Flöckchen des Goldes. Die zittern dann in der Brise, und dadurch schimmert die ganze Figur in einer eigenen vibrierenden, lebendigen Aura. Ich stand im Innenhof und betrachtete dieses Flackern an den Armen und Torsos der Buddhas, und es erinnerte mich an die Bewegung des Laubes in den Bodhi-Bäumen. Als ich das im Taxi Yamyong gegenüber erwähnte, verstand er mich, glaube ich, nicht richtig, denn er antwortete: »Der Bodhi-Baum ist ein sehr bedeutender Baum für Buddhisten.«

Auf der Rückfahrt nach Bangkok saß Brooks im Bus neben mir. Wir wechselten nur ab und zu ein paar Worte. Nach diesen langen Stunden, in denen man der Hitze widerstanden hatte, war es entspannend, einfach dazusitzen und die relativ kühle Luft zu spüren, die von den Reisfeldern herüberwehte. Der Busfahrer glaubte offenbar nicht an das Gesetz von Ursache und Wirkung. Er überholte Lastwagen, obwohl er den entgegenkommenden Verkehr genau sehen konnte. Ich fühlte mich besser, wenn ich die Augen schloss, und vielleicht wäre ich sogar eingeschlummert, hätte nicht hinten im Bus ein Mann gesessen, der sich offenbar nicht in der Gewalt hatte und darauf aus zu sein schien, möglichst viel Lärm zu machen. Er fing an zu schreien, brüllen und heulen, kaum hatten wir Ayudhaya verlassen, und er fuhr damit während der gesamten Fahrt fort. Brooks und ich lachten darüber und rätselten, ob er verrückt oder nur betrunken war. Der Mittelgang war zu voll, als dass ich ihn hätte sehen können. Von Zeit zu Zeit warf ich einen Blick auf die übrigen Passagiere. Sie wirkten, als bekämen sie den Lärm hinter ihnen überhaupt nicht mit. Als wir uns der Stadt näherten, wurde das Geschrei noch lauter und fast durchgehend.

»Gott, warum schmeißen sie ihn nicht raus?« Brooks ging das Ganze mittlerweile auf die Nerven.

»Sie hören ihn ja noch nicht einmal«, sagte ich bitter. Leute, die Lärm ertragen können, machen mich zugleich neidisch und wütend. Schließlich beugte ich mich hinüber und sagte zu Yamyong: »Dieser arme Mann da hinten! Es ist ja kaum zu glauben!«

»Ja«, sagte er über die Schulter. »Er ist sehr beschäftigt.« Das ließ mich in tiefes Sinnen darüber verfallen, was für ein zivilisiertes und tolerantes Volk die Thais sind, und ich staunte über den seelischen Reichtum, den es brauchte, um ein Wort wie »beschäftigt« auf das anzuwenden, was da im hinteren Teil des Busses vor sich ging.

Irgendwann saßen wir dann in einem Taxi und durchquerten Bangkok. Ich sollte vor meinem Hotel abgesetzt werden, und Brooks würde die drei *bhikkus* bis zu ihrem *wat* begleiten. In meinem Kopf hallten immer noch die erbarmungswürdigen Schreie wider. Was die immer aufs Neue wiederholten Wortfolgen wohl bedeutet hatten?

Ich war nicht in der Lage gewesen, Yamyong eine zufriedenstellende Antwort angesichts seiner Verwirrung über Krawatten zu geben, aber vielleicht konnte er in diesem Fall ja meine Neugierde befriedigen.

»Dieser Mann am Ende des Busses da, Sie erinnern sich?«

Yamyong nickte. »Er arbeitete fürchterlich hart, der arme Kerl. Sonntag ist ein schlimmer Tag.«

Ich überhörte diesen Unsinn. »Aber was hat er denn gesagt?«

»Oh, er hat gesagt: ›Jetzt schalte in den zweiten Gang runter‹ oder ›Wir nähern uns einer Brücke‹ oder ›Achtung, Leute auf der Straße‹. Was immer er gerade gesehen hat.«

Und da weder Brooks noch ich so recht zu verstehen schienen, was er sagte, fuhr er fort. »In allen Bussen braucht der Fahrer einen Assistenten. Er hat die Straße zu überblicken und dem Fahrer zu sagen, wie er zu fahren hat. Das ist harte Arbeit, denn er muss so laut schreien, dass der Fahrer ihn hören kann.«

»Aber warum setzt er sich dann nicht nach vorne zum Fahrer?«

»Nein, nein. Einer muss vorne sitzen und einer hinten. Auf diese Weise sind zwei Männer für den Bus verantwortlich.«

Es war keine ganz überzeugende Erklärung für die zermürbenden Geräusche, die wir gehört hatten, aber um ihm klarzumachen, dass wir ihm glaubten, sagten wir: »Aha. Verstehe.«

Das Taxi hielt vor dem Hotel an, und ich stieg aus. Als ich zu Yamyong Auf Wiedersehen sagte, erwiderte er, ein wenig gekränkt, wie mir schien: »Auf Wiedersehen. Sie haben Ihre Lotosfrüchte im Bus liegen lassen.«

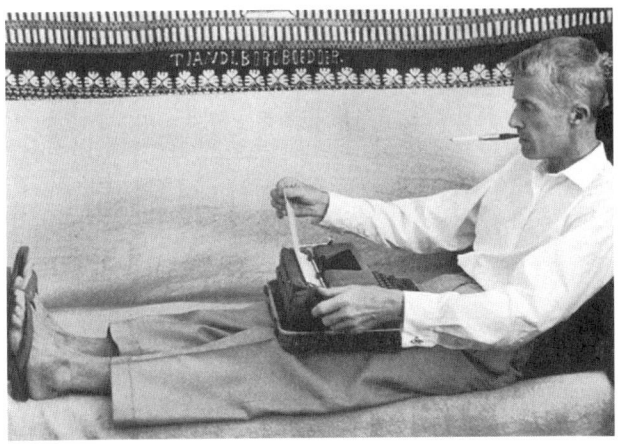

Paul Bowles wurde 1910 in New York geboren. Nach der Highschool studierte er für kurze Zeit Musikwissenschaften und unternahm erste Reisen nach Europa und Nordafrika. In den dreißiger und vierziger Jahren war Paul Bowles hauptsächlich als Komponist tätig. 1938 heiratete er die Schriftstellerin Jane Auer, mit der er sich 1947 in Marokko niederließ. Dort entstanden in den folgenden Jahren vier Romane, darunter sein Bestseller »Himmel über der Wüste«, der 1990 von Bernardo Bertolucci verfilmt wurde, sowie zahlreiche Erzählungen und Reiseberichte. Paul Bowles starb 1999 in Tanger.

Die vorliegenden Texte wurden dem Band *Travels, Collected Writings* entnommen, der 2010 bei Sort of Books in London erschienen ist.

© Paul Bowles Estate, 2010
© der deutschen Ausgabe: Verlagsbuchhandlung Liebeskind, 2012

Bildnachweis
© Karl Bissinger/Catherine Johnson: Seite 5
© Schweizer Fotostiftung/Rodrigo Rey Rosa: Seiten 16, 32, 48, 59, 85, 130, 152, 301
© Harry Ransom Research Center, University of Texas, Austin: Seiten 29, 185
© Paul Bowles Papers, University of Delaware Library, Newark, Delaware: Seite 210
© Magnum Photo Library: Seite 254
Alle anderen Fotografien mit freundlicher Genehmigung des Paul Bowles Estate

Umschlaggestaltung: Marc Müller-Bremer, München
Umschlagmotiv: Image Source / Corbis
Typografie und Satz: Frese Werkstatt, München
Herstellung: Büro Sieveking, München
Druck und Bindung: CPI – Ebner & Spiegel, Ulm

ISBN 978-3-935890-90-8